Ebay Sales Manager

오은해 저

pnc
publishing and culture
피엔씨미디어

머리말

최근 유통업계에선 온라인 시장의 주류를 형성해 왔던 인터넷 쇼핑몰의 성장이 주춤한 반면에, 옥션, G마켓, 11번가 등의 오픈마켓은 연평균 30~50% 가량 급성장세를 보이며 온라인 쇼핑 시장의 성장을 주도하고 있다. 이러한 오픈마켓은 개방성을 바탕으로 판매자(생산자)와 구매자 모두에게 열려 있는 온라인 장터를 제공하고 있으며, 창업자에게 새로운 기회의 장으로 떠오르고 있다.

그러나 오픈마켓에서 특별한 선발 과정이나 복잡한 절차 없이 누구나 쉽게 사고파는 것이 가능하다고 해서 철저한 준비와 계획 없이 창업을 하게 된다면, 성공을 보장하기 어려울 것이다. 이에 본 교재는 오픈마켓을 시장으로 창업을 준비하고 있는 예비 창업자들에게 창업 준비에서 창업 계획 그리고 창업 실전 및 평가에 이르기까지의 창업 실무 지침서를 제공하고자 한다.

본 교재는 대학 강단에서, 실무자 및 실업자 창업 특강 교육을 통해서 습득한 노하우와 실제 오픈마켓을 창업하면서 쌓은 경험을 토대로 하여 정리하였으며, 교재의 흐름 역시 창업의 절차에 맞추어 크게 15장으로 구성하였다.

1장에서 4장은 창업에 대한 기본적인 개념과 창업 환경 및 창업 아이템 분석, 사업계획서 작성방법과 사례 등을 정리하였다. 즉, 성공적인 창업을 위해 기본적으로 갖추어야 할 창업자의 자질 및 조건과 창업 절차, 창업 유형에 대해서 정리하였으며, 창업 환경과 창업 아이템의 시장성과 타당성, 수익성을 분석할 수 있도록 체크리스트를 제시하였다. 또한 이를 토대로 사업계획서를 작성할 수 있도록 사업계획서 작성순서와 원칙, 사업계획서 작성 요령, 사례 등을 정리하였다.

5장에서 12장은 창업 계획을 토대로 하여 오픈마켓에서 실제 판매를 할 수 있도록 판매 상품 소싱과 상품 촬영 및 디자인, 상품 등록 및 수정 등의 실전 테크닉을 정리하였다. 또한 창업 실전을 평가하고 피드백할 수 있도록 주문 관리, 클레임 관리, 정산 관리 등을 정리하고, 광고/부가서비스 및 프로모션 관리, 구매고객 관리를 위한 오픈마켓의 창업 전략과 전망을 정리하였다.

마지막으로 13장에서 15장은 창업자가 사업을 하는 데 있어서 필요한 사업자등록과 각종 세금, 증빙 서류 등의 세무 상식을 정리하였으며, 창업 지원 제도 및 기관에 대하여 보충하여 제시하였다.

"창업은 도박을 하는 것이 아니라, 명확한 비전과 목표를 정립하고 새로운 목표의 성취를 위해 도전하는 것이다." 본 교재를 통해서 예비창업자들이 철저한 준비와 계획을 통해 성공적인 창업하기를 기대해 본다.

항상 기도와 사랑으로 격려해 주시는 남편과 부모님, 가족들에게 감사의 말씀을 전하며, 늘 건강하시고 행복하시기를 기원해 본다. 그리고 항상 격려와 지지를 아끼지 않으시는 교수님들과 우리 학생들에게도 늘 충만한 결실이 있기를 소망한다. 끝으로 본 교재의 출판을 위해 힘써주시는 피앤씨미디어 박노일 대표님과 심성보 이사님 이하 출판팀에게 감사를 드린다.

2014. 1

대구한의대학교 통상경제학부 교수
오은해(oeh89@hanmail.net)

차 례

Chapter 01 창업의 이해 _ 1

Chapter 02 창업 환경 분석 _ 25

Chapter 03 창업 타당성 분석 _ 37

Chapter 04 사업계획서 작성 _ 61

Chapter 09 오픈마켓 회원 가입 및 판매자로 변경하기 _ 201

Chapter 10 판매 상품 등록 및 변경 _ 207

Chapter 11 주문 및 클레임 관리 _ 221

Chapter 12 고객 관리 _ 233

Chapter 13 사업자등록 및 통신판매업 신고 _ 241

Chapter 14 세금과 신고 _ 259

Chapter 15 창업지원 제도 및 기관 _ 285

CHAPTER 01

창업의 이해

Chapter 01 창업의 이해

1 창업의 의의

창업의 성공과 실패는 사전에 창업에 대한 정보와 지식에 달려있다. 창업은 여러 가지로 치밀한 계획과 전략 아래서 이루어질 때 성공할 수 있다. 따라서 성공적인 창업을 하기 위해서는 창업에 대해 먼저 이해할 필요가 있다.

창업이란 이윤획득을 목표로 하는 조직체인 기업을 세우는 일이다. 즉, 창업은 ① 창업자가 ② 어떤 사업아이디어(창업아이템)를 가지고 ③ 사업자금을 투자 또는 조달하여 수익을 창출하는 사업체를 결성하는 행위를 말한다. 이와 같이 창업은 창업자, 창업아이템, 창업자금으로 구성된다.

창업자는 창업의 주체이며 능동적인 조직가로서 창업아이템과 자본을 결합하여 회사를 새로이 설립하는 주체이다. 창업자는 사업 주체로서 사업 착수와 운영에 대한 책임과 리스크를 지고, 그에 상응하는 보상을 기대하며 가치 있는 새로운 것을 창조하는 사람이다. 따라서 창업자는 창업 준비 및 동기, 창업자의 특기 및 경영능력, 창업에 따른 기대와 희생, 인간관계, 업무수행에 필요한 능력과 자질 등을 평가함으로써, 창업자의 적성과 능력에 맞는 업종을 선택해야만 성공적인 창업을 할 수 있다. 또한 창업자는 확고한 신념과 철저한 준비를 해야 한다. 즉, 다양한 정보의 수집과 현장 파악 등을 통해 구체적인 영업사항들을 미리 확인할 뿐만 아니라, 목표 달성을 위한 실행력을 갖추어야 한다. 목표가 정확하지 않거나 준비가 미흡하다면 실행도 어려울 것이다. 또한 실패할 경우에 다시 재기하기란 더더욱 힘들기 때문에 확고한 강한 신념을 가지고 창업을 해야 성공 할 수 있다.

창업아이템은 기업이라는 시스템의 산출물을 정의하는 것으로, 즉 창업의 결과로 나타나는 재화와 용역을 말한다. 창업자는 창업아이템 선정을 시작으로 직접 기업을 경영하는 기업가의 길을 걷게 된다. 창업아이템 선정에 있어 무엇보다도 중요한 것은 창업자가 '어느 분야에서 경쟁력이 있는가' 하는 것이다. 창업아이템 선정에 있어 현재의 유행과 추세도 중요하지만 창업자 자신의 실력을 발휘하고 적성에 맞는 분야를 선택해야 한다. 성공의 지름길은 자기 자신이 객관적으로 봐서 경쟁력이 있는 아이템을 선택하는 일이다. 창업아이템을 선정하기 위해서는 지방자치단체나 각종 전시업체들이 개최하는 창업박람회나 창업설명회장을 찾아가면 많은 정보를 얻을 수 있다. 전시업체들이 제공하는 자료들을 수집하고, 가맹조건과 창업자금 규모를 파악함으로써, 창업자 자신의 능력과 자금 규모에 적합한 아이템을 선정해야 한다.

창업자금은 창업자가 의도하는 회사를 설립하는데 필요한 인력, 설비 기술, 원자재 등 투입요소를 동원하기 위한 자원으로, 창업자금 조달방법은 자기자본과 타인자본이 있다. 창업자본의 원천으로 창업준비 단계의 자금(seed money)은 본인 및 동업자, 친척, 친구, 과거의 고용주, 미래의 고객, 개인투자가, 기관투자가, 은행 또는 기타 금융 차입 등을 통해 자금을 조달 할 수 있다. 초기에 투자규모는 자기자본을 생각하여 시작해야 한다. 안정적인 경영을 위해 최소한 50%정도의 자기자본 확보가 필요하다. 외부에서 자금조달을 과다하게 하게 되면 창업초기부터 무리수를 두게 되는 경우가 많고 예측하지 못한 사태가 발생했을 때 대응능력이 저하된다. 사업을 벌이다 보면 뜻하지 않는 곳에 자금 수요가 발생하는 경우가 많기 때문에 사업을 시작하기 전부터 은행 등 금융기관의 자금, 정부지원 자금에 대한 정보를 수집해 자금마련과 수지계획을 세워둬야 한다.

맞춤 창업 성공 5가지 요소

지금은 맞춤 창업시대이다. 궁합이 남녀관계와 음식에만 국한된 것은 아니다. 창업에도 자신과 꼭 맞는 '찰떡궁합'이 있다. 수많은 창업아이템이 있고 나름대로 유망하다지만 궁합이 맞지 않으면 성공확률은 낮다. 맞춤창업 성공을 위한 5가지 요소를 소개해 보면 다음과 같다.

1. 돈

– 무리한 투자 실패하기 쉬워/'만약' 대비 여윳돈 챙겨둬야

가장 중요한 것이 '돈'이다. 그러나 대부분의 예비창업자들은 자신의 능력은 생각하지 않고 유망하다면 빚을 내서라도 사업을 시작한다. 무리하게 시작한 사업은 처음부터 삐걱거리다 쓰러지기 십상이다. 따라서 현재 자신이 갖고 있는 자금규모에 맞춰 창업을 하는 것이 순리다. 예컨대 3천만원이 있다면 초기투자비용이 2천5백만원 안팎인 사업 아이템을 잡아야한다. 막상 사업을 벌이다 보면 뜻하지 않은 곳에 자금이 소요되는 경우도 있고 초기에는 적지 않은 운전자금이 들어간다.

2. 적 성

–'하다보면 잘되겠지' 금물/할수록 재미있고 신나야

본인의 적성과 성격도 무시할 수 없는 창업 조건이다. 관심과 흥미가 없는 일이라면 자연히 운영과 관리에 태만해지게 되고 그 결과는 불을 보듯 뻔한 일이다. 평생 종사해도 늘 처음하는 것처럼 재미있고 신명이 나는 그런 아이템을 찾아야한다. 예를 들어 음식점을 운영하려는 사람은 평소 요리에 관심이 있고 주방이나 매장을 항상 청결히 할 수 있는 깔끔한 성격을 갖고 있어야 한다. 또한 늘 밝게 웃는 모습으로 손님을 맞이하는 사교성도 있어야한다. 놀이방을 택했다면 아이들과 함께 지내는 일이 즐거운 사람이어야 한다. 만약 자신의 성격과 적성이 아이템과 궁합이 맞는지 스스로 판단이 안 선다면 전문 컨설팅 업체를 찾아 상담을 해보는 것도 한 방법이다.

3. 경 험

– 과욕 말고 잘 아는 분야부터 / 사회 새내기 전공 살려 볼만

세상 모든 이치가 그렇듯이 사업 역시 자신이 잘 아는 분야에 도전하는 것이 좋다. 경험만한 밑천이 없기 때문이다. 가령 컴퓨터 관련 업무에 종사했던 사람은 그 경험과 기술을 살려 중고 PC 매매사업이나 컴퓨터 방문교육사업 등을 시작하는 것이 훨씬 유리할 것이다. 대학을 갓 졸업하고 사회에 첫발을 내디딘 창업자라면 자신의 전공을 살려보는 것도 바람직하다.

미술 전공자는 의류나 패션 액세서리 또는 향수 전문점 목욕용품 전문점, 속옷 전문점 등이 어울린다. 아동교육학을 전공했다면 놀이방, 아동복판매점, 완구점, 문구점, 어린이관련 학원 등이 유리하다. 만약 하고 싶은 일이 있는데도 경험이 없다면 해당 사업체를 찾아가 일정기간 보수 없이 일을 배우는 것도 방법이다. 경험이 있다는 것은 그 분야에 줄을 대고 의견을 나눌 수 있는 지인이 있다는 의미다. 소개와 안면으로 일이 성사되는 경우가 많은 우리나라 관행상 경험은 상당한 메리트로 작용한다.

4. 기 술

– 의욕 앞선 '맨손' 출발 곤란 / 자격증 미리 따두면 큰 도움

기술자격증도 창업아이템 선정에 결정적 변수다. 자신이 보유한 기술을 도외시한 채 무작정 유망사업에만 관심을 기울이는 것은 어리석은 일이다. 장기적 안목으로 자신만의 고유기술을 살리는 것이 좋다. 기술자격증이 없다면 학원 문을 두드리면 된다. 기술 학원들의 학습과정은 대개 3개월~1년이다. 누구나 일정 기간의 교육을 받으면 비교적 쉽게 자격증을 취득할 수 있다. 유망 자격증으로는 조리사, 피아노조율기능사, 피부미용사, 포장디자인, 번역사, 컴퓨터속기사, 칵테일기능사, 증권투자분석가, 세무사, 제과제빵사, 주택관리사, 보육교사, 논술지도강사 등이 있다.

5. 나 이

– 세대 차 느끼는 업종 피해야 / 고객 연배 비슷할수록 유리

마지막으로 무시할 수 없는 것이 나이와 성별이다. 예컨대 평생을 보수적인 분위기의 직장에 다니던 기업체 간부가 신세대들을 상대하는 일에 뛰어든다면 눈에 거슬리는 일이 많을 것이다. 실제로 50대 창업자가 대학가 근처에 커피 전문점을 개업했다가 손님이 없어 망한 적이 있다. 이유인즉 나이 지긋한 아저씨가 넥타이를 매고 하루 종일 카운터에 앉아 있다 보니 어린 대학생들이 주인눈치보기 싫어 발길을 딴 곳으로 돌린 것이다. 이처럼 중년의 퇴직자들은 커피전문점이나 팬시 용품점보다 고객들의 나이가 자신과 비슷한 한정식 집이나 보쌈집 같은 음식점이 적합하다.

2 창업 유형

창업은 기준에 따라 여러 가지로 분류할 수 있다. 업종에 따라 제조업, 도·소매업, 서비스업 창업으로 구분할 수 있고, 동기 및 배경에 따라 생활보장형 창업과 사업개발형 창업으로 구분할 수 있으며, 또한 연령에 따라서도 창업유형을 분류할 수 있는데 모험창업, 선택창업, 기반창업, 전문창업, 안정창업 등으로 구분할 수 있다. 사업을 분류할 수 있는 기준으로는 새로움 정도, 경영의 독립성, 소유자의 수 등이 있다. 여기에서는 이들 기준을 근거로 하여 중소기업의 창업에 도움이 되는 분류와 그 특징을 간단히 설명하고자 한다.

(1) 업종에 따른 분류

산업분류에서 흔히 사용되는 기준으로 제조업, 음식 및 서비스업, 유통업의 분류가 있다. 제조업 창업은 원료를 투입하여 새로운 제품을 만드는 사업을 말한다. 서비스업이란 그 형태가 다양하여 간단히 정의하기가 어려운데, 한 가지 특징은 제공된 서비스를 원래 상태대로 환원하기 어려운 것이라 하겠다. 이와 같은 서비스업 분야의 창업은 산업사회가 고도화됨에 따라 그 비중이 증가하고 있다. 유통업의 창업이란 도매 및 소매점을 창업하는 것을 말한다. 창업이라 하면 먼저 기업과 공장을 설립하여 운영하는 것을 연상하는 경우가 많으나 숫자에 있어서 공장보다는 생활과 밀접하게 관련된 서비스 및 유통업의 창업이 많다. 제조업 창업은 승수 효과가 크므로 그 중요성은 특별히 크다.

(2) 독립사업과 프랜차이즈 가맹사업

프랜차이즈 가맹점(franchisee)이란 프랜차이즈 본부(franchiser)로부터 상품, 관리 등에 대한 지원을 받는 대신 사업경쟁에 있어서 체결한 계약에 따라 제약을 받게 된다. 예를 들면, 롯데리아 햄버거점은 롯데리아 라는 상호를 사용하고, 원자재를 공급받고 경영기술을 지도 받는 대신 경영에 있어서 본부와 약속한 바를 지켜야 한다. 즉, 햄버거의 종류, 크기, 가격, 서비스 방법 등에 있어서 점포주인 자의로 결정하지 못하고 본부와 약속한 대로만 해야 한다. 최근에는 많은 소매업 및 서비스업에서 프랜차이즈 가맹점 형태의 사업이 확산되고 있으며 이와 같은 추세는 앞으로도 상당 기간 동안 계속될 것이다. 이와 같이 프랜차이즈 가맹점 사업이 성장하는 것은 여러 점포가 같은 물건을 취급하게 됨에 따라 규모의 경제성이 커지며, 경영 기술에 있어서 본부업체와 가맹점이 효과적으로 협력하여 수익성과 경쟁력을 높일 수 있기 때문이다.

한편, 음식을 제공하는 요식업을 보면, 이들은 개별 점포마다 독자적인 상호를 사용하며, 원자재 구입, 제공하는 음식과 서비스의 종류에 있어서 독립적인 의사결정을 한다. 이와 같은 경우 프랜차이즈 가맹사업에 대비하여 독립점이라고 칭한다.

(3) 혁신적 창업과 모방창업

창업은 혁신성 정도에 따라 혁신적 창업과 모방창업으로 나누어 볼 수 있다. 혁신적 창업이란 기술, 경영, 제품 등에 있어서 기존 사업과는 크게 다른 형태의 창업을 의미한다. 예를 들면, 발명품의 사업화는 혁신적 창업이라고 할 수 있다. 발명품은 아니더라도 새로운 정도가 큰 제품을 생산하고자 하는 창업은 혁신적 창업이라고 할 수 있다. 또, 경영 방식에 있어서 혁신적인 방법을 이용하여 효율이 높은 새로운 기업을 창업한다면 혁신적 창업이라고 할 수 있다.

한편, 우리 주변에서는 기존의 기업과 거의 같거나 매우 유사한 형태의 기업이 창업되는 것을 흔히 볼 수 있다. 예를 들면, 프랜차이즈 가맹점 사업을 시작하는 경우에 흔히 볼 수 있는 소매점, 서비스 사업체, 음식점처럼 제품, 기술, 경영기법 등에 있어서 기존의 사업체와 크게 다르지 않은 창업을 모방창업이라고 할 수 있다. 창업되는 많은 기업들 중에는 혁신형이나 모방형으로 구분할 수 없는 것들도 많다. 많은 기업들은 모방적인 창업인 것처럼 보이지만 혁신적인 요소를 많이 포함하고 있는 경우도 있다. 예를 들면, 기존의 음식점과 같은 음식을 제공하는 식당으로 보여도 자세히 보면 조리법, 맛, 분위기 등에 있어서 기존의 식당들과 크게 차별화되는 경우가 있다. 이런 것은 혁신성이 강한 모방창업이다.

(4) 개인중심 창업과 팀 중심 창업

개인이 창업을 주도하여 제품의 결정, 자금조달, 경영 등을 주도하는 경우를 개인중심 창업이라고 할 수 있다. 한편, 이와는 달리 2명 이상의 사람이 공동으로 창업을 주도 하는 경우를 팀 중심 창업이라 한다. 개인중심 창업은 책임과 권한의 소재가 분명하고, 의사결정이 신속하다는 장점을 가지지만, 자본과 경영기술 등에 있어서 한 개인에게 의존함으로써 한계를 가질 수 있다. 팀 중심 창업은 구성원들의 견해차가 생길 때 이로 인해 의사결정속도가 느리고 책임소재가 애매하게 되는 단점이 있지만 신중성, 전문화 등의 장점을 가질 수 있다.

(5) 1인 창조기업

1인 창조기업은 서비스, 노하우, 전문기술 등 창의적인 아이디어를 가진 국민 개개인이 창업 또는 사업활동을 통해 경제적 가치를 향유할 수 있는 상징적 의미를 가지는 기업형태를 말한다.

1인 창조기업 육성에 관한 법률에 의하면 1인 창조기업이란 창의성과 전문성을 갖춘 1인이 상시근로자 없이 대통령령으로 정하는 지식서비스업, 제조업 등을 영위하는 자를 말한다. 즉, 개인이 사장이면서 직원인 기업을 의미하는 것으로 자신이 가지고 있는 지식, 경험, 기술 등을 사용하여 보다 창조적인 서비스를 제공함으로써 이윤을 창출하는 경우 1인 창조기업이라 할 수 있다. 구체적으로는 소프트웨어 개발, 인터넷 서비스, 누리집(홈페이지) 제작, 컨설팅, 디자인, 전시 등 IT 서비스업 및 제조관련 서비스업, 영화·예술·관광·저술·시나리오 등 문화콘텐츠 관련 서비스업, 전통식품·공예품 분야의 제조업 등 창의적인 아이디어나 전문지식·기술분야 등의 1인 중심기업을 말한다. 즉, 1인 창조기업은 1인이 매우 다양한 분야에서 자신의 핵심역량에 집중하면서 능동적이고 독립적으로 수익창출을 추구하는 기업으로 창의적인 아이디어나 기술·전문지식 등을 가진 자가 운영하는 1인 중심기업을 말한다.

1인 창조기업의 특성은 첫째, 인터넷을 기반으로 시간과 공간의 제약이 없는 유연한 근무형태를 가진다. 즉, 1인 창조기업 간 네트워크 구축을 통해 제품 및 서비스의 생산과 판매 등 일련의 과정을 수행하는데 있어서 유연하고 협력적인 경영활동이 가능하다.

둘째, 인터넷 카페, 블로그, 커뮤니티, SNS 등을 기반으로 빠른 정보교류를 통해 시장의 환경변화에 신속히 대응할 수 있고 생활에서 터득한 아이디어, 재능, 경험을 바탕으로 소비자의 새로운 수요에 적합한 맞춤형 생산이 가능하다.

셋째, 초기 시설투자 비용이 낮아 적은 비용으로 창업이 가능하며 본인이 선호하는 분야에서 자유롭게 활동하는 등 소자본 창업과 높은 자기 만족도를 들 수 있다.

(6) 무점포/소호 창업

소규모 자영업을 일컫는 용어로서, 소호(SOHO; Small Office Home Office)란 작은 사무실(Small Office)과 자택 사무실(Home Office)을 거점으로 하는 근무형태로서 특별한 사무실 없이 자신의 집을 사무실로 활용하는 데서 시작한 개념이다. 재택근무를 하면서 컴퓨터 네트워크를 활용하여 근무하기 때문에 이제까지의 사무실 근무와는 다른 새로운 근무의 형태이이다. 자택에서 근무하는 비즈니스 스타일은 이전부터 존재하였으나, 소호는 '인터넷을 활용하여 자기 자신의 비즈니스를 주체적으로 전개하는 지적 사업의 소규모 사업장'이라고 할 수 있다. 소호 창업은 점포를 확보하는데 자금이 소요되지 않으므로, 자금 면에서 매우 효율적인 창업이 될 수 있다. 예를 들면 정보제공업, 번역사업, 소규모의 통신판매사업(인터넷 쇼핑몰) 등은 소호 창업에 적합한 사업들이다.

(7) 동기 및 배경에 따른 창업

동기중심의 창업 유형과 배경중심의 창업 유형으로 구분해 볼 수 있다. 동기중심의 창업이 대부분 [생활보장형 창업]이라고 한다면 배경중심의 창업은 [사업개발형 창업]으로 일컬을 수 있다. 동기 또는 목적과 배경이 함께 하는 [사업개발형 창업]은 아이디어나 전문적인 기술과 창업에 대한 의지가 높아 성공할 확률이

구 분	유 형	내 용
동기중심의 창업	생계형	가족의 생계 및 생활보장을 위한 창업
	부업형	소득의 증대 및 여유생활을 위한 창업
	탈출형	미취업, 실업을 벗어나기 위한 도피 창업
	기회형	상속 또는 세입자 미입주로 인한 창업
	동업형	주변 요청에 의한 도움을 위한 창업
	전환형	사업 부진에 따른 업종의 전환 창업
배경중심의 창업	아이디어형	아이디어를 구체화하기 위한 창업
	기술형	기술을 기반으로 한 창업
	경력형	경력을 기반으로 한 창업
	취미형	취미 또는 동호회를 발전시킬 창업

※ 자료: 박건실, 2007.

높지만, 특별한 지식과 기술 및 준비가 없는 상태에서 창업에 대한 본인의 의지가 다소 약한 [생활보장형 창업]의 경우에는 창업에 실패할 위험이 훨씬 높다고 할 수 있다.

(8) 연령에 따른 창업

일반적으로 창업을 하는데 있어서 연령대에 따라 모험창업, 선택창업, 기반창업, 전문창업, 안전창업 등으로 구분할 수 있는데, 각 유형에 따른 연령 및 판단기준은 다음과 같다.

첫째, 20대는 자기의 전공이나 직업과 관계없이 어떤 분야를 선택하여 창업하더라도 성패의 결과는 크게 달라지지 않고, 실패하더라도 재기의 가능성이 높다. 따라서 20대에는 패기와 자신감을 밑천으로 삼아 모험 창업을 꾀하는 것이 좋다. 20대의 장점은 체력과 기력이 왕성하며 독특한 아이디어가 나올 소지가 많다. 그러므로 자신만의 아이디어를 잘 살리는 것이 중요하며 특히 컴퓨터 등 새로운 분야의 사업으로 진출할 수 있다. 그러나 사회적 경험이 적기 때문에 사업에 대한 준비나 계획이 완전하지 못하면 다른 사람에게 속기 쉽다.

둘째, 31세부터 40세까지의 연령층은 21세기 유망 사업 분야를 겨냥한 선택창업과 기반창업, 즉, 자신의 사회생활 및 일정분야에서 자기가 닦아놓은 기반을 최대한 활용해서 창업을 하며, 적성과 업무와의 상관관계를 고려하여 창업아이템을 발굴한다. 이 연령층의 장점은 사회경험이 어느 정도 있으며, 그 동안에 쌓아둔 인맥으로부터 어느 정도 도움도 받을 수 있고, 사업을 예측할 수 있는 능력도 있다. 또 활동력이 풍부하며 자신의 전문분야에서 쌓은 실력이 뒷받침된다. 그러나 자신의 능력을 과신할 경우 독선적인 사업운영으로 실패할 가능성이 크다.

셋째, 41세에서 50세까지의 연령층은 전문창업, 즉 학력을 불문하고 자기의 업무분야에서는 최고의 실무 전문가인 점을 활용하여 자신의 전문분야를 최대한 살려 창업을 해야 한다. 40대 창업의 장점으로는 사람을 다룰 줄 알며 판단력도 갖추고 있으며 인맥, 자금, 지식이 충분하다는 점이다. 그러나 이 연령층은 조직 내의 위치가 안정되어 있으므로 독립 시 신중해야 하며 실패할 땐 다시 취직하기가 어렵다. 창업 이전까지 누리던 직위는 통용되지 않는다는 점도 명심해야 한다. 그러므로 40대에는 직장에서 쌓은 전문성을 살리는 전문창업이 바람직하다.

마지막으로, 50대에는 노후의 안락한 생활을 염두에 두고 저축과 안정된 수입원을 선호하는 시기이다. 건강에 대한 높은 관심, 편리성 · 안정성 추구 등이 이 연령층의 대체적인 특성이며 사회경륜과 전문지식은 풍부하나 많은 지식이 오히려 행동보다 생각을 깊게 하는 원인이 되기 때문에 새로운 경력을 개발하는 기회가 다양하지 못하다. 그러므로 51세 이상의 연령층은 모험성이 없는 안정적인 사업 아이템을 택해 안정 창업을 모색하는 것이 좋다. 50대 창업의 장점으로는 오랜 세월에 걸쳐 쌓은 사회 및 직장 경험이 힘을 발휘 할 수 있는 연령이며 경륜과 삶에 대한 지혜, 여유와 관대함을 접목할 수 있다. 주의할 점으로는 사업 실패 시 재기하기가 어려우므로 만일을 대비해 어느 정도의 생활자금을 남겨야 하며, 체력과 기력의 한계를 고려한 여유 있는 사업 계획을 세워야 한다. 신체적 연령보다는 정신적 연령의 중요성을 인식하고 열성적으로 노력한다면 오랜 경험으로 다져진 노련미와 조화를 이뤄 성공의 가능성이 높다.

이와 같은 유형은 절대적인 것이 아니지만 이런 원칙을 지킬 때 사업실패를 최소화할 수 있고, 나아가서 사업을 성공으로 이끄는 지름길이 될 수 있을 것이다.

소상공인진흥원 활용하기

소상공인진흥원(http://www.seda.or.kr)은 창업의 성공률을 높이기 위해 교육, 컨설팅, 경기 동향 조사 등 예비 창업자들에게 실질적인 도움을 주는 기관이다.

특히 '성공창업패키지' 교육은 예비 창업자에게 "1단계(창업 적성 진단)−2단계(이론 교육)−3단계(현장 실습)−4단계(워크숍)−5단계(자금 지원)−6단계(사후 관리)"의 패키지 형태로 지원을 실시하고 있다. 또한 '송상공인 e−러닝센터'에서는 무료로 온라인 교육 프로그램을 이용할 수 있다.

▶ 소상공인지원센터 ◀

▶ 소상공인 e−러닝센터◀

3 창업의 자질 및 조건

(1) 창업자가 갖추어야 할 자질

창업은 도박을 하는 것이 아니라, 명확한 비전과 목표를 정립하고 새로운 목표의 성취를 위해 도전하는 것이다. 따라서 창업을 통해 목표를 성취하기 위해서는 성공한 기업가들의 자질과 조건을 벤치마킹(benchmarking) 할 필요가 있다. 대개 성공한 기업가들은 발명적이고, 박력 있고, 모험적이고, 창의력이 있고, 성장 지향적이며, 새로운 사업을 시작해서 운영하는 것을 기꺼이 수행하는 자질을 가진 자들로 다음과 같은 특징을 가지고 있다.

① 자발성

창업자는 여유가 있고 자기 자신을 철저하게 통제할 수 있는 능력을 지니고 있어야 한다. 또한 창업자는 자신이 일한 결과에 대해 책임을 질 줄 알아야 한다.

② 확 신

창업자는 자신이 가진 열의나 아이디어를 다른 사람들이 도와주거나 지지하지 않더라도 그것에 대해 확신을 가지고 있어야 한다. Walt Disney가 백설 공주 원작을 재현한 장편 만화 영화를 제작할 것을 제안했을 때 영화업계의 반응은 냉소적이었다. 그러나 그의 확신과 열정은 미국중앙은행의 도움으로 이 과업을 성공적으로 마치게 만들었다.

③ 성취욕구

훌륭한 사업 아이디어를 발견하는 것은 쉬운 일이 아니다. 따라서 가장 중요한 점은 자신이 가진 꿈을 현실에서 실현하고 구체화 할 수 있는 강렬한 정열이다.

④ 높은 활동 수준

창업자는 자신의 사업을 열심히 그리고 끈기 있게 유지해 나갈 수 있는 능력이 있어야 한다. Papa John's Pizza의 설립자인 John Schnatter는 하루에 17시간 이상을 사업에 투자하였다.

성공한 기업가와 실패한 기업가의 차이

성공한 기업가	실패한 기업가
• 성취에 대한 열망	• 지나친 욕심
• 주도적이고 강한 책임감	• 책임 전가 형
• 사업에 대한 몰입도와 결단력	• 자신에게 실패는 없다는 불사조 형
• 기회지향적 및 목표지향적	• 작은 것에 목숨거는 편집중 형
• 불확실성에 대한 수용과 인내심	• 지시나 간섭은 마라는 독불장군 형
• 끈질긴 문제 해결능력	• 상황과 기분에 따라 즉흥적인 형
• 상황에 대한 긍정적 사고와 여유	• 성공과 실패를 운으로 돌리는 형
• 개방적 사고와 feedback의 활용	• 대인적 안목의 부족
• 계산된 위험감수와 실패관리 능력	• 지나친 완벽주의 형
• 지위와 권력에 대한 낮은 욕구	• 자기가 다 안다는 안하무인 형
• 정직과 신뢰감 및 성과의 공유	• 나 아니면 안된다는 불신 형
• 신속한 결단력과 강력한 추진력	• 사업지식의 결여
• 사교적, 설득력, 인화력	• 남에게 신세 안 진다는 형
• 팀의 구축자이자 영웅 메이커	• 내부정보 은폐 형
• 외부자원의 활용능력	• 시류에 부응하지 못하는 형

※ 자료: 박건실, 2007.

⑤ 확실성에 대한 인내심

성공적인 창업자는 단지 예상되는 위험만을 감수하는 것이 아니라 불확실한 상황 하에서 언제 생겨날지 모르는 상당한 위험도 극복해 나갈 수 있는 능력을 갖추고 있어야 한다.

이상 창업자가 지녀야 할 자질은 여러 가지가 있지만 특히 자금조달 능력, 영업능력, 진취적인 개척정신, 신용과 신뢰감 및 원만한 대인관계 등이 꼭 필요하다.

(2) 창업자가 갖추어야 할 조건

실패한 제품에는 제품의 하자보다는 성공을 위해 발 벗고 나선 정열적인 리더가 없었기 때문이다. 다음은 창업자가 성공하기 위해 기본적으로 갖추어야 할 조건으로, 대표적인 사항은 다음과 같다.

① 뚜렷한 목표와 계획

창업자의 목표설정이 명확해야 목표 달성의 길이 열린다. 그리고 목표를 향해 도전해가는 정신이 중요하다. 사업 목표와 계획은 건축물에서의 설계도와 같다. 사업을 시작하기 전 예상되는 매출과 목표 매출 그리고 매출증대를 꾀하기 위한 홍보방법 등 뚜렷한 목표설정과 목표달성을 위한 계획수립이 필요하다.

② 분석 능력

판매업이나 외식업의 고객들은 나름대로의 취향을 가지고 있으며, 고객들 중에는 진심으로 판매물건이나 음식의 맛을 평가하고 조언해주는 사람이 있다. 따라서 내점객을 상대로 고객들의 취향을 파악하여 영업상의 매출로 이어지도록 분석, 평가하여야 한다. 물건을 파는 사람의 입장에서 보는 시각과 물건을 사는 사람의 입장에서 느끼는 시각은 커다란 차이를 보이기 때문이다.

③ 우수한 점포 방문, 끊임없이 배우기

우수한 점포를 방문하거나 우수한 점포에 대한 정보를 획득하여 자기 점포의 미비점을 보완하여야 하며, 영업이 잘 되는 점포로부터 끊임없이 배워야 한다.

④ 종업원은 가족

내부고객인 종업원을 먼저 내 사람으로 만들어야 외부고객에게 친절하게 대할 수 있으며 매장을 내 집같이 관리하게 된다. 고객을 가장 많이 접하는 사람은 종업원이다. 주인이 아무리 친절하더라도 고객과 제1선에서 마주 대하는 종업원이 불친절하면 그 고객은 다시 찾지 않게 된다.

⑤ 장기적인 안목의 고객관

매장을 찾은 손님에게 어떠한 물건이나 음식을 권해줄 때는 당장의 마진만 고려하여 물건을 추천해서는 안 된다. 고객의 스타일에 맞는 물건, 고객의 입장에서 생각하는 마음으로 추천해야 주인에 대한 신뢰를 갖고 다시 찾아오는 영원한 고객이 될 수 있다.

"이런 사람 창업하지 마세요"

최근 몇 년 간 벤처 및 창업열기로 요란하게 사업을 시작했지만 정작 성공한 사람이 별로 없다. 소호진흥협회는 성공하고 싶은 예비창업자들이 피해야 할 유형을 제시하였다.

1. 원시인형

컴퓨터와 인터넷 활용을 기피하는 최후의 원시인으로 일명 컴맹－넷맹형이라고 한다. 요즘 창업을 하려면 어떤 분야든 컴퓨터와 인터넷을 활용한 홍보 및 마케팅, 생산성 향상, 경쟁력 강화, 고객관리 및 서비스가 필수적이다. 전자우편 주소가 아예 없거나 일주일이 넘도록 확인을 하지 않아도 아무런 불편함을 느끼지 못하는 예비 창업자가 많다.

2. 우유부단형

창업아이템에 따라 시장 진입 시기가 중요한데 이걸 할까, 저걸 할까 생각만 하다가 시간만 낭비하여 결단을 내리지 못하는 유형을 말한다.

3. 공짜형

모든 것을 공짜로만 해결하려는 유형을 말한다. 창업컨설팅, 홈페이지 개발 등 가능하면 돈을 들이지 않고 정작 그 자신은 많은 수익을 원한다는 것이다. 예를 들어 많은 예비창업자들은 창업설명회에서 판매하는 교재도 구입하지 않으려는 경향이 많다.

4. 기웃기웃형

박람회, 설명회를 기웃기웃 거리면서 제대로 알려고 하지 않는 유형을 말한다. 박람회에서 나눠주는 전단지나 받아들고 별로 볼 것이 없다는 식으로 1~2시간도 되지 않아 가버리는 경우를 말한다.

5. 구걸형

본인은 노력도 하지 않고 다른 사람에게서 유망 창업아이템을 구하려는 유형을 말한다. 창업아이템은 결국 본인의 경험과 적성을 고려해야 하지만 좋은 아이템 하나 달라는 식으로 막무가내로 구걸하는 경우를 말한다.

창업자 능력 자가 진단표

※ 다음은 예비창업자가 자신의 창업 준비 및 창업능력을 검증하기 위한 자가 진단 설문지이다. '창업자 능력 자가 진단표'는 자신의 창업 능력을 평가하기 위한 참고자료로 활용한다.

☞ 아래의 12설문 문항은 예비창업자로서 창업능력을 검증하기 위한 질문이다. 자신에게 적절한 답을 선택하여 점수를 합산하여 본다.

1. 창업을 하려는 동기 또는 목적은?
   ① 돈을 많이 벌어 부를 축적하기 위해 ② 내가 좋아하는 일을 하기 위해
   ③ 상사의 속박으로부터 벗어나기 위해 ④ 불가피한 퇴직으로 인하여
   ⑤ 다른 사람의 창업성공에 자극을 받아

2. 창업에 성공한 다음에는 무엇을 하고 싶은가?
   ① 집 또는 별장을 마련하는데 투자
   ② 해외여행
   ③ 회사를 다른 사람에게 맡기고 정말 하고 싶은 분야의 일에 헌신
   ④ 가능성 있는 다른 예비창업자를 위해 투자
   ⑤ 벌어들인 재산을 사회사업에 투자

3. 창업을 최초로 꿈꾼 시기는?
   ① 어린 시절 ② 최종학교를 졸업한 뒤
   ③ 직장생활을 하면서 ④ 최근

4. 현재 귀하의 나이는?
   ① 30~35세 ② 36~43세
   ③ 20대 후반 ④ 기타

5. 창업자금이 1억원이라고 할 때 귀하가 부담할 수 있는 자금액은?
   ① 90% 이상 ② 70% 이상
   ③ 50% 이상 ④ 49% 미만

6. 진출하고자하는 사업 분야에 대한 귀하의 경험과 지식은?
   ① 관련 업종에 종사한 경험이 있다 ② 상품에 대한 지식이 있다.
   ③ 영업 감각이 있다. ④ 그 방면에 인맥이 있다.

7. 창업핵심 멤버를 확보하고 이끌어갈 능력은?
   ① 아주 뛰어나다. ② 약간 있다.
   ③ 취약하지만 자신감은 있다. ④ 부족한 편이다.

8. 평소 귀하의 업무 추진 속도는?

① 매우 신속한 편이다. ② 약간 빠른 편이다.

③ 보통이다. ④ 느린 편이다.

9. 사업성공의 요체는 마케팅이라고 한다. 다음 중 귀하의 사업에 어떤 마케팅전략이 필요하다고 생각하는가?

① 광고전략 ② 이벤트전략

③ 고객서비스 ④ 새로운 상품전략

10. 시장변화를 파악하는데 어떤 노력을 기울여 왔는가?

① 경제지 탐독

② 유통업체 탐방

③ 새로운 업종과 상품에 대한 정보 수집

④ 현재 각광받는 상품 도입을 위한 노하우 연구

11. 귀하의 리더십 수준은?

① 매우 뛰어나다. ② 약간 뛰어난 편이다.

③ 보통이다. ④ 부족한 편이다.

12. 창업을 앞둔 지금 귀하의 신용정도는?

① 매우 좋다. ② 약간 좋다.

③ 보통이다. ④ 별로 안 좋은 편이다.

▶ 채점방법

- 1번 문항 : ① 5점, ② 4점, ④ 3점, ③ ⑤ 2점
- 2번 문항 : ① 1점, ② 2점, ③ 3점, ⑤ 4점, ④ 5점
- 3·4·5·7·11·12번 문항 : ① 4점, ② 3점, ③ 2점, ④ 1점
- 나머지 문항(6, 8, 9, 10) 각 항목 1점

▶ 결론: 위 설문에 대한 총 점수는 50점이다.

- 총점이 40점 이상인 사람은 뛰어난 사업능력과 능력을 갖추었으므로 바로 창업에 나서도 큰 무리가 없을 것이다.
- 33~39점을 얻으면 사업이 무엇인지를 잘 파악하고 있으므로 부족한 부분을 보완하면 성공할 확률이 높다.
- 28~32점대에 속한 사람은 사업 감각은 충분하지만 여건이 성숙되지 않았거나, 여건은 좋으나 사업 감각이 부족한 편이다. 따라서 적절한 준비 과정을 거쳐 창업을 시도하는 것이 바람직하다.
- 27점 이하는 현업이 있다면 가능한 한 현재의 자리를 지키는 것이 옳고, 현재 사업을 준비 중이라면 다른 방법을 강구하는 것이 좋을 것이다.

※ 자료: 박건실, 2007.

4 창업의 절차

오픈 마켓의 창업은 누구나 할 수 있지만 누구나 성공할 수 있는 것은 절대 아니다. 창업 절차를 효율적으로 수행하는 경우와 그렇지 못한 경우에는 창업 수행 기간과 비용 면에서 상당한 차이가 난다. 창업 절차를 효율적으로 수행하지 못한 경우 창업과정에서 불필요한 고생을 하게 되며, 창업기간이 연장되어 창업비용이 증가하게 된다. 반면에, 창업 절차를 잘 숙지하여 효율적으로 수행했을 때는 창업기간이 단축되어 창업비용의 절감은 물론 사업의 성공을 보장하여 준다.

요즘 소호창업이나 벤처창업을 하려는 예비창업자들이 고민하는 문제 중의 하나가 바로 어떻게 창업을 해야 하는가 하는 문제이다. 성공적인 창업을 위해서는 창업 준비, 창업 계획, 창업 실전, 창업 평가에 이르는 일련의 창업과정을 효율적으로 관리해야 한다. 창업의 기본적인 절차는 다음과 같다.

1단계:	창업 준비	… 창업정보 수집 및 창업환경(오픈마켓) 분석 … 창업자 자질 평가
2단계:	창업 계획	… 창업아이템 분석, 사업성 및 타당성 분석 … 자금조달 계획, 사업계획서 작성, 행정 절차
3단계:	창업 실전	… 판매상품 소싱 및 거래처 확보 … 상품 촬영 및 디자인, 웹서버계정 준비, 상품 등록
4단계:	창업 평가	… 상품 배송, 정산관리, 고객관리

(1) 1단계 : 창업 준비

창업을 결심했다면 첫 번째로 해야 할 일은 경영이념을 설정하는 것이다. 무엇 때문에 사업을 시작하려고 하는지와 어떻게 사회에 기여할 것인지를 검토함으로써 보다 의미 있는 출발점으로 삼는 것이다. 그런 다음에는 창업환경에 대한 이해가 필요하다. 이를 위해서는 외부적으로 어떤 기회요소와 위협요소가 있는지를 살펴보는 외부환경 분석과 창업자 자신의 장점과 약점을 검토해 보는 내부환경 분석을 해야 한다. 외부환경 분석을 위해 요즘 주로 어떤 창업아이템이 인기를 끌고 있으며, 향후에는 어떤 아이템이 유망한지에 대한 정보를 수집해야 한다. 이를 위해서는 PC통신이나 인터넷을 이용하여 창업정보를 전문적으로 제공하는 사이트를 방문하여 필요한 정보를 얻을 수 있다. 또한 창업자는 창업자의 특기 및 적성과 창업에 필요한 경영능력, 자질 등을 평가함으로써, 창업자의 적성과 능력에 맞는 창업 전략을 수립해야 한다.

(2) 2단계 : 창업 계획

창업환경과 창업자 자신에 대한 객관적인 검토를 거쳐 시대의 흐름과 자신에게 맞는 창업아이템을 찾아내는 단계이다. 성공적인 창업아이템 선정을 위해서는 수익성, 안정성, 성장성 등을 갖추고 있어야 하고, 자금조달 범위 안에 있는 창업아이템이어야 하는 등 여러 가지 조건을 충족해야 한다. 창업아이템 선정 기준을 충족하는 아이템이 선정되었다면 그 창업아이템이 과연 얼마나 사업적으로 타당한가를 구체적으로 검토해 볼 필요가 있다. 이를 위해서는 우선 시장조사를 통해 시장규모, 예상 시장점유율 및 매출액 등 유용한 데이터를 수집할 필요가 있다. 이들 자료를 기초로 사업타당성이 가장 높게 나타난 창업아이템을 최종적으로 확보하면 된다. 또는 창업컨설팅업체나 중소기업청, 소상공인지원센터 등 전문적인 창업지원센터를 찾아가서 구체적인 상담을 받아보는 것도 하나의 방법이다. 창업컨설팅업체의 상담료는 보통 5~10만원선이며, 중소기업청 소상공인지원센터나 지방자치단체가 운영하는 곳은 무료이다. 창업상담을 받을 때에는 자기가 선정한 아이템에 대한 적합성, 성장성 등에 대하여 자세하게 알아봐야 한다. 또한 창업자금이나 향후 발생될 수 있는 문제들에 대해서도 상담하는 것이 좋다.

창업자금의 50% 이상은 자기 자금으로 하는 것이 원칙이다. 외부에서 자금조달을 과다하게 하게 되면 창업초기부터 무리수를 두게 되는 경우가 많고 예측하지 못한 사태가 발생했을 때 대응능력이 저하된다. 사업을 벌이다 보면 뜻하지 않는 곳에 자금 수요가 발생하는 경우가 많기 때문에 사업을 시작하기 전부터 은행 등 금융기관의 자금, 정부지원자금에 대한 정보를 수집해 자금마련과 수지계획을 세워둬야 한다.

창업 아이템의 사업성과 타당성 분석 그리고 자금 조달 계획이 끝난 후에는 구체적으로 사업계획서를 작성해야 한다. 계획한 사업의 개념과 구체적인 실행계획을 담고 있는 사업계획서는 사업의 추진방향과 성공여부를 결정하는 매우 중요한 문서다. 사업계획서 중에서도 가장 중요한 부분은 시장에서 성공을 거두기 위해 효과적인 마케팅 전략을 수립하는 것이다. 우선 마케팅 목표를 설정하는 제품, 가격, 유통, 홍보 등 다양한 마케팅 수단을 활용해서 경쟁우위를 확보하지 않으면 안 된다. 마지막으로 창업 실전에 앞서 영업허가나 신고 등 행정절차를 밟아야 한다.

(3) 3단계 : 창업 실전

창업 아이템이 결정되면, 창업자는 판매상품을 누구에게, 어떠한 방법으로 공급받아야하는가를 결정하여야 한다. 상품을 공급받는 유형은 상품을 직접 생산하는 생산자에게 받는 경우와 도매업체에게 공급받는 형태, 그리고 오프라인에서 공급받는 것과 온라인에서 공급받는 것으로 나눌 수 있다. 이 외에도 자체 생산을 하여 공급할 수도 있다. 창업자는 일단 도매업체로부터 상품을 받아 시작하는 것이 무난한 방법이다. 생산업체와의 직거래를 뚫기도 어렵지만 판매상품이 시장에서 어떤 평가를 받을지도 모르는 상태에서 굳이 생산업체만을 고집할 필요는 없기 때문이다. 일단 도매업체를 통해 공급받은 상품으로 사업을 시작하고, 그 중 경쟁력 있다고 판단되는 특정상품을 별도로 생산업체와 연결해 보고자 노력해 보는 것이 더욱 빠른 방법이라고 볼 수 있다.

다음으로, 공급받은 상품을 오픈 마켓에 등록하기 위해 상품을 촬영하고 상품 상세설명 페이지를 제작해야 한다. 상품 촬영 및 디자인, 상품 등록은 본 교재의 "Chapter 3"에서 구체적으로 설명하고 있다.

(4) 4단계 : 창업 평가

창업 평가 단계에서는 판매 물품에 관한 대금 및 판매 과정에서 사용된 수수료, 할인 금액 그리고 송금 내역 등을 확인하여 정산 작업을 한다. 또한 판매 리포트, 옥션 사용률 분석, 물품별 구매자 분석을 통해 판매 현황을 정리한다. 이것은 향후 판매 전략과 고객 관리에 있어서 중요한 자료가 된다. 즉, 판매 현황 및 고객 데이터의 세분화를 실시하여 신규 고객 획득, 우수 고객 유치, 고객 가치 증진, 잠재 고객 활성화, 평생 고객화와 같은 사이클을 통하여 고객을 적극적으로 관리하고, 유도하며, 고객의 가치를 극대화시킬 수 있는 전략을 통하여 마케팅을 실시하게 되는 것이다.

에스티인터네셔널〈아이템 : 헨드폰 악세사리/LI〉

김성주 대표

남들과 다른 길을 찾아내다!

제가 살고 있는 김해는 소비도시인 부산과 계획공업도시인 창원을 접하고 있습니다. 도시와 농촌의 특성을 모두 가지고 있는 이런 특수한 도농지역에 거주하고 있는 대부분의 젊은 이들은 창원과 부산에서 취업하기 위해 준비하고 있습니다. 저 또한 창원 공단 안에 있는 회사에 취직을 하고자 산업공학을 전공했습니다. 그러나 대학을 졸업하는 사이 자동화와 정보화라는 사회경제적 환경의 변화로 인해 제 능력을 펼칠 수 있는 회사를 찾지 못했습니다. 몇 차례 취업에 실패하자 불안한 사회분위기에 따라 어머니와 가족들이 공무원시험 준비를 권했고, 저 또한 전공을 살리지 못 할 바에야 안정성이라도 보장되는 공무원이 되고 싶었습니다. 졸업 동기들 또한 저와 같은 상황이고 사회적 분위기로 보아서도 전혀 어색한 결정도 아니었습니다. 대학 졸업까지 미루고 공무원시험에 매달리는 선배들도 있는 터라 저 또한 모든 열정을 쏟아 1년 동안 공부를 했습니다. 하지만 심혈을 기울였던 시험결과는 불합격이었습니다. 단순히 시험문제 몇 개로 인해 인생의 당락이 결정된다는 것에 저는 공무원 시험에 대한 미련을 깨끗이 버리고 나의 젊음과 아이디어를 십분 발휘할 수 있는 창업에 눈을 돌렸습니다.

공무원 시험에 떨어지고 나서 '뭘 할까? 난 뭘 좋아할까?'를 고민했습니다. 창업관련 책자를 읽던 중 "자기가 젤 좋아하는 일, 즐기는 일" 그런 것들을 하는 것이 창업을 해서 사업을 지속할 수 있는 힘을 준다는 글귀가 눈에 들어 왔습니다. 저는 곰곰이 제가 가장 관심을 가지고 있는 분야가 무엇인지 생각해 보았습니다. '여자친구 만들기, 취업, 창업, 외아들로 어머니에게 효도하기, 여자는 없지만 결혼준비, 아이폰, 아이패드' 등등 무작위로 노트에 적어 보았습니다.

그랬더니 내가 가장 흥미를 느끼고, 사업성이 있어 보이는 것이 '아이폰, 아이패드'였습니다. 제 또래의 누구나 관심을 가지고 있고, 구매 예상품목 1위일 것이라는 생각이 들었고 '아, 이걸 팔아야 겠구나' 하는 결심을 하게 되었습니다. 아이폰을 팔아볼 심산으로 무작정 여기저기를 기웃거려 봤습니다. 그런데 이것이 단순히 아이폰만 파는 것이 아니라 통신사의 대리점을 받아야 되고, 매장이 있어야 되는 등 당시 재무상태로는 도무지 실행할 수 없는 아이템이었습니다.

방향을 틀어서 좀 더 생각해 봤습니다. 아이폰, 갤럭시폰 같은 스마트폰의 판매가 증가한다면 그에 따른 액세서리도 덩달아 팔릴 것이라는 생각이 들었습니다. 주식에서 건설회사 주식이 오르면 부자재 회사 주식까지 같이 오르듯이 말입니다. 또한 액세서리는 가격이 낮으니 나도 적은 자본으로 진입할 수 있겠구나 싶었습니다. 온라인을 통해 판다면 가게비용도 필요 없고 2~3백만 원만 있다면 당장 시작할 수 있을 것 같았습니다. 생각이 거기까지 미치자 시장진입에 대해 마음이 조급해졌습니다.

시장의 흐름에 동참하려면 제품 사이클이 빠르게 진행되는 스마트폰 액세서리 쪽에 당장 진입해야 했습니다. 하지만 공무원시험도 떨어진 마당에 사업을 할 테니 돈을 달라는 말이 입에서 떨어지지 않았습니다. 그래서 혼자만의 계획서를 작성하고, 구상을 시작했습니다. 돈을 대출 사람도 지지해 주는 사람도 없는 가운데 모래성을 쌓고 있던 것이지요.

창업에 대한 조급함을 해소할 곳도 없고 의논할 곳도 없던 저는 가족모임자리에서 우연히 매형에게 이런 일을 하고 싶다고 이야기를 했습니다. 매형 또한 제 아이디어에 대해 좋은 아이템이고 앞으로의 전망도 좋을 것이라고 희망적으로 말했습니다. 매형의 동조에 힘을 얻어 가족들에게도 사업계획서를 보여주며 한번 해보겠다고 하니 제 우려와 달리 가족들 모두지지를 하고 나섰습니다. '큰돈을 보태 주지는 못하지만 아직 젊으니 하고 싶은 일을 적극적이고 열정적으로 해보라'는 말은 천군만마를 얻은 거 보다 더 든든한 지원군이었습니다.

시작도 하고, 판매도 순로로운데 어딘가 부족한 2%

가족의 지지로 창업은 급물살을 타고 진행되었습니다. 특히, 무역업 쪽의 경력이 있는 매형이 아이폰 액세서리를 중국으로부터 직수입할 수 있는 좋은 경로를 알고 있고, 동참의사도 있어서 자본조달이 가능해졌기 때문입니다. 2009년 11월에 자금을 투입해 시작된 사업은 2010년 1월~2월쯤 되자 대박은 아니지만 G마켓에서 꾸준히 판매가 이루어졌습니다. 이 과정에서 인터넷판매에서는 마케팅팁을 통해 판매를 증가시킬 수 있는데, 그런 스킬들이 모두 사람의 손과 돈으로 이뤄진다는 것을 알게 되었습니다. 꼬박 밤을 새는 날이 한달 30일 가운데 20일이 넘을 정도로 열정을 쏟았습니다.

그러자 G마켓에서의순위도 올라가고, 스스로도 출발이 순조롭다고 느낄만큼의 상황이 되어 갔습니다. 하지만 마켓플레이스 가운데 옥션 쪽에서는 판매가 이뤄지지 않은 상태에서 G마켓에서만 판매가 이뤄지고, 급성장하지 않는다는 점이 저를 불안하고 답답하게 만들었습니다. 제가 밤낮없이 노력하는 걸 옆에서 보던 매형이 본인도 마케팅 쪽에서 기여를 해보겠다는 생각으로 김해소상공인지원센터에서 시행하는 성공창업패키지 오픈마켓과정을 신청했습니다. 그런데 첫날 교육에 참가했던 매형이 저에게 "지금 하는 일 잠시만 미루더라도 너도 교육에 참여하면 좋겠다. 교육이 생각보다 좋은 거 같더라."라고 권했습니다. 그래서 교육진행자에게 청강을 요청했는데, 마침 수업레벨문제로 이탈자가 생겼으니 정식으로 등록하고 수강을 할 수 있다는 답을 받았습니다.

성공창업패키지 교육에서 사업의 기초를 다지다!

인터넷에 판매를 시작한 지 5개월째 들어섰기 때문에 인터넷 쪽으로 제 기술력이 부족하다는 생각은 하지 못한 상태에서 교육을 받기 시작했습니다. 그러나 교육이 진행되면 될수록 '내가 정말 기초가 약했구나'하는 생각이 들었고, 나만큼 아니 나보다 더 열정적으로 창업을 준비하는 사람들이 있다는 것을 알게 되었습니다. 이전에는 막연히 만일 마켓플레이스에 관련된 교육을 받는다면 서울로 가야 제대로 된 교육을 받을 것이라고 생각했으나, 교육을 마친 지금 생각해보니 그건 저의 오산이었습니다. 모든 사람들이 다 서울에 가서 배우고, 서울에서 물건을 구입하는 형태가 된다면 지역에 있는 나 같은 사람은 경쟁력이 없는 것이지요.

김해소상공인지원센터의 오픈마켓 교육은 지역에서 상품을 개발하고 지역상품을 팔아 자신의 위치에서 최고의 효용을 낼 수 있는 방법론을 제시했습니다. 생각의 전환을 할 수 있는 기회가 주어진 것입니다. 정말 나만의 것을 만들어 가야 되는 것이구나 하는 큰 깨달음 말입니다. 5개월 동안 진행한 실무와 기초가 만나면서 다양한 아이디어가 떠올랐고, 시너지 효과를 얻을 수 있었습니다. 성공창업 패키지 오픈마켓과정은 옥션위주로 진행되었습니다. 그 곳은 젊은 사람들의 판매가 많고 저의 주판매가 이뤄지던 G마켓과는 또 다른곳이었습니다.

드디어 제가 가진 실무지식과 한달간의 성공창업패키지에서 배운 판매기술을 보태 옥션에 진입했습니다. 처음에는 배운 것을 연습한다는 생각으로 하나둘 팁을 써가며 작업을 진행했는데, 1달 정도가 지나자 G마켓과 옥션의 판매량이 비슷해졌습니다. 이젠 G마켓과 옥션에 이어 11번가에도 진입해 볼 용기가 생겼습니다.

드디어 열매를 맺다!

마켓플레이스 내의 각종 마케팅팁 활용으로 월평균 홍보비가 30만원가량 소요되고 2개월이 지난 시점에서 아이폰3와 갤럭시S의 판매 증가가 이뤄지면서 매출액도 덩달아 급성장하기 시작했습니다. 갑자기 계단식으로 매출액이 증가하자 현재 인력으로는 운영이 힘들어 하루 일용직을 3명까지 고용해 배송하기에 이르렀습니다. 그 와중에 월드컵특수를 겨냥하고 빨간색의 악마 케이스를 제작 의뢰해 판매했습니다.

그것이 고객들의 관심을 끌면서 판매자에 대한 인지도까지 높이게 되면서 옥션에서 파워셀러로 등극하게 되었습니다. 기회는 정말 준비된 자에게 오는 것 같습니다.저는 현재 한국의 대표 마켓플레이스인 옥션, G마켓, 11번가 모두에서 스마트폰 액세서리 부분에 있어서 파워셀러(옥션은 랭킹 1위)입니다. 제 파워셀러 타이틀이 다른 파워셀러하고 차별화되어 있다고 저는 거리낌 없이 말할 수 있습니다. 다른 파워셀러들이 박리다매, 유료홍보 전략을 활용했다면 저는 정공법으로 이 자리에 이르게 된만큼 고객기반이 단단하다는 것입니다. 또한 중국에서 직수입해 유통채널을 짧게 했기에 수익성 또한 어느 판매자보다 높다고 자부할 수 있습니다.

현재는 업무를 분담해 매형은 상품개발과 거래처관리를 담당하고 저는 인터넷 관련업무와 마케팅을 담당하고 있습니다. 정규직 종업원이 5명이고, 나머지 종업원도 가능한 정규직으로 전환하고 분업화시켜 사업을 지속적이고 안정적으로 운영하는데 주력할 것입니다.

몇천원짜리 제품을 하루에 400만원, 한달에 1억원이상 팔수 있다는 것을 상상이나 해보셨습니까? 취업재수생으로 사회적, 개인적 낭비를 하고 있던 저에게 창업은 강한 자부심과 무엇도 겁나지 않는 도전 정신을 심어주었습니다. 누군가 고용해 주길 바라던 사람이 이제는 종업원을 5명이나 모실수 있는 사업가로 사회에 기여할 수 있다는 점이 무엇보다 기쁩니다.

불과 1년 전만해도 취업전선에 매달려 있던 제가 이제는 국내시장 보다는 해외시장 진출을 통해 사회적으로 도움이 될 수 있는 사업을 해야겠다는 생각을 합니다. 사회의 여러 분야에서 꼭 필요한 기업가로 성공하는 것이 저의 희망입니다. 지난 6월에는 저처럼 성공창업교육을 받으러 온 교육생들에게 저의 성공사례를 들려주며 도전정신과 열정을 전해주는 강사로 참여했습니다. 취업에만 목숨을 걸고 있는 오늘날의 대한민국 일반 젊은이들이 창업을 통해 세계로 뻗어나갈 기회를 잡기를 감히 권합니다.

※ 자료: 소상공인진흥원, "마켓플레이스를 정복한 파워셀러", [창업성공수기] 2010 성공수기공모전 수상작, 2011

CHAPTER 02

창업
환경 분석

Chapter 02 창업 환경 분석

1 인터넷 쇼핑몰 및 오픈마켓의 현황

국내 도·소매 유통 채널은 시대의 변화에 따라 전통적인 오프라인 유통, 대형 유통 업체의 할인점과 TV를 통한 홈쇼핑 유통, IT를 기반으로 하는 인터넷 쇼핑 유통 등이 있다. 전통적인 방식의 도·소매 업체의 점포나 백화점들은 새로운 유통 채널의 등장으로 인하여 그 입지가 점점 작아지고 있고, 새로운 유통 채널인 할인점과 홈쇼핑 그리고 인터넷 쇼핑의 입지는 점점 커지고 있다. 이런 유통 채널의 지각 변동으로 인하여 재래 시장과 소형 점포의 상인들은 작아지는 입지를 넓히고자 다양한 방법을 모색하고 있다. 재래 시장들은 현대식 상가로 탈바꿈, 쿠폰 발행, 이벤트 및 할인 행사를 하고 소형 점포들은 자체 인터넷 쇼핑몰을 운영하는 등 다양한 변화를 시도하고 있다. 하지만 새로운 유통 채널의 가파른 성장 곡선을 막기에는 역부족인 경우도 많다. 특히 인터넷 쇼핑몰의 성장세는 그 어떤 유통 채널의 성장세보다 빠르다. 앞으로 유통업에 종사하는 사람들에게 인터넷 쇼핑은 선택이 아니라 무조건적으로 해야 되는 필수 도구가 되고 있는 추세이다.

온라인 쇼핑몰의 전체 시장은 2009년 23.7조 원으로 예상하였으며, 연평균 16% 이상 성장률을 유지할 것으로 전망되었다. 또한 2012년에는 35조 원 규모로 현재 대비 약 1.5배 이상의 시장 규모를 형성할 것으로 전문가들은 보고 있다. 이와 관련하여 오픈마켓은 21%에 달하는 연평균 성장률을 기록해서 2011년에는 18조 원, 2012년에는 20조 원 규모로 전체 온라인 쇼핑몰 시장의 60%를 차지할 것으로 예상되고 있다. 따라서 오픈마켓이 전체 온라인 쇼핑몰 시장의 성장을 견인하고 있으며, 이러한 추세는 향후에도 지속될 것으로 전망되고 있다. 여기에 오픈마켓은 인터넷 쇼핑몰과의 경계를 허무는 복합적인 사업모델로 전환을 꾀하면서 모바일, TV 홈쇼핑, 대형할인점, 백화점 등의 경쟁 유통 채널과의 제휴를 통해 유통의 벽을 허무는가 하면, 독자 브랜드 상품 개발을 통해 브랜드 영역을 확대해 나가고 있어 향후에도 오픈 마켓의 비중은 지속적으로 증가할 것으로 예상된다.

인터넷쇼핑몰 거래액 규모 추이

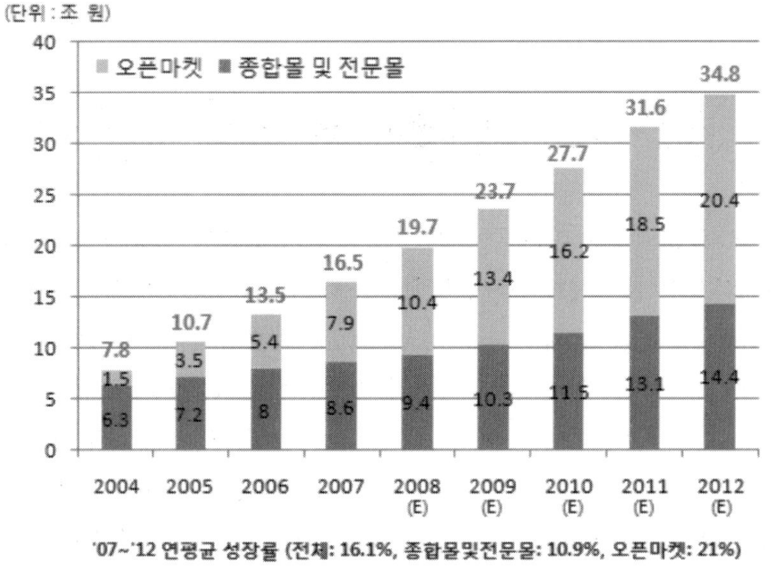

Source : 통계청, 한국온라인쇼핑협회
http://www.malltizen.com

2 오픈마켓의 개요

(1) 오픈마켓(Open Market)이란?

오픈마켓 서비스는 옥션이 1998년에 가장 처음 진출했으며, 그 뒤를 이어 2000년에 G마켓이 오픈마켓을 시작한 다음 11번가가 그 뒤를 잇고 있다. 현재 G마켓과 옥션은 거래액과 순이익 등을 놓고 선두를 다투고 있다.

오픈 마켓의 정확한 명칭은 온라인 마켓 플레이스(On-line market place)로, 판매자(생산자)와 구매자 모두에게 열려있는 온라인 장터를 말한다. 즉, 오픈 마켓에서는 특별한 선발 과정이나 복잡한 절차 없이 누구나 쉽게 사고 파는 것이 가능하며, 생산자와 구매자간의 직거래장터이기 때문에 저렴하고 신속하게 매매과정이 이루어진다. 따라서 오픈 마켓은 소자본으로도 창업이 가능하며, 도메인이나 기타 쇼핑몰 사이트를 만드는 솔루션 없이 운영이 가능한 쇼핑몰이다.

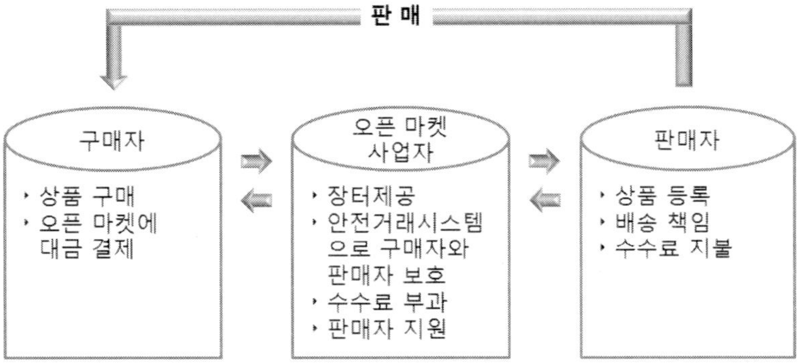

옥션, G마켓, 11번가 등의 각 오픈 마켓은 이 장터의 중계자 역할을 하며, 판매자로부터 상품에 대한 등록 수수료와 낙찰 수수료를 받는다. 또한 구매·판매 보장서비스로 상품을 받지 못하거나 대금을 전달 받지 못하는 일을 최소화 한다. 다만, 그 상품의 질이나 거짓 정보에 의한 피해에 대해서는 책임지지 않는다.

(2) 인터넷 쇼핑몰과 오픈마켓

현재의 인터넷 쇼핑몰은 대형 종합 쇼핑몰을 시작으로 아이템을 전문적으로 판매하는 중·소형 전문 쇼핑몰 그리고 오픈 마켓으로 구분할 수 있다. CJmall, Hmall, 롯데닷컴 등은 일반적인 인터넷 쇼핑몰의 판매 형태이다. 즉, 공급 가격과 판매 가격의 차액인 상품 마진을 매출로 책정하는 판매 방식이다. 반면에 오픈 마켓은 상품 마진 개념이 아니라 판매할 장소, 즉 '장터'를 제공해 주는 대가로 받는 판매 수수료 수익과 광고료 등을 영업 이익으로 책정하는 일종의 사이버 중개 방식이다.

•• 옥션 ••

•• G마켓 ••

•• 11번가 ••

•• 도매꾹(구, 나까마) ••

일반적인 인터넷 쇼핑몰은 대형 인터넷 종합 쇼핑몰, 중·소형 인터넷 전문 쇼핑몰로 구분할 수 있고, 오픈 마켓은 소매와 도매로 구분할 수 있다. 일반적인 인터넷 쇼핑몰과 오픈 마켓의 가장 큰 차이점은 다음과 같다. CJmall, Hmall, 롯데닷컴, 등과 같은 대형 인터넷 쇼핑몰은 판매자들이 입점 계약을 맺고 위탁 판매 형식으로 판매와 배송을 책임지고, 그에 따른 수수료를 지불한다. 또한 상품의 판매 가격은 담당 MD(상품 관리자)들과 협의 하에 결정해야 되는 경우가 많다. 중·소형 전문 인터넷 쇼핑몰은 판매자가 직접 자신의 상호로 인터넷 쇼핑몰을 만들어 홍보, 마케팅, 상품 등록, 배송 등 운영에 관한 모든 사항을 직접 제작 및 관리하는 형태이다. 대형 인터넷 쇼핑몰에 입점하여 판매하면 광고비가 많이 들지 않고 판매할 수 있지만, 판매 수수료가 오픈 마켓에 비해 높고 결제일이 길다는 단점이 있다. 또한 일반 쇼핑몰의 상품 구매자는 일반 소비자들이 대부분이며, 상품 판매자는 개인보다 제조사, 수입 회사, 총판 등 대형 유통 업체 중심으로 운영된다.

오픈마켓은 오픈 마켓 사업자가 제공하는 장터에 판매자로 회원 가입한 후 상품 등록, 배송을 책임지고 판매 금액에 대한 수수료를 지불하는 형태이다. 또한 가장 중요한 판매 가격에 대한 모든 책정과 책임은 판매자에게 있다. 오픈 마켓은 인터넷 종합 쇼핑몰의 판매 수수료보다는 낮고, 결제일이 빠르다는 장점이 있다. 또한 오픈 마켓에서 상품 구매자는 일반 소비자가 대부분이지만 지방 소매업을 하는 상인들도 있으며, 상품 판매자는 소규모 유통업을 하는 상인들이 대부분이며 제조사, 총판 등 대형 유통 업체들도 포함되어 있다. 즉, 오픈 마켓은 개인의 물건을 쉽고 간단하게 사고 팔 수 있는 마켓 플레이스이다.

구분	특징
대형 인터넷 쇼핑몰	▸ 판매자는 입점 후 판매함 ▸ 수수료가 높고, 결제일이 늦음 ▸ 광고비와 관리 비용이 적게 듬 ▸ 상품 가격 책정은 담당 MD들과 협의해야 함
중 · 소형 인터넷 전문 쇼핑몰	▸ 판매자가 운영에 관한 모든 책임을 짐 ▸ 광고비와 관리 비용이 많이 듬 ▸ 상품 가격 책정은 운영자 스스로 결정함
오픈 마켓	▸ 판매자는 판매와 배송에 대한 책임을 짐 ▸ 수수료가 적고, 결제일이 빠름 ▸ 광고비와 관리 비용이 적게 듬 ▸ 상품 가격 책정은 판매자 스스로 결정함

(3) 오픈마켓의 특징

① 누구나 구매와 판매가 모두 가능한 시장

오픈마켓 역시 종합쇼핑몰과 마찬가지로 여러 종류의 상품 구색을 갖춘 쇼핑 공간이지만, 회원들 스스로가 각자 판매자도 될 수 있고 소비자도 될 수 있다는 점에서 차별화되는 특징을 갖는다. 종합쇼핑몰에서는 대다수의 회원들이 오직 소비자로서의 역할을 하게 되는 반면에 오픈마켓에서는 자신이 직접 상품, 작품, 중고품 등을 시장에 내 놓고 판매할 수 있는 자격을 갖게 되는 것이다. 이러한 방식을 통해 오픈마켓은 판매자, 소비자의 역할이 고정적이지 않고 상호 변동될 수 있다는 가정 하에 운영되어지고 있다.

② 고객과의 양방향 합의 판매

기존 종합쇼핑몰 판매자들은 유통구조와 고마진 등의 이유로 물품을 대량 생산하여 판매하는 경우가 많았다. 이에 반해 오픈마켓 판매자들은 그때 그때 고객의 니즈와 판매추이를 반영해 소량으로 생산하는 경우가 많다. 따라서 고객의 성향과 변화에 빠르게 대처할 수 있고, 그에 따른 유동성을 가질 수 있다. 또한 이러한 과정에서 구매자들은 자신의 니즈를 적극적으로 제시할 수 있다. 구매자와의 1:1 상담을 통하여 자신이 원하는 디자인이나 사이즈 등을 요청할 수 있고, 판매자 역시 이러한 고객의 요구를 받아 맞춤 판매도 가능하다.

가격 결정 박식에 있어서도 오픈마켓의 경매 혹은 흥정하기 등을 통하여 판매자가 일방적으로 결정하고 구매자가 그에 따르는 것이 아니고, 구매자들 간의 입찰 혹은 구매자와 판매자간의 가격 흥정을 시스템을 이용하여 구현하였기 때문에 소비자는 더 낮은 가격으로 물품을 구매할 수도 있다. 즉, 많은 거래가 판매자와 소비자의 커뮤니케이션을 통한 양방향 합의 판매 방식을 갖는다.

③ 오픈마켓 거래의 주체

오픈마켓 사업자는 사이트상에서 취급하고 있는 상품이나 그 상품에 대한 정보, 그 상품을 보관하기 위해서 필요한 물류창고를 비롯한 모든 관련 시설을 소유하고 있지 않다. 상품의 소유는 모두 판매자가 갖고 그에 따른 비용이나 리스크도 모두 판매자의 몫이다. 오픈마켓 사업자가 할 일은 판매자와 구매자에게 거래할 수 있는 장소를 제공해 주고 그들이 원활하게 거래할 수 있도록 시스템을 비롯한 거래 환경을 제공해 주며, 거래를 통해 일어날 수 있는 마찰 등에 대한 중개역할만 잘하면 된다. 이처럼 오픈마켓 상의 온라인 상거래의 거래 주체는 구매자와 판매자 이다.

④ 수익모델의 특징

종합쇼핑몰들은 공급가격과 판매가격의 차액인 상품마진을 매출로 잡아 수익으로 인식하는 판매마진방식을 수익모델로 취하고 있다. 반면 오픈마켓은 이러한 상품마진의 개념이 아니라, 상품을 판매할 수 있는 거래 장소를 제공해 주고, 그 대가로 받는 수수료를 영업이익으로 삼는 중개방식의 수익모델을 갖고 있다.

⑤ 오픈마켓의 가격 경쟁력

오픈마켓은 상품 가격이 일반 종합쇼핑몰보다 상대적으로 저렴하다. 오픈마켓의 경우 판매자가 직접 물건을 생산 또는 매입하고, 고객 니즈에 따라 박리다매 형태로 판매하기 때문에 종합몰에 비해 원가가 낮아질 수 밖에 없다. 또한 무엇보다 오픈마켓이라는 시장엔 같은 상품을 파는 수많은 판매자들간의 판매경쟁으로 인해 상품가격이 사지 않고는 생존할 수 없다.

⑥ 결제시스템

일반 대형 쇼핑몰의 경우 고객이 상품을 구입하고 결제를 하면 바로 쇼핑몰 운영 회사에게 상품 대금이 지불된다. 물론 카드 결제인 경우에는 지불 대행(PG) 회사를 통하지만 대금의 최종관리는 쇼핑몰 운영 회사에서 관리한다. 하지만 오픈마켓의 경우 판매자에게 바로 상품 대금이 지불되지 않고 구매자가 구매 확인을 하여야 판매자에게 대금을 지급하는 '매매보호장치'라는 결제 시스템 서비스를 사용한다. 이는 '에스크로서비스'라고도 하며 판매자의 결제대금을 제3자에게 예치하고 있다가 배송이 정상적으로 완료된 후 대금을 판매자에게 지급하는 거래안전장치이다.

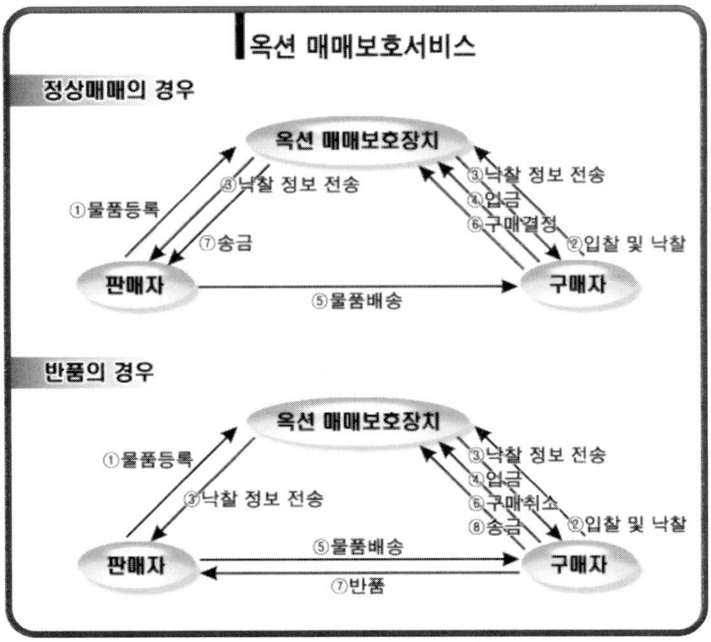

3 오픈마켓의 거래과정

모든 오픈 마켓은 안전 거래 시스템(에스크로 제도)을 도입하고 있으며, 판매자의 상품 등록→구매자 주문→판매자 배송→구매자 구입 결정→오픈 마켓 대금 송금 단계로 이루어져 있다. 오픈 마켓에서 판매와 구매 절차는 다음 그림과 같다.

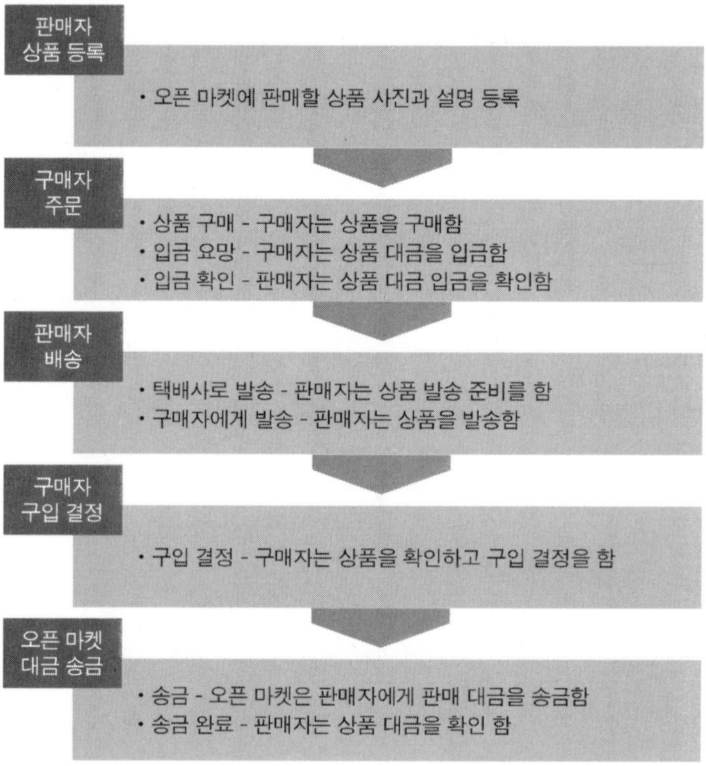

(1) 판매자의 경우 거래과정

① 회원가입

오픈마켓의 회원에는 3가지 형태가 있다. 첫 번째, 일반회원으로 구매만을 목적으로 하는 회원이 있고, 두 번째로는 구매와 판매를 모두 할 수 있는 개인회원과 세 번째는 구매와 판매를 모두 할 수 있는 사업자회원이 있다. 사업자 회원이란 사업자등록증을 보유하고 지속적인 판매를 통한 영업수익을 목적으로 하는 회원을 말한다.

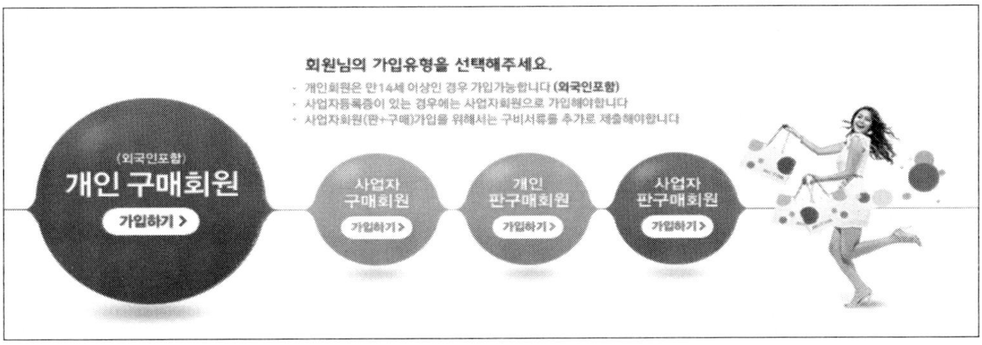

② 판매 방식의 선택

각 오픈마켓별로 여러 가지 판매방식을 가지고 있다. 대표적인 몇 가지 판매방식에 대해 정리해 보면 다음과 같다.

- **일반경매** : 일반경매의 경우 판매자가 시작 가격을 제시하면 낙찰을 원하는 구매자들이 희망가격을 지정한다. 구매자들이 서로 경쟁적으로 희망가격을 제출함으로써 물품 가격이 올라가고 가장 높은 가격을 제시한 사람에게 낙찰 되는 방식이다.
- **공동경매** : 판매자가 물품을 등록할 때 수량에 따라 단계별로 가격을 다르게 설정하는 것으로, 구매 신청자가 많아질수록 물품 가격이 낮아지도록 설정하는 방식이다.
- **천원경매** : 일반경매와 마찬가지의 경매방식이지만 경매 가격이 1,000원부터 시작된다.
- **오픈마켓** : 판매가격과 수량을 미리 결정하여 판매하는 것으로, 구매자는 판매자가 제시하는 물품 가격으로 구매할 수 있다. G마켓의 오픈마켓 방식의 경우 '흥정하기'라는 기능을 통해 구매자와 판매자 간에 서로 판매 가격에 대해서 흥정할 수 있다. 구매자가 판매자에게 희망하는 가격을 제시하면 판매자는 흥정에 응할 수 있다.
- **행운경매** : G마켓의 유일한 경매방식으로, 입찰비 없이 무료로 입찰해서 입찰 가격이 높은 순서대로 낙찰되는 보통의 경매와는 다르다. 행운 경매 낙찰 방식은 입찰가순 방식과 랜덤 추출 방식이 있다. 입찰가순 방식은 입찰가가 높은 순서대로 경매 수량만큼 낙찰되는 방식이고 랜덤 추출 방식은 G마켓 행운 경매만의 독특한 낙찰 방식으로, 입찰 범위 안에서 컴퓨터에 의

해 임의의 값이 낙찰 가격으로 결정되고 결정된 낙찰 가격보다 '높은'가격에 대해 낙찰 가격에서 가까운 순서로 경매 상품 수량만큼 낙찰이 되는 경매 방식이다.

따라서 높은 가격을 쓴다고 낙찰 가능성이 높아지는 것이 아니고, 입찰 범위 안의 모든 가격에 대해 낙찰 가능성은 동일하다. 그리고 같은 가격에 입찰한 사람이 여러 명일 경우에는 가장 먼저 입찰한 사람이 낙찰자로 결정되기 때문에, 이미 다른 사람이 입찰한 가격에는 다시 재 입찰할 필요가 없다. 대부분 행운경매는 물건을 이윤을 받고 판매하기 위한 목적이 아닌 홍보 효과를 보기 위한 형태로 활용되고 있다.

③ 상품등록

각 오픈마켓에서 제공하는 판매자 전용 프로그램 등을 통하여, 판매자가 판매할 물품을 등록하고 상품에 관한 정보를 제공하는 과정을 말한다.

④ 상품 배송과 C/S(Customer Servise)

구매자가 상품을 구매하고 구매대금을 오픈마켓 사업자에게 입금하면, 오픈마켓은 판매자에게 입금통보를 해준다. 입금 통보를 받은 판매자는 구매자에게 물품을 배송해야 한다. 또한 거래를 하는 과정에서 일어날 수 있는 구매자와의 상담·교환이나 반품 등의 처리도 이루어져야 한다.

⑤ 정 산

구매자가 구매물품에 대하여 구매결정 혹은 택배사를 통한 배송완료 통지를 통하여 정산 대상이 확정되면 오픈마켓 사이트는 물품 대금을 판매자의 계좌에 입금한다. 판매대금은 각 오픈마켓에 따라 판매자에게 신용등급을 정하고 그에 따라 차이를 두어 지급한다. 대략 구매자에게 배송완료된 건에 대해 7일~30일 소요된다.

(2) 구매자의 경우 거래과정

① 회원가입

개인 회원과 사업자 구매 회원으로 가입할 수 있다.

② 구매과정

각 오픈마켓에서 제공하는 다양한 판매 방법으로 구매를 할 수 있다. 또한 구매가 종료되면 상품평등을 통해 의견을 제시하고, 다른 구매자들과 의견 정보를 공유할 수 있다.

CHAPTER 03

창업
타당성 분석

Chapter 03 창업 타당성 분석

예비창업자는 창업타당성 분석을 통하여 잘못된 부분과 보완할 점들을 발견하고, 이러한 일련의 피드백(feed back)이 수차례 실행됨으로써 완벽한 사업계획서를 작성할 수 있게 된다.

1 창업자의 경험과 지식의 활용

창업자는 창업아이템 선정을 시작으로 직접 기업을 경영하는 기업가의 길을 걷게 된다. 창업아이템 선정에 있어 무엇보다도 중요한 것은 창업자가 '어느 분야에서 경쟁력이 있는가?' 하는 것이다. 즉, 창업아이템 선정에 있어 현재의 유행과 추세도 중요하지만 자신의 성격과 적성에 맞고, 자신이 잘 알고 있는 분야이거나 실제 경험이 있는 분야를 택하는 것이 유리하다. 아니면 도움을 받을 수 있는 인맥이 있어서 객관적으로 남보다 유리하다고 생각되는 아이템을 택하는 것이 좋다. 그래야 자신 있게 운영해 나갈 수 있고 성공할 수 있는 확률도 더 크다.

창업자 특성 체크리스트

체크항목	아니다 - 그렇다
√ 창업자의 창업의지는 충분하다	① ② ③ ④ ⑤
√ 창업자의 건강 상태는 양호하다	① ② ③ ④ ⑤
√ 창업자가 잘 아는 아이템이다	① ② ③ ④ ⑤
√ 창업자의 적성(흥미)에 맞는 아이템이다	① ② ③ ④ ⑤
√ 목표고객이 누구인지 명확하게 설명할 수 있다	① ② ③ ④ ⑤
√ 시장의 경쟁상황, 잠재적 진입자, 대체재를 설명할 수 있다	① ② ③ ④ ⑤
√ 고객유입과 고객관리에 대한 구체적인 방법을 알고 있다	① ② ③ ④ ⑤
√ 사진촬영, 포토샵 등 쇼핑몰 운영에 필요한 기초적인 지식은 있다	① ② ③ ④ ⑤
√ 주변에 도움을 줄 사람이 충분하다	① ② ③ ④ ⑤
√ 재무적인 관점에서 손익을 계산해 낼 수 있다	① ② ③ ④ ⑤

* 항목은 10개의 세부항목으로 구성되어 있으며, '그렇다'고 생각할수록 1점에서 5점 중에서 높은 점수를 준다. 10개의 세부지표를 모두 더할 경우 총 50점이 된다.

2 시장성 분석

'적을 알고 나를 알면 절대 패하지 않는다(知彼知己 白氈百乘)'라는 말이 있듯이 사업을 성공으로 이끌기 위해서는 시장 조사를 잘해야 실패하지 않는 법이다. 아무리 아이디어가 참신하고 품질이 우수하며, 고도의 첨단기술이라 할지라도 제품이 팔리지 않으면 아무런 소용이 없다. 주위에 경쟁 상대는 얼마나 있으며, 경쟁 상대의 신용도, 판매 물품, 판매 가격, 만족도 등 알아낼 수 있는 모든 것을 알아내야 한다. 그리고 내가 경쟁 상대와 비교했을 때 장점은 무엇이며, 단점은 무엇인지 객관적으로 판단해야 한다.

시장성을 분석하기 위해서는 먼저 기존 상품과 유사경쟁 제품에 대한 전반적인 시장동향에 대해서 파악해야 한다. 이를 위해서는 동대문, 남대문 등 도매시장, 대형 할인마트, 백화점 등의 오프라인 시장과 함께 홈쇼핑에서 판매되는 제품들, 온라인 쇼핑몰 및 오픈마켓에서 판매되는 제품들을 함께 점검해야 한다. 또한, 관련 단체·협회·학회·연구소 등에서 발행하는 아이템별 시장성 분석 도서 등을 활용하거나 인터넷 및 PC통신 등을 통해 유용한 자료들을 수집할 수 있다. 이를 바탕으로 랭키닷컴과 검색엔진, 통계청 자료 등을 활용하면 시장흐름 파악에 유용하다.

(1) 소비자 조사

소비자 조사는 누가(목표고객), 무엇을(구매대상), 왜(구매동기), 어디서(유통경로), 언제(구매시기), 어떻게(구매조건) 구매하는지를 6하원칙에 따라 확인하는 것이다.

목표고객 선정은 제품을 판매할 시장과 고객을 정의하는 것이다. 목표고객을 선정하려면 우선 제품을 필요로 하거나 관심을 보일만한 집단을 세분화해야 한다. 세분화란 전체 시장 중에서 상품에 대한 욕구가 비슷한 사람들을 부분시장으로 나누는 것을 의미한다. 일반적으로 사용되는 기준으로는 지역, 성별, 나이, 생활수준, 생활양식 등이 있다.

조사 항목	조사 내용
누가 (목표고객)	내 제품을 판매할 목표고객이 누구인지 조사한다.
무엇을 (구매대상)	선호하는 브랜드 및 회사, 평균 구매가 등은 어떻게 되는지 조사한다.
왜 (구매동기)	소비자가 왜 제품을 구해하는지 소비자 관점에서 구매 필요성을 조사한다.
어디서 (유통경로)	판매하려는 제품이 오프라인, 할인점, 홈쇼핑, 인터넷 등에서 어떠한 유통 경로로 판매되고 있는지, 유통경로 중에서 자신이 경쟁력이 있는지 조사한다.
언제 (구매시기)	자주 구매하는 일상용품인지, 특별한 날에 구매하는 제품인지 등 소비자가 언제, 어떤 경우에 구입하는지 조사한다.
어떻게 (구매조건)	할인, 포인트, 사은품 제공, 할부, 1+1 등 제품을 구매할 때 구매 조건은 어떤지 조사한다.

오픈 마켓을 이용하는 구매자들은 어느 요일, 어느 시간대, 어느 연령대의 고객들이 선호하는지 등 고객의 구매 패턴 흐름을 알고 시작해야 한다. 고객들의 구매 패턴을 파악한 후 그에 맞는 상품 판매 전략을 세우게 되면 그 만큼 성공할 수

있는 확률이 높아진다.

① 오픈마켓의 주 고객층

옥션, G마켓 등 전통적인 판매 방식의 오픈 마켓들은 20대 중반부터 30대 초·중반의 구매자가 가장 많다. 하지만 커뮤니티를 중심으로 하는 오픈 마켓은 10대 후반부터 20대 중반까지의 구매자가 가장 많다. 또한 도매 사이트인 도매꾹(구, 나까마)는 도매 오픈 마켓 특성상 20~40대까지 골고루 구매가 이루어지고 있다. 오픈 마켓을 종합적으로 판단했을 때 20~30 대의 구매가 가장 많으며, 특히 패션, 잡화, 액세서리, 디지털기기는 20대 전후에서 인기있는 카테고리이고, 레저와 서비스 부분은 30대에 가장 인기있는 카테고리다.

또한 오픈 마켓 초기 시장에는 남성 고객층보다 여성 고객층이 높았지만, 현재의 오픈 마켓은 5:5 정도로 거의 비슷하다. 품목별로 살펴보면 초반 오픈 마켓은 컴퓨터를 제외한 모든 카테고리에서 여성 고객이 압도적으로 높았지만, 현재는 패션, 잡화, 식품 등은 여성에게 인기있는 카테고리이고, 스포츠/레저, 디지털 기기, 가전, 컴퓨터 등은 남성에게 인기있는 카테고리다.

② 시간대와 요일에 따른 구매 패턴

오픈 마켓의 주 고객층은 20~30대 전후이다 보니 요일별, 시간대별 구매 점유율에 있어서 많은 차이가 나타난다. 가장 고객층이 몰리는 시간대는 오전 11시부터 오후 6시 사이와 오후9시부터 12시 사이이다. 시간대를 고려하여 상품을 등록하는 것은 좋은 판매 노하우가 된다. 특히 오전과 오후 시간대는 구매력이 좋은 직장인이 많으며, 저녁 시간대는 트렌드와 가격에 민감한 20대 전후의 고객들이 많다. 요일에 따라서도 구매율이 다르게 나타난다. 주 초(월, 화, 수요일)에 가장 많은 판매가 이루어지며, 주말은 상대적으로 판매가 적다. 상품 등록 및 기획전과 같은 프로모션 적용시 요일을 고려하면 판매에 많은 도움이 된다. 또한 요일 이외에도 월에 따라, 계절에 따라, 특정 이벤트(크리스마스, 발렌타인데이 등)와 같은 요인에 많은 영향을 받는다.

③ 카테고리별 고객 특성

오픈 마켓은 인터넷 쇼핑몰에 비해 가격에 매우 민감하다. 또한 외부 요인은 카테고리별로 민감도와 직결될 확률이 매우 높다. 예를 들어, 디지털 상품은 에누리닷컴과 같은 가격 비교 사이트에서 우위가 판매와 직결된다. 패션은 여성의 경우가 남성의 경우보다 사은품, 쿠폰 할인 등에 대해 매우 민감하다. 화장품은 최초에 가격 비교 의존도가 매우 높으나, 고객을 단골로 확보할 경우 가격 비교도가 많이 떨어지는 특성을 가지고 있다. 또한 카테고리별로 정보를 수집하는 정도와 충동 구매 정도도 다르게 나타난다. 디지털 카테고리는 상품에 대한 다양한 정보를 조사한 후 구매하기 때문에 가격 경쟁력 확보가 무엇보다도 중요하고, 패션 카테고리는 충동 구매를 유발할수록 판매와 직결된다. 특히 오픈 마켓 내에서 운영되는 스토어를 통해 구매를 유도할 수 있다.

④ 고객의 평가 댓글에 대한 민감성

오픈 마켓 고객은 이미 상품을 구매한 고객들이 남기는 상품에 대한 평가성 댓글에 대해 매우 민감하게 반응한다. 이런 특성은 인터넷 쇼핑몰보다 비교될 수 없을 정도로 크며, 카테고리별로 약간의 다른 특성이 있다. 예를 들어, 디지털 카테고리의 경우 고객의 평가와 상품 A/S에 대한 평가 댓글을 중요시 여기고, 패션과 잡화는 얼마나 많은 고객들의 평가 댓글이 있는가와 빠르고 충실한 답변을 중요시 여긴다. 오픈 마켓에서 고객들의 평가 댓글을 살펴보면 배송 문제, 가격 문제, 색상, 크기, 성능과 기능 등 다양한 내용들이 있지만 그 중에서 가장 많은 비중을 차지하는 것이 배송과 교환에 관한 댓글이다. 하지만 성능과 기능에 관련된 평가 댓글은 의외로 적다는 점이 특징이다.

(2) 경쟁자 조사

경쟁자 조사는 자신이 진입하려는 시장에 먼저 진출해 있는 경쟁자들의 현황을 분석하여 앞으로 나아갈 방향을 모색하고 성공가능성을 가늠하는데 목적이 있다. 오픈 마켓이라고 해도 경쟁 상대는 온·오프라인을 모두 포함한다. 오프라인의 경쟁상대는 직접 발품을 팔아야 하지만, 온라인상의 경쟁 상대는 랭키닷컴, 검색엔진, 가격비교사이트 등을 활용하여 찾아볼 수 있다. 랭키닷컴은 방문자 수, 방문시간, 페이지 뷰 등의 트래픽 정보를 수집해서 분석해 준다. 각 분야별 업계 순위를 살펴보면 시장의 흐름을 대략 읽을 수 있으며, 경쟁업체 매출, 방문자 수 예측도 가능하기 때문에 마케팅 전략을 수립하는데 도움이 된다.

경쟁 판매자들의 목록을 작성하여 주요 특징을 분석해 보는 것도 도움이 된다. 보다 체계적인 분석을 위해 자신이 판매하려는 물건의 카테고리에서 판매도가 높은 파워셀러들의 목록을 작성하여 그들의 주요 특징을 분석해 보면 큰 도움이 된다. 카테고리 검색으로 앞서 선정한 아이템의 세부 카테고리로 찾아간다. 여기서 설명하는 파워셀러란, 오픈 마켓에서 카테고리별로 가장 판매를 잘하는 우수 판매자를 지칭하며, 명칭은 오픈 마켓마다 약간씩 차이가 있다. 예를 들어, 옥션은 트러스트셀러, G마켓은 파워딜러 등과 같이 오픈 마켓마다 우수 판매자들을 지칭하는 명칭이 다르다. 경쟁 판매자들을 파악하기 위해 먼저, 현재 등록되어 있는 물품과 판매자의 정보를 분석한다. 각 판매자별로 물품 등록수, 판매자의 판매 등급 및 만족도, 판매자의 수, 파워셀러의 수 등을 조사한다. 물품 리스트에서 원하는 물건을 선택하면 물품 상세 설명에서 판매자의 신용도와 판매 등급, 구매 만족도 등을 확인할 수 있다. 판매자의 아이디, 판매 등급, 만족도, 주력 상품, 상세 설명의 특징 등 해당 판매자와의 장점과 단점을 일목요연하게 정리하면, 오픈 마켓에서 창업을 할 때 많은 도움이 될 수 있다.

Porter(1980)의 경쟁세력 모델은 경쟁자 분석과 목표고객 선정에 유용하다. 기존 쇼핑몰 간의 경쟁, 잠재적 진입자, 대체재, 공급자, 구매자의 5가지 요인을 하나의 그림으로 일목요연하게 그려 산업 전체를 이해하고, 이를 바탕으로 목표고객을 합리적으로 도출할 수 있기 때문이다.

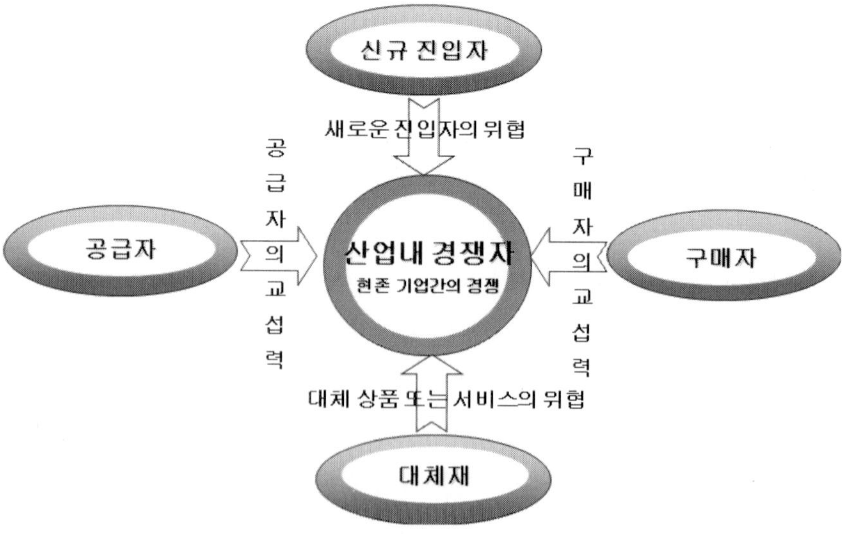

① 산업내경쟁자

같은 카테고리에서 운영 중인 쇼핑몰들은 산업내 경쟁자로 분류된다. 산업 내 경쟁자 평가지표는 산업 성장, 제품 차이, 브랜드 인지도, 전환비용, 경쟁사의 다양성, 고정비용 등이 있다. 해당 카테고리에 강력한 경쟁자가 있을 경우 매력적이지 않은 시장으로 분류된다. 이 시장에서는 가격과 광고 전쟁이 심해서 비용 손실이 많아지기 때문이다.

② 잠재적 진입자

새롭게 창업을 준비 중인 사람, 오프라인 매장을 운영하면서 인터넷 쇼핑을 시장에 진입하려는 회사 등이 잠재적 진입자로 분류된다. 즉, 산업 내 경쟁시장에 있지는 않지만 잠재적으로 진입이 예상되는 곳을 잠재적 진입자로 분류한다. 기존 경쟁업체들은 신규진입자들이 쉽게 들어오지 못하도록 높은 진입장벽을 치려 할 것이고, 새롭게 인터넷 쇼핑몰을 준비 중인 사람은 진입장벽을 뛰어넘어 시장에 진입하려 할 것이다. 잠재적 진입자는 기존업체가 얼마나 진입장벽이 높은가에 따라, 산업내 경쟁자는 신규진입자가 얼마나 많은가에 따라 경쟁 상태가 결정된다. 잠재적 진입자의 위협도는 규모의 경제, 제품 차별화, 브랜드 인지도, 전환비용, 유통채널, 비용우위, 정부 정책 등이 있다.

③ 대체상품

나이키의 경쟁자로 닌텐도를 지목한 것은 대체재 관점에서 시장을 바라보았기 때문이다. 기존의 시각으로는 리복, 아디다스 등만이 경쟁자로 분류되었지만 대체재 관점에서는 닌텐도도 경쟁자가 될 수 있다. 사람들이 게임하느라 운동화를 사 신지 않는다면 닌텐도는 분명 나이키의 경쟁자다. 이렇듯 대체재는 기존의 상품보다 가격 대비 성능이 훨씬 높은 상품일 경우 위협의 정도가 크다.

'마트 대신 옥션'이라는 슬로건을 표방하고 있는 옥션도 대체재 시장을 겨냥한 것이다. G마켓, 11번가 등과 같은 시장에서 치열하게 싸우기보다는 시각을 달리해서 이마트, 홈플러스, 롯데마트 등 대체재 시장의 고객을 빼앗아 오겠다는 것이다. 옥션처럼 산업 내에서 대체재 시장을 찾는 것만으로도 훌륭한 전략을 찾을 수 있다.

④ 공급자

여성보세의류 쇼핑몰의 공급자는 동대문시장의 도매상, 직접 제작하여 공급하는 의류 공장, 중국 등에서 공급하는 중간 도매상 등이 될 것이다. 제품을 공급하는 업체가 적거나 공급업체의 품질이 타 회사에 비해 월등히 뛰어난 경우, 해당 제품을 대체할 만한 것이 적은 경우, 소비자가 특정 브랜드 및 회사를 선호하는 경우, 공급자에게 구매하는 수량이 적은 경우에는 공급자가 까다로운 협상 조건을 내세운다. 창업자의 경우 공급자의 협상 조건이 높다면 장기계약이나 1회 수매 수량을 높이는 전략 등을 취해야 한다.

⑤ 구매자

구매자는 물건을 구매하는 소비자를 말한다. 소비자들은 오픈마켓, 종합쇼핑몰, 전물쇼핑몰, 공동구매 등 다양한 것에서 구매하며, 해당 제품이 차별화되지 못하고 경쟁쇼핑몰에서 같은 제품을 판매하고 있다면 구매하는 소비자가 더 힘을 가진 것이다. 이를 소비자의 교섭력이 높다고 한다. 이처럼 소비자의 힘이 자신이 속한 업계보다 강한 경우는 매력적이지 못한 시장이라고 볼 수 있다. 구매자의 협상력이 높은 대표적인 경우는 공동구매를 들 수 있다. 1회 총 구매금액을 높게 하여 판매자에게 높은 할인율을 요청하는 것으로, 판매자는 상품가력을 낮추는 대신 대량판매하여 이익을 보는 방식이다. 이는 이익률을 낮게 정하는 대신 상품의 회전율을 높여 이익을 얻는 방법으로 대형 할인점 등에서 많이 볼 수 있다.

⑥ 오픈 마켓의 경쟁 판매자

오픈 마켓은 인터넷 쇼핑몰과 회원들의 구매 특성이 다르기 때문에 우선적으로 오픈 마켓이라는 시장의 성격을 파악해야 되고, 무엇을 하더라도 시장 조사를 잘해야 실패하지 않는 법이다. 특히 트러스트셀러, 파워딜러와 같은 우수 판매자들의 판매 전략을 분석하면 많은 도움이 된다.

옥션은 우수 판매자에게 트러스트셀러라는 판매자 명칭이 있고, G마켓은 파워딜러라는 우수 판매자 명칭이 있듯이 각 오픈 마켓은 우수 판매자들에게 다양한 혜택을 지원하고 있다. 특히 옥션은 10만여 명에 달하는 전문 판매자 중 2,000명을 엄선해 트러스트셀러로 지정하고 있다. 그 숫자는 앞으로 더욱 늘어날 것이며, 믿을 수 있는 판매자라는 뜻으로 트러스트셀러 판매자에게 물건을 구입하는 구매자의 경우 제품 반품, 환불까지도 100% 옥션의 책임 아래 보장을 받게 되는 제도이다. 그렇기 때문에 트러스트셀러 판매자는 옥션에서도 판매력이나 회원 관리에 있어서 가장 믿을 수 있는 판매자이고, 초보자들에게는 벤치마킹해야 될 대상이자, 경쟁자라 할 수 있다. 모든 판매자들은 슈퍼 판매자가 되기 위해 다양한 판매 기술들을 적용시키고 있다. 그렇기 때문에 슈퍼 판매자의 상품 페이지 구성과 마케팅 방법들을 파악하는 것은 그들의 노하우를 간접적으로 분석할 수 있는 좋은 자료가 될 수 있다.

오픈마켓	판매등급
옥 션	트러스트셀러>파워셀러>우수셀러>일반으로 표시 신용도에 따라 VIP>다이아몬드>사파이어>골드>실버>브론즈>새내기
G마켓	파워딜러>우수딜러>일반딜러
도매꾹 (구, 나까마)	판매 등급에 따라 1등급부터 9등급으로 표시

시장성 체크리스트

체크항목	아니다 - 그렇다
√ 해당 아이템은 법적으로 문제가 없다	① ② ③ ④ ⑤
√ 전통, 관습 등 사회적인 환경이 미치는 영향 정도는 유리하다	① ② ③ ④ ⑤
√ 인구통계적 환경(성별, 나이 등)이 미치는 영향 정도는 유리하다	① ② ③ ④ ⑤
√ 소비성향의 변화가 미치는 영향 정도는 유리하다	① ② ③ ④ ⑤
√ 업계의 경쟁상황은 유리하다	① ② ③ ④ ⑤
√ 경쟁자의 경쟁 강도를 식별하고 대처할 수 있다	① ② ③ ④ ⑤
√ 잠재적 신규진입자에 대응할 수 있다	① ② ③ ④ ⑤
√ 대체재를 식별하고 대처할 수 있다	① ② ③ ④ ⑤
√ 판매제품을 공급해 주는 업체와 협상할 수 있는 장점이 있다	① ② ③ ④ ⑤
√ 고객들이 제품을 받아들일 준비가 되어 있다	① ② ③ ④ ⑤

* 항목은 10개의 세부항목으로 구성되어 있으며, '그렇다'고 생각할수록 1점에서 5점 중에서 높은 점수를 준다. 10개의 세부지표를 모두 더할 경우 총 50점이 된다.

3 제품성 분석

(1) 잘 팔리는 상품과 잘 팔리지 않는 상품

오픈 마켓은 인터넷 쇼핑몰보다 가격 경쟁이 더욱 치열한 장터이다. 가격 경쟁이 치열하게 된 원인은 판매자와 구매자 모두에게 있다고 할 수 있다. 판매자는 하루에도 수십 차례에 걸쳐 판매자들간에 경쟁으로 인하여 가격이 내려가기도 한다. 그런 영향으로 인하여 구매자들은 조금 더 싸게 판매하는 판매자의 상품을 찾게 되는 순환이 거듭되었다. 이런 현상이 오픈 마켓이 처음 오픈된 이후부터 6~7년간 지속되다 보니, 오픈 마켓은 상품을 저렴하게 구매할 수 있는 인터넷 할인점의 성격으로 변화되고 있다.

현재 오픈 마켓의 모습은 이와 같지만, 앞으로는 단순히 싸게만 판매하는 저가 상품으로 승부할 것이 아니라 상품에 대한 다양한 정보와 고객을 감동시킬 수 있는 다양한 컨텐츠가 함께 담겨 있어야 한다. 또한 오픈 마켓의 수많은 상품 중 모든 상품이 잘 팔리는 것은 아니다. 오픈 마켓에서도 잘 팔리는 상품들이 있고, 그렇지 못한 상품들도 있다.

오픈 마켓의 구매 고객들은 구매 상품에 대한 가격 정보를 비교 검색한 후 구매하는 특성이 있기 때문에 중·저가 상품들의 매출이 높다. 오픈 마켓의 매출 순위는 의류, 가전, 컴퓨터, 잡화, 식품, 화장품, 아동용품, 가구, 스포츠/레저, 기타 순이다. 순위가 높다고 모든 판매자들이 장사가 잘되는 것은 아니며, 순위가 낮다고 모든 판매자들의 장사가 안 되는 것은 아니다.

잘 팔리는 품목들은 이미 다른 판매자들이 선점한 상태이므로 후발 주자인 신규 창업자에게는 오픈 마켓에서 판매하기 적합하지 않은 상품들이 오히려 적합한 아이템일 수도 있다. 또한 일반적 판매에 적합한 상품들은 직접 눈으로 보지 않거나 손으로 만지지 않아도 되는 상품들이다. 그러나 이런 상품들은 기존의 다른 판매자들이 대부분 차지하고 있기 때문에 차별성이 있어야 한다. 그렇기 때문에 후발 창업자는 무엇을 판매할 것인가(What to sell)보다는 어떻게 판매할 것인가(How to sell)에 초점을 두어야 한다.

인터넷의 구매와 판매 트렌드는 오프라인보다 빠르기 때문에 다양한 채널을 통한 구매자의 트렌드를 빠르게 읽어야 한다. 그렇다면 트렌드를 가장 빠르게 읽을 수 있는 방법은 무엇일까? 그 답은 온·오프라인 모두에서 얻을 수 있다. 잘 팔리는 품목은 그만큼 판매 경쟁 또한 치열하다는 점을 절대로 잊어서는 안된다.

오픈 마켓의 초기 시장은 구매 고객의 대부분이 특정계층이었지만, 현재의 오픈 마켓은 연령대와 성별에 관계없이 골고루 분포되어 있다. 물론 아동복이나 유아용품과 같은 품목은 상품 특성상 20 후반부터 30대 중반까지의 미시층 주부 고객이 대부분이다.

오픈 마켓에서 판매되는 상품 중 가전 제품과 같은 고가의 상품을 제외한 가장 선호하는 상품들의 판매 가격대는 10,000~30,000원 정도이다. 그렇기 때문에 판매할 상품을 결정할 때에도 고객들이 선호하는 가격대를 고려하여 결정해야 좋은 결과를 얻을 수 있다.

(2) 제품의 라이프사이클 분석

제품성을 분석하기 위해서는 제품이 가지고 있는 라이프사이클 및 유행성, 계절성 등 다양한 특성을 파악해야 한다. 제품은 라이프사이클에 따라 도입기, 성장기, 성숙기, 쇠퇴기에 놓여 있기도 하고, 계절에 영향을 받기도 하며, 유행에 따라 판매 여부가 결정되기 때문에, 아이템을 선정할 때는 자신이 하고자 하는 아이템이 어떤 사이클에 있는지 철저하게 분석해 보고 선택해야 한다. 즉, 성숙기나 쇠퇴기가 아닌 도입기나 성장기에 있는 아이템이어야 한다.

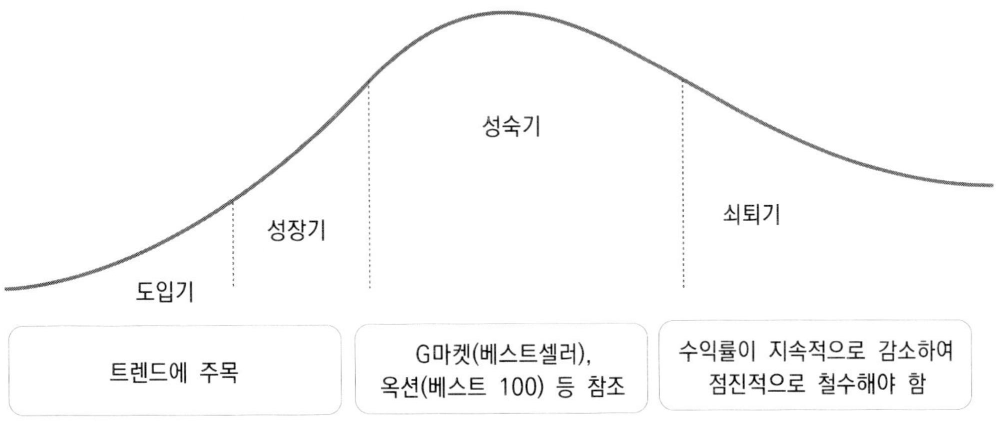

또한 아이템을 선택할 때에는 장기적인 안목으로 신중하게 판단해야 한다. 즉, 사회 변화에 부응하고 소비시장이 더욱 확대될 수 있는 아이템인가, 정부의 정책 변화에 큰 타격을 입을 아이템은 아닌가, 대기업이나 대자본의 참여로 사라질 아이템은 아닌가, 사회적으로 부도덕한 아이템은 아닌가 등을 다각적인 측면에서 종합적으로 검토해야 한다.

(3) 제품의 SWOT 분석

창업 아이템의 제품성을 분석하기 위한 대표적인 방법으로 SWOT 분석을 들 수 있다. 창업 아이템 SWOT 분석은 내부적인 강점과 약점을 찾고, 외부적인 기회와 위협요인을 찾아 각각의 상관관계를 도식화하여 그에 따른 대응 전략을 찾는 방법이다.

SWOT 분석을 '제품'을 대상으로 진행할 경우에는 마케팅 전략이 되며, '기업'을 대상으로 진행하면 경영전략이 된다. SWOT 분석을 활용하면 창업자의 장점을 최대한 살려서 새로운 사업기회를 포착하고 약점은 최소화하면서 기회와 위협 요인에 대처하도록 전략적으로 분석할 수 있다. 즉, 소비자의 시각으로 경쟁쇼핑몰과 스스로를 비교해 보면서 자신의 장점과 약점을 확인할 수 있는 것이다.

이때, 강점과 약점은 내부 환경에서 찾을 수 있으므로 창업자가 통제할 수 있는 것이고, 기회와 위협은 외부 환경에서 오므로 창업자가 인위적으로 통제할 수 없다. 따라서 강점과 기회, 약점과 위협이 혼동되는 경우에는 통제할 수 있는 내부사항이면 강점과 약점으로, 통제할 수 없는 외부적인 사항이면 기회와 위협으로 본다.

강점/약점(내부환경) 도출 요인	기회/위협(외부환경) 도출 요인
• 창업자의 의지 및 노하우 • 가격 및 품질 경쟁력 정도 • 유통채널 단순화 정도 • 경쟁사와의 차별화 전략 • 창업자본 규모	• 시장흐름 및 사회적 현상 • 고객 라이프스타일 변화 • 경쟁자 및 대체재의 위협 정도 • 신규진입자의 위협 정도 • 정부정책 및 법적 규제 정도

창업 아이템 SWOT 분석을 실시했다면, 강점과 기회, 강점과 위협, 약점과 기회, 약점과 위협에 대처할 수 있는 활동대안을 도출한다. 이때 활동 대안은 구체적으로 실행할 수 있는 형태로 작성되어야 한다. 예를 들어, '고객 관리를 위한 서비스 제공' 보다는 '재구매 고객 할인쿠폰 제공'의 형태로 작성해야 구체적으로 실행할 수 있다.

내부환경 / 외부환경	강점(Strength)	약점(Weakness)
기회(Opportunity)	SO 전략 – 공격전략 – 강점 살림 – 기회 활용	WO 전략 – 약점 보강 – 기회 활용
위협(Threat)	ST 전략 – 강점 살림 – 위협요인 극복	WT 전략 – 방어전략 – 약점 보강 – 위협요인 극복

제품성 체크리스트

체크항목	아니다 - 그렇다
√ 유사경쟁업체와 차별화가 가능하다	① ② ③ ④ ⑤
√ 제품을 경쟁자가 단기간 내에 모방하기 어렵다	① ② ③ ④ ⑤
√ 제품의 수명주기는 유리하다	① ② ③ ④ ⑤
√ 재구매 가능성이 높다	① ② ③ ④ ⑤
√ 제품은 가격 경쟁력이 있다	① ② ③ ④ ⑤
√ 제품은 품질 경쟁력이 있다	① ② ③ ④ ⑤
√ 제품 배송시 파손 등의 위험 부담이 적다	① ② ③ ④ ⑤
√ 반품의 확률이 낮다	① ② ③ ④ ⑤
√ 제품의 안정적인 공급이 가능하다	① ② ③ ④ ⑤
√ 제품에 대한 인지도는 안정적이다	① ② ③ ④ ⑤

* 항목은 10개의 세부항목으로 구성되어 있으며, '그렇다'고 생각할수록 1점에서 5점 중에서 높은 점수를 준다. 10개의 세부지표를 모두 더할 경우 총 50점이 된다.

성장 가능한 업종 분야

1. 외식 및 건강 관련 업종

경제 성장과 함께 소비자들은 물질적인 안정을 누리면서 다양한 욕구를 가지게 되었다. 이에 따라 외식문화의 발달, 건강 관련 문화에 대한 소비자의 관심이 급증하게 되었다.

2. 레저 및 여행 관련 업종

주5일 근무제 시행, 여가시간의 확대, 가족중심주의의 생활패턴 변화로 보다 즐거운 삶을 살기 위한 레저 및 여행 관련업종이 급부상하고 있다.

3. 대행 및 대여 업종

독신자 및 맞벌이 부부가 증가하고 여성의 사회진출이 일반화되어 있는 상황에서 가사노동을 줄여주고 번거로운 일을 대행해 주는 업종이 성장할 것이다. 또한 기업체의 구조조정 등으로 인한 아웃소싱이 일반화됨에 따라 일반 기업을 대상으로 한 업무대행업종들도 급성장할 것이다. 소비의 규모화, 합리화가 이루어지면서 대여 관련 업종들도 인기를 계속 얻을 것이며, 전화 한 통화로 모든 것을 해결하는 배달형 영업도 전 업종에 걸쳐 확산될 것으로 보인다.

4. 어린이 관련 업종

경제성장, 핵가족화 등으로 자녀에 대한 부모의 투자는 거침이 없다. 또한 맞벌이 부부의 증가로 인하여 탁아, 학원사업 등도 번창할 것이다.

5. 실버 업종

의학의 발달, 경제적 풍요로 인하여 우리나라도 노인층의 인구가 급격히 늘고 있다. 또한 이제는 이 노인들의 구매력이 상당한 수준임을 볼 때, 앞으로는 실버산업이 유망 업종군에 분류될 것으로 예상된다.

6. 컴퓨터 및 인터넷 활용 업종

이 분야만큼은 우리나라가 세계 최고임에 틀림이 없는 것 같다. 앞으로도 기발한 아이디어와 인터넷 등을 결합한 업종들이 탄생할 것으로 보인다.

4 수익성 분석

제품의 수익성 분석은 사업효과를 측정하는 하나의 기준이 된다. 따라서 제품원가, 마케팅비용, 생산비용, 소비자 판매가, 마진율, 손익분기점 등을 고려하여야 한다.

(1) 제품원가 산출

- 인건비를 산출한다(기본급, 제수당, 상여금, 퇴직금 등을 고려함).
- 재료비를 산출한다.
- 제조경비를 산출한다(제조경비 항목별 산출방법 등을 고려함).
- 인건비, 재료비, 제조경비를 토대로 객관적 기준에 의거하여 제조원가를 산출한다.
- 위와 같은 방식으로 산출이 곤란할 경우에는 한국은행·산업은행의 재무비율을 적용하여 총체적인 제품원가를 계산한다.

(2) 마진율 분석

- 마진율(마진＝판매가－원가, 마진율＝마진/판매가×100)은 매출액에 대한 수익률로서 표시된다(수익률은 매출액으로부터 제품·제조원가는 물론 판매비와 일반관리비, 영업과외비용, 특별비용 등을 제외하고 순수 이익이 되는 부분임).
- 목표마진을 설정하고 실제예상 마진율이 어느 정도 접근하는지를 파악한다.
- 실제예상 마진율이 목표 마진율과 차이가 있을 경우 그 원인을 파악하고 대책을 강구한다.

(3) 제품가격 산정

- 제품가격은 마케팅의 성공여부와 직결되는 것이며, 동시에 마케팅에 영향을 미치는 중요한 요소이다.
- 제품을 시장에 진입시키기 위한 가격정책을 수립한다(고가정책, 중·저가 정책 등).
- 제품에 대한 시장에서의 유사제품의 가격동향을 살핀다.
- 가격정책을 고려하였을 경우 적정한 제품가격을 산정한다.

- 최근의 가격변화 추세와 함께 향후 가격변화 추세도 예측하여 제품가격을 산출한다.

(4) 손익분기점 분석

- 손익분기점 분석을 통하여 종합적인 사업 참여가치를 측정한다.
- 손익분기점 분석은 원가, 매출량, 이익의 관계분석으로 판매나 비용예측, 비용통제, 가격결정시 분석적 도구로 많이 이용된다.
- 손익분기점은 일정기간 판매수입이 모든 비용과 같아지는 점에서의 판매량 수준이며, 판매 수입이 이점에 미달하면 손실이 발생되고 초과하면 수익이 발생되는 지점, 즉 이익도 손실도 없는 매출액을 의미하며 사업을 계속 영위할 것인가를 판단하고 영업방향을 제시할 수 있는 기준이 된다.

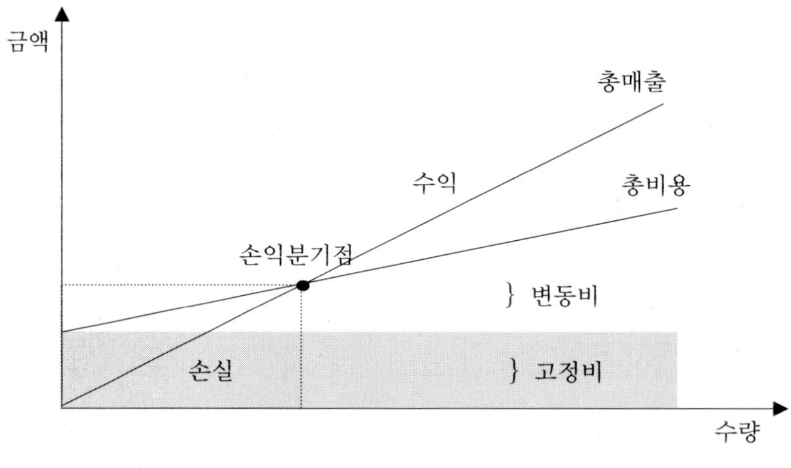

<손익분기점 분석>

수익성 체크리스트

체크항목	아니다 - 그렇다
√ 자기자본 규모에 적당하다	① ② ③ ④ ⑤
√ 제품이 안정적인 수익률을 가져다 줄 수 있다	① ② ③ ④ ⑤
√ 시대와 계절적인 요인에 변동 없이 판매가 될 수 있다	① ② ③ ④ ⑤
√ 잠재적 진입자와 경쟁할 수 있는 장점이 있다	① ② ③ ④ ⑤
√ 대체재와 경쟁할 수 있는 장점이 있다	① ② ③ ④ ⑤
√ 운영비용을 최소화 할 수 있다	① ② ③ ④ ⑤
√ 가격 이외에 수익률을 높일 수 있는 장점이 있다	① ② ③ ④ ⑤
√ 제품의 마진률이 높다	① ② ③ ④ ⑤
√ 고객관리를 통해 지속적인 재구매를 유도할 수 있다	① ② ③ ④ ⑤
√ 현재의 제품을 유사한 분야로 확장 가능하다	① ② ③ ④ ⑤

* 항목은 10개의 세부항목으로 구성되어 있으며, '그렇다'고 생각할수록 1점에서 5점 중에서 높은 점수를 준다. 10개의 세부지표를 모두 더할 경우 총 50점이 된다.

5 판촉전략 및 고객관리

(1) 오픈마켓의 카테고리와 전략

모든 오픈마켓은 메인 화면에 상품 카테고리가 있다. 오픈마켓에서는 분류된 상품 카테고리마다 구매자의 특징이 있고, 판매자는 카테고리마다 다른 판매 전략으로 접근해야 한다.

① 의류 카테고리

의류는 상품을 등록할 때 작성하는 상품 상세 설명 페이지에 충실해야 한다. 예를 들어, 모델을 활용한 상품 사진, 구매 후기(상품평)를 만들어 상품 페이지 내에서 표현해 주면 구매로 이어질 가능성이 높아진다. 또한 오픈 마켓마다 의류 판매에 도움이 될 수 있는 다양한 서비스를 제공하고 있다. 예를 들면, 옥션의 '패션클럽 색시'서비스는 의류 구매 고객들을 끌어들이고 구매로 이어지게 할 수 있는 중요한 서비스이다. 의류는 충동구매 성격이 강한 아이템이기 때문에 무엇보다도 많은 노출이 필요한 카테고리이며, 고객들에게 많이 보여 지게 되면 매출과도 직결되는 카테고리이다. 고객이 알아서 '내 상품을 찾아주겠지'라는 안일한 생각으로는 매출을 기대할 수 없다. 오픈 마켓의 메인뿐만 아니라 다양한 페이지에서의 기획전이나 자체 이벤트 등을 통하여 고객들에게 많은 노출이 절대적으로 필요하다.

② 패션 잡화 카테고리

패션 잡화는 패션과 매우 밀접한 관련이 있는 카테고리이다. 패션 잡화 자체로서 유행을 만들어내기도 하지만 의류와 어우러져 하나의 패션 트렌드를 만드는 경우가 많기 때문이다. 패션 잡화는 가격 경쟁력이 높은 상품들이 주로 판매된다. 노브랜드 상품은 대부분 가격이 저렴한 상품들로 구성되고, 또한 중저가 수입 잡화나 브랜드 잡화에 대한 구매 성향이 매우 강하다. 패션 잡화는 동시 구매가 강하여 묶음배송율이 매우 높은 카테고리이다. 그렇기 때문에 오픈 마켓에서 운영되는 상점의 기본 정보에서 묶음배송 가능으로 선택하여 판매하는 것이 유리하다. 오픈 마켓의 상점으로는 옥션스토어, G마켓의 미니샵 등이 있다. 또한 패션잡화는 커뮤니케이션이 가장 중요하다. 주문부터 배송까지의 과정만 챙기는 경우가 많은데, 주문 수량이 많아져도 상품 Q&A(상품평, 댓글 등)의 답변이 지연되거나 상품평 불만이 많은 경우 상품 판매에 가장 크게 영향을 끼치는 카테고리이다.

③ 화장품 카테고리

오픈마켓에서 화장품을 구매하는 고객은 대부분 '이자녹스'와 같은 브랜드 화장품을 선호한다. 또한 기초, 기능성, 메이크업 화장품을 가장 많이 구매한다. 다른 어떤 아이템보다 가격에 대한 민감도가 높기 때문에 화장품 판매자는 그 상품에 대한 가격 경쟁력이 충분해야 한다. 화장품은 키워드로 상품을 검색하는 비율이 매우 높다. 예를 들어, 아이 크림에 관련된 화장품을 구매하는 경우 '기초 화장품'이라는 키워드보다는 '아이오페'나 '아이 크림'과 같이 브랜드나 구체적인 상품 키워드로 검색하는 경우가 대부분이다. 다른 모든 상품들도 마찬가지이지만 화장품 카테고리의 상품들은 빠른 배송이 필수이다. 매일 사용되는 상품이기 때문에 배송기간이 길어지게 되면 반품율도 높아지게 된다.

화장품은 상품의 단가가 낮고 단품 판매가 많기 때문에 묶음 배송을 유도하여 판매자의 마진율을 높이는 방향으로 진행해야 된다. 또한 화장품은 필수품이므로, 반복 구매가 자주 발생하는 아이템이다. 그렇기 때문에 오픈 마켓의 스토어, 미니샵 등을 활용하여 단골고객 확보 노력이 절실한 아이템이다. 단골고객을 확보하기 위해서는 고객을 유인할 수 있는 상품이 있어야 한다. 화장품은 가격 경쟁이 매우 치열한 상품이므로, 몇 개의 인기 제품 가격을 최저가로 하여 반복 구매 및 추가 구매를 유도할 수 있어야 한다.

④ 가구/침구/생활/주방 카테고리

가구/침구 카테고리의 경우 인터넷 쇼핑몰과 달리 가격 경쟁력이 최대의 관점으로 떠오르고 있는 아이템이다. 가격적인 부분에서 고객에게 강조해야 함은 물론, 타 상품 대비 가격적인 경쟁력이 있어야 한다. 왜냐하면, 공산품에 해당되는 품목들은 가격 비교가 쉽기 때문에 가격 경쟁력이 판매와 밀접한 관계가 있기 때문이다. 가구/생활 아이템들은 비교적 20대 초반에서 30대 후반의 구매 고객층으로 형성되어 있다. 예를 들면, 학생용 가구, 거실 가구, 침실 가구 등은 대부분 20~30대의 고객들이 구매 선택권을 가지고 있다. 침구류 관련 아이템들은 저가 상품 및 홈쇼핑 히트 상품들의 매출이 높다. 판매 가격은 대략 18,000~40,000원 사이의 상품들이 많이 판매된다. 생활/주방 아이템들은 가구보다는 주고객 연령대가 약간 높으며, 20~40대까지 구매 고객층이 형성되어 있다.

가구/생활 카테고리의 상품들은 상품 등록만으로는 절대 매출이 나오지 않기로 소문날 정도로 다양한 영업 전략이 필요한 카테고리이다. 매출을 효과적으로 발생시키기 위해서는 무조건 정해진 광고나 마케팅보다는 오픈 마켓의 가구/생활 카테고리의 담당CM들과 상의하는 것이 가장 좋다.

⑤ 유 · 아동 카테고리

유·아동 카테고리에서는 장난감, 놀이완구, 외출용품, 분유, 기저귀의 비중이 매우 높다. 특히 유·아동 카테고리 관련 상품을 판매하는 경우 지금 당장 장난감이나 놀이완구를 취급하지 않더라도 이쪽 상품들을 확대시키는 것이 중요하다. 유·아동 상품의 경우 입소문의 영향이 많고, 가격 비교가 용이하여 가격 비교 사이트(에누리, BB 등)를 이용한 상품 정보 검색 후 판매 전략을 세워야 한다. 또한 자신의 상품이 가격 경쟁력이 충분하지 못하거나 최저가 상품이 될 수 없는 경우에는 추가적으로 사은품을 제공해야 한다. 이때 제공되는 사은품의 상품명은 판매하는 상품명에 포함시켜 동종 상품과의 차별화 전략을 꾀할 필요가 있다.

⑥ 레저/스포츠 카테고리

레저/스포츠는 시즌성의 영향이 매우 심한 카테고리이다. 또한 전문성이 중요한 카테고리이고, 상품 상세 설명에 주의를 기울이는 것이 중요하다. 브랜드 상품을 판매하면서도 상품 페이지는 그에 걸맞지 않게 작성하는 경우가 많은데, 브랜드 상품을 판매할 때에는 그에 어울릴 정도의 고급스러운 문구가 있는 상품 설명 페이지를 만들어야 한다. 또한 레포츠판매자들은 메인 상품과 서브 상품을 동시에 취급하는 경우가 많다. 이런 경우 메인 상품 상세 설명에 서브 상품을 적극적으로 노출시켜 추가 매출을 발생할 수 있도록 하는 것이 중요하다. 예를 들면, 스키 상품의 경우 스키 상품 설명에 고글, 장갑 등의 상품 상세 설명에 적절히 노출하면 연관 구매 유도가 발생할 수 있다. 상품 노출 전략은 시즌성에 집중하여 전략적 접근으로 일정기간 자체 이벤트 기간을 설정하고, 그 기간 동안 가격 경쟁력을 극대화시켜 상품 페이지의 노출 순위를 끌어 올려야 한다.

(2) 블로그, 까페, SNS 등을 통한 홍보

오프라인 매장에서는 고객이 직접 제품을 손으로 만져 보거나 모르는 것은 점원에게 물어볼 수 있다. 그러나 인터넷 쇼핑몰에서는 상품을 손으로 확인할 수 없다. 이것이 구매결정 불안 요인으로 작용하기도 한다. 인터넷 쇼핑몰에서 불안 요소를 제거하기 위해 상세한 정보 발신과 이용자가 알고 싶어 하는 것들을 빠르게 전달해야 한다. 이때 사용할 수 있는 효과적인 매체에는 블로그, 까페, SNS(Social Networking Service) 등의 소셜 미디어가 있다. 이러한 소셜 미디어는 구축비용과 운영비용의 부담이 없으며, 웹에 대해 전문적인 지식이 없는 일반인도 쉽게 활용할 수 있는 장점이 있다. 또한 검색이 잘되는 구조로 구성되어 있어 소비자와 직접적으로 대면하면서 커뮤니케이션하기에 적합한 도구다. 따라서 창업자는 아이템의 홍보와 판매, 소비자 지원 등을 수행할 수 있는 마케팅 도구로서 운영해야 한다.

(3) 적립금, 포인트, 할인쿠폰 등을 통한 판촉

대부분의 쇼핑몰에서 실시하고 있는 것은 적립금과 포인트 제도이며, 보다 적극적인 판촉활동을 전개하는 쇼핑몰은 할인쿠폰을 증정하기도 한다. 적립금, 포인트 할인쿠폰 등의 판촉활동은 형식적으로 모든 고객에게 주는 것보다는 적극적인 단골 우량고객에게 집중적으로 몰아주는 것이 효과적이다. 예를 들면, 회원 추천인과 가입회원에게 적립금을 함께 나누어 준다든지, 상품 구매 후기를 작성하면 포인트를 지급함으로써 상품구매를 유도하고 입소문을 내어 회원가입도 동시에 늘릴 수 있게 되는 것이다.

판촉전략과 고객관리 체크리스트

체크항목	아니다 - 그렇다
√ 목표고객 세분화와 포지셔닝이 되어있다	① ② ③ ④ ⑤
√ 반품, 환불 등 배송과정에 대한 정보를 제공할 수 있다	① ② ③ ④ ⑤
√ 소비자피해보상, 불만처리절차 등에 대한 정보를 제공할 수 있다	① ② ③ ④ ⑤
√ 이미지, 동영상 등 고객이 원하는 형태의 콘텐츠를 제공할 수 있다	① ② ③ ④ ⑤
√ 할인쿠폰 등 구매자를 대상으로 이벤트를 지속적으로 진행할 수 있다	① ② ③ ④ ⑤
√ 포인트 적립 등 구매자를 위한 보상제도를 시행할 수 있다	① ② ③ ④ ⑤
√ 제품 포장, 배송시 차별화된 느낌을 소비자에게 전달할 수 있다	① ② ③ ④ ⑤
√ 생일, 기념일 등에 고객에게 이벤트를 제공할 수 있다	① ② ③ ④ ⑤
√ 블로그, 까페, SNS 등을 통해 홍보를 할 수 있다	① ② ③ ④ ⑤
√ 회원들에게 이메일 등을 통해 지속적으로 콘텐츠를 제공할 수 있다	① ② ③ ④ ⑤

* 항목은 10개의 세부항목으로 구성되어 있으며, '그렇다'고 생각할수록 1점에서 5점 중에서 높은 점수를 준다. 10개의 세부지표를 모두 더할 경우 총 50점이 된다.

지금까지 작성한 체크리스트 항목의 평가 점수 합계를 아래의 <창업 아이템 타당성 분석 도식화>에 표시해 본다. 도식화를 통해 창업자 특성, 시장성, 제품성, 수익성, 고객관리 요인 중에서 부족한 부분을 시각적으로 표시할 수 있다. 예비창업자는 창업타당성 분석을 통하여 잘못된 부분과 보완할 점들을 발견하고, 이러한 일련의 피드백(feed back)이 수차례 실행됨으로써 완벽한 사업계획서를 작성할 수 있게 된다.

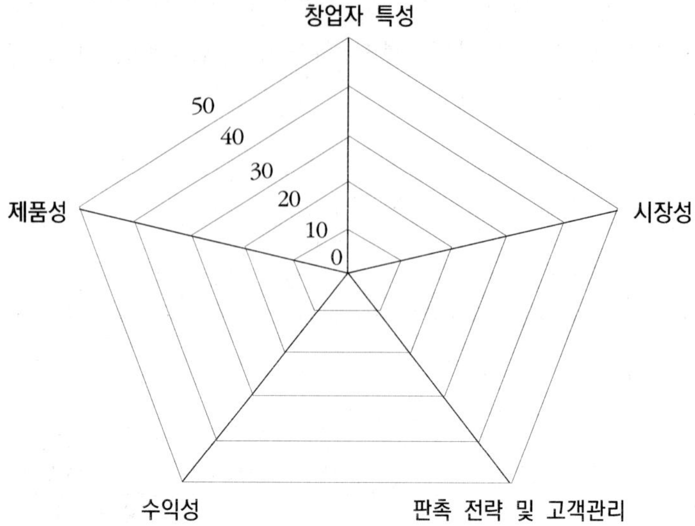

〈창업 아이템 타당성 분석 도식화〉

CHAPTER 04

사업계획서 작성

Chapter 04 사업계획서 작성

1 사업계획서의 의의

사업계획서(Business Plan)란 사업을 계획하는 데 있어서의 제반사항 즉, 하고자 하는 사업의 시장구조, 고객의 습성, 시장 확보 전략, 투자규모, 자금의 조달계획 및 마케팅계획 등 일련의 사항들을 합리적이고 객관적인 관점에서 기술해 놓은 일종의 계획서 이다. 따라서 사업계획서는 사업을 개시하기 전에 사업에 대한 전반적인 구상을 설정하여야 한다. 구체적으로 사업체 연혁, 창업동기 및 사업의 기대효과, 회사개요, 사업전개 방안과 향후계획 및 재무계획 등 회사조직과 운용에 대한 전반적인 내용을 서술하여 이를 실현하기 위한 지침서로 활용하여야 한다.

2 사업계획서 작성의 필요성

창업과정에 있어서 사업계획서의 작성은 계획하고 있는 사업에 관련된 제반사항들을 객관적, 체계적으로 이끌어 나가는 데 아주 중요한 자료이다. 즉, 사업계획서는 창업자 자신이 창업 및 발전전략을 설계해 보는 기회이기도 하며, 외부로부터 자금조달이 필요한 경우 외부투자가에게 체계적이고 구체적으로 설명하기 위한 수단이 되기도 한다. 따라서 사업계획서의 작성을 통하여 주관적인 사업구상이 아니라 객관적이고 체계적인 사업타당성 검토를 할 수 있으며, 창업에 필요한 제반요소를 점검하고 부족한 부분을 파악함으로써 효율적으로 창업과정을 수행하고 창업성공률을 높일 수 있다. 사업계획서는 다음과 같은 역할을 한다.

① 사업계획서는 창업자 자신이 창업 및 발전전략을 설계해 보는 기회가 된다.

- 주관적인 사업구상이 아니라, 객관적이고 체계적으로 사업타당성을 검토할 수 있다.
- 창업에 필요한 제반 요소를 점검하고 부족한 부분을 파악함으로써 효율적으로 창업 과정을 수행하고 창업 성공률을 높일 수 있다.
- 창업과정에서 어떠한 전략을 취할 것인가를 분석하여 결정할 수 있다.

② 창업자가 외부로부터 자금조달을 원하는 경우, 창업자가 자신의 "기회"를 외부 투자가(엔젤, 벤처캐피탈)에게 체계적으로 설명하기 위해서도 사업계획서가 필요하다. 특히 창업자가 외부투자가를 찾고 있는 경우에는 외부투자가의 요구에 맞는 잘 구성된 사업계획서가 필요하다.

3 사업계획서 작성순서와 원칙

사업계획서를 작성하는 순서를 간략히 살펴보면 다음과 같다.

① 사업계획서 목적에 따라 기본방향을 설정한다.

② 사업계획서 작성목적 및 제출기관에 따라 소정양식이 있는지 미리 알아본다.

③ 사업계획서 작성계획의 수립이다. 대부분의 사업계획서는 사업계획 추진일정상 일정기한 안에 작성해야 할 필요성이 있는 경우가 많다. 자금조달을 하는 경우나 공장입지를 위한 경우든 관련기관에 제출하기 위해서는 빠른 시간 내에 작성하지 않으면 안 되기 때문이다.

④ 사업계획서 작성에 필요한 자료와 첨부서류 등을 철저히 준비한다. 자료를 철저히 수집하지 않으면 불충분한 자료로 인하여 재차 자료를 수집해야 하는 사태가 벌어질 수 있으므로 미리미리 자료를 철저히 준비해 두어야 한다.

⑤ 작성해야 할 사업계획서의 폼을 구성 한다. 특정기관의 소정양식이 있는 경우에도 그 양식에 의거하여 사업 계획서의 폼을 구성할 필요가 있다.

⑥ 실제 사업계획서를 작성한다. 제출기관에 따라 사업계획서 작성방법을 간단히 설명하고 있는 경우도 있지만, 그것만으로는 충분하지 않다. 사업계획서 작성자는 사업계획서 작성요령을 미리 숙지하여 둘 필요가 있다.

⑦ 편집 및 제출한다. 사업계획서는 내용도 중요하지만 그 내용을 포괄하고 있는 표지 등 편집도 대단히 중요하다. 정성을 다하고, 모양을 새롭게 하여 제출기관으로부터 좋은 인상을 받도록 최후까지 신경을 쓸 필요가 있다.

이상적인 사업계획서가 되기 위해서는 다음과 같은 몇 가지 원칙들이 사업계획서 안에 담겨 있어야 한다.

① **목적적합성** : 사업계획서는 사용용도(경영관리, 금융지원, 사업승인 등)에 따라 그 목적에 적합하도록 작성이 되어야 한다.

② **일관성** : 사업계획서는 첫 장에서 마지막장까지 그 내용이나 수치에 있어서 일관성을 유지하여야 한다.

③ **객관성** : 사업계획서는 비논리적인 추정을 피하고 확실한 근거와 함께 사실에 접근하여야 한다.

④ **충분명료성** : 사업계획서는 각 사업운영 부문별로 충분히 다루어 주면서 그 내용을 명료히 나타내어야 한다.

⑤ **탄력성** : 사업계획서는 계획사업에 내재되어 있는 문제점과 사업의 위험을 인식하고 이에 대안을 가지고 있어야 한다.

⑥ **설득성** : 사업계획서는 이해관계자(자본투자자, 사업승인자)에게 신뢰감을 줄 수 있도록 설득력 있게 작성되어야 한다.

⑦ **검증가능성** : 사업계획서는 추정재무제표와 재무분석을 통하여 계획사업의 적정수익성이 검증되어야한다.

⑧ **차별성** : 계획하고 있는 아이템이 기존의 경쟁사에 비해 제품의 특성, 운영방법, 목표시장, 가격 등에서 어떤 차별성과 경쟁우위를 가지고 있으며 새롭게 확보해 나갈 수 있는지 그 방안을 설명할 수 있어야 한다.

4 사업계획서 작성 내용

일반적으로 사업계획서는 계획사업이 어떤 방향으로 나아가고 있고 어떻게 목표에 도달할 수 있는지에 대해 설득력 있게 설명하는 문서라 말할 수 있다.

일반적인 사업계획서 작성의 주요내용을 살펴보면 다음과 같다.

순 서	내 용
1. 요약	한 페이지에 중요한 사항을 요약해 넣는다. 제품, 창업 팀, 자본 유입계획, 시장 전망 등에 관해 간단명료하게 적는다. 특히 투자자의 자본회수 방법, 예상 수익 등을 소개한다.
2. 현 단계소개	현재까지 창업자들이 준비한 내용을 소개한다. 시제품이 나와 있으면 이를 소개하고 회사가 출범했다면 그 상태를 서술한다.
3. 목적	사업의 목적을 소개한다. 새로운 기술이나 서비스 등 아이디어를 이용해 새로운 시장을 개척한다는 등의 내용을 포함한다.
4. 창업	창업자들의 프로필을 소개한다. 단순한 학력, 경력이 아니라 그 동안의 활동영역, 성공과 실패 경험, 그리고 이것이 사업에 어떻게 도움이 되는지 서술한다.
5. 제품	제품과 서비스의 특징을 알기 쉽게 서술한다. 특히 기존 제품과 비교해 차이점과 장단점 등을 상세히 분석해 첨부한다.
6. 시장분석	대상 소비자, 경쟁자, 위험 요소에 대해 서술한다. 연차별 시장 규모예측과 이 회사의 예상 시장 점유율 특히 경쟁사와의 싸움에서 이길 수 있다는 가능성을 부각시킨다.
7. 시장전략	신제품 판매 방법, 신시장 개척 방법, 시장 경쟁 전략 등을 서술한다.
8. 생산	필요한 생산 설비와 예산, 그리고 생산 기술을 적는다. 생산에 종사할 근로자들의 확보 방안과 교육 훈련 계획도 포함시킨다.
9. 재무	향후 3~5년간 예상되는 대차대조표, 손익계산서, 자금흐름도, 예산, 외부 자본유입 계획 등을 쓴다.
10. 투자회수 전략	투자자가 자본을 회수해 갈 수 있는 방법을 제시한다. 그리고 몇 년동안 몇배의 이익을 낼 수 있는지 예측한다. 일반적으로 창업 투자회사는 8~10년 사이에 10~20배의 이익을 원한다.

※ 자료: 박건실, 2007.

5 사업계획서 작성시 주의할 점

사업계획서만 읽으면 누구나 사업의 내용을 알 수 있도록 구체적으로 작성해야 한다. 사업계획서 작성시 주의할 점은 다음과 같다.

① 창업의 목적이 개인적인 이익뿐만 아니라 공공의 이익도 추구한다는 것을 알린다.

② 사업 내용이 차별화 되도록 노력한다. 특징이 없으면 성공할 수 없다.

③ 틈새시장을 집중적으로 공격할 전략을 제시한다.

④ 구체적인 숫자의 예측으로부터 사업이 성공할 것이라는 객관적인 자료를 제시한다.

⑤ 제품의 가격, 이윤, 판매량, 시장점유율 등을 예측할 때는 지나치게 낙관적인 자세로 임하지 않는다.

⑥ 유능한 사람들이 모여 균형 잡힌 경영진이 되도록 인력을 구성한다.

⑦ 자금 조달 운용계획은 정확하고 실현가능성이 있어야 한다.

⑧ 예상되는 경쟁관계를 과소평가하지 않는다.

⑨ 일회용 히트 기술로는 회사가 지속될 수 없다. 지속적인 기술진보와 제품향상이 이루어질 수 있는 것이어야 한다.

⑩ 투자자를 찾을 때는 어떤 형태(경영에 관여할 사람 또는 단순히 투자에만 관심이 있는 전문 투자자)의 투자자를 원하는지 명확히 정의하여야 한다.

⑪ 계획사업에 잠재되어 있는 문제점과 향후 발생가능한 위험요소를 심층분석하고, 대안을 제시하여 변화에 대한 대처 능력을 제시한다.

사례 사업계획서 작성 사례 ❶

사업개요

회사 소개 it's travel?

회사명 : it's travel
설립일 : 2011년 9월 20일
대표이사 : 정애림
주요 사업 : 국내여행코스 기획 및 판매

[여행의 새로운 발견, 여행자의 마음을 담은 트래블루트]

여행자의 마음을 담은 트래블루트로 감동을 드리겠습니다. 고객 가치 극대화를 통해 국내여행의 활성화와 국내 여행에 대한 이미지 제고의 중심이 되고자 합니다. 늘 고객들에게 만족을 주는 it's travel이 되도록 최선을 다하겠습니다.

사업개요

회사 소개 경영 이념

VISION

국내여행 분야 최고의 여행 기업

MISSION

- 끊임없는 연구와 상품 개발로 국내여행에 대한 이미지 제고
- 개별 고객에게 적합한 상품 개발 및 제공을 통해 삶의 질 향상
- 관광 산업의 활성화를 통해 국내 관광 산업 성장에 기여

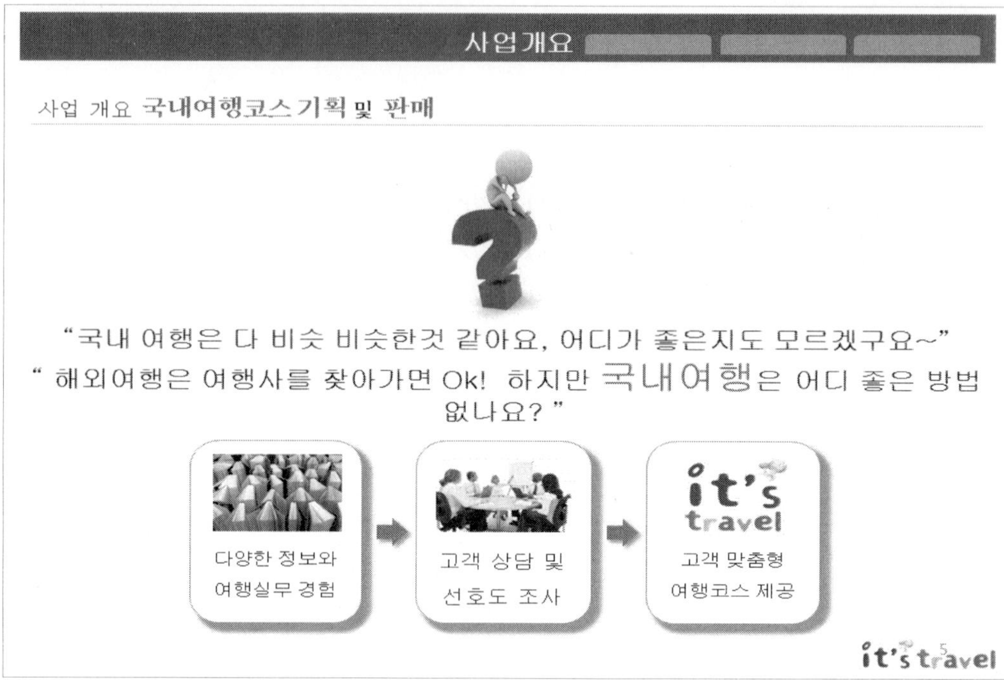
사업개요
사업 개요 국내여행코스기획 및 판매
"국내 여행은 다 비슷 비슷한것 같아요, 어디가 좋은지도 모르겠구요~"
" 해외여행은 여행사를 찾아가면 Ok! 하지만 국내여행은 어디 좋은 방법 없나요? "
다양한 정보와 여행실무 경험
고객 상담 및 선호도 조사
it's travel
고객 맞춤형 여행코스 제공
it's travel
5

여행의 새로운 발견,
it's travel
6

푸른 초원과 목장 마을 여행

푸른 초원과 목장 마을이 있는 곳으로 여행을 떠나고 싶으세요?

아름다운 스위스의 그린델발트를 찾으셨다구요?

대한민국에는 아름다운 **대관령**이 있습니다.

7

바다에서 즐기는 스노쿨링과 요트투어!

동남아 여행을 생각하셨나요?
낭만과 아름다움이 가득한 **제주**가 기다리
고 있습니다.

8

남태평양 어느 휴양지 못지 않은
증도 우전해수욕장에서 여름
휴가를 보내보세요,

9

사랑하는 사람들과의 특별한 시간이 필요하시다구요?

바다 위 카페에서 커피 한잔과 따뜻한 마음을 나누세요!
해질 무렵 눈부신 풍경은 사천 실안해안도로 카페만의 덤이에요.

10

11

대한민국에는 세계 어디에도
뒤지지 않는 자랑스런 풍경들
이 있습니다.
it's travel과 함께
우리나라 여행을 떠나 보세요.

12

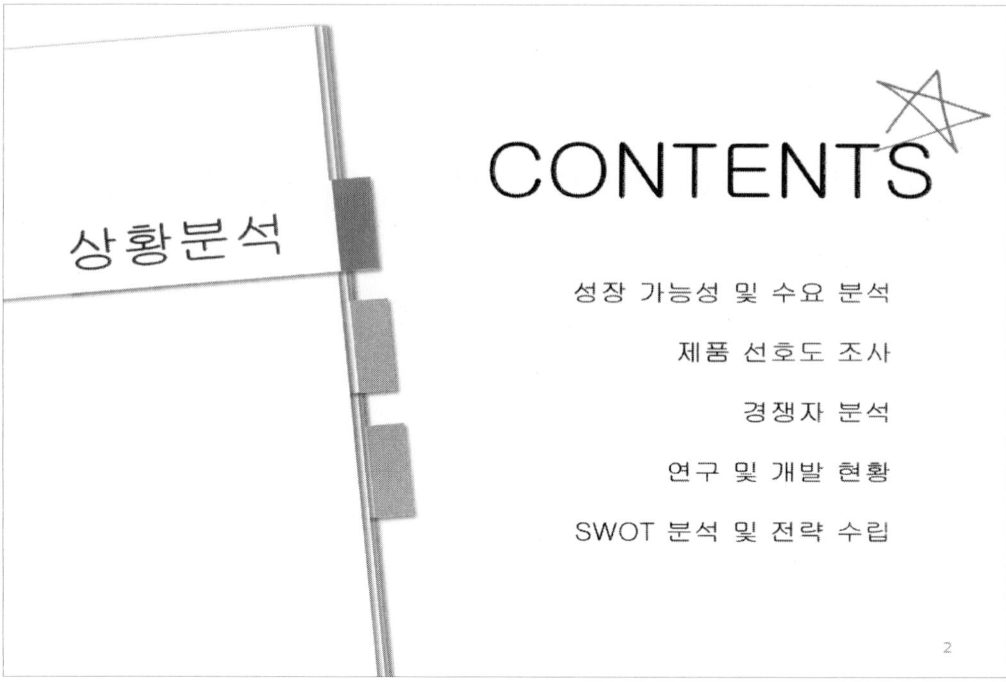
상황분석
CONTENTS
성장 가능성 및 수요 분석
제품 선호도 조사
경쟁자 분석
연구 및 개발 현황
SWOT 분석 및 전략 수립
2

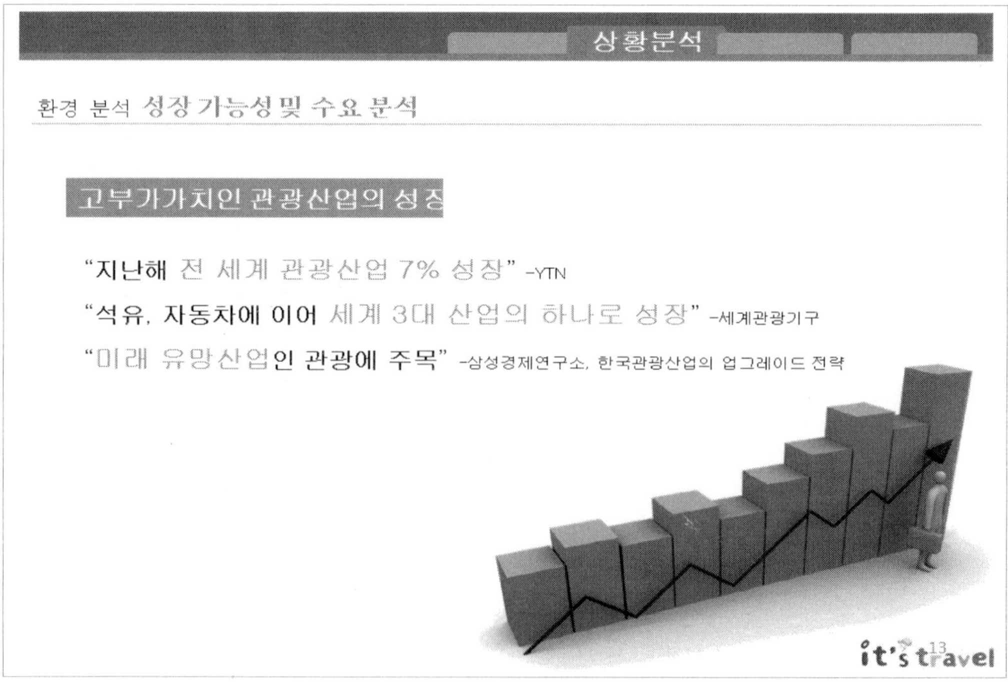
상황분석
환경 분석 성장 가능성 및 수요 분석
고부가가치인 관광산업의 성장
"지난해 전 세계 관광산업 7% 성장" -YTN
"석유, 자동차에 이어 세계 3대 산업의 하나로 성장" -세계관광기구
"미래 유망산업인 관광에 주목" -삼성경제연구소, 한국관광산업의 업그레이드 전략
it's travel
13

상황분석

환경 분석 **성장 가능성 및 수요 분석**

국내 관광 수요의 증가

- 관광 니즈의 다양화 (자기계발, 문화, 색다른 경험 등)
- 주 5일제의 확산
- 가치관의 변화 (일과 삶의 균형 중시)
- 국내 관광수요 증가 –한국관광공사, 2006

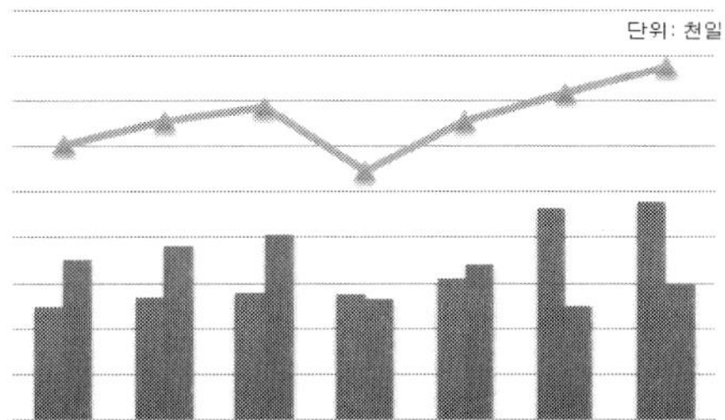

	1995	1996	1997	1999	2001	2004	2005
숙박여행 참가일수	124,519	135,405	139,900	138,102	155,639	234,127	240,187
당일여행 참가일수	177,328	191,904	204,276	134,505	171,289	124,815	148,650
국내여행 총량	301,847	327,309	344,176	272,607	327,929	358,943	388,837

it's travel 14

상황분석

환경 분석 **제품 선호도 조사**

목표 모집단 : 현 우리나라에 거주하는 사람 중 연평균 국내 여행을 한번 이상 다녀 온 사람

조사 모집단 및 표본 추출 : 영남대학교 학생, 대구 시민, 조사 당시 여행 중인 사람 중 무작위 추출(20대~50대)

표본 크기 : 120명

응답자 수 : 97명, **무응답자 수** : 23명

응답자 성별

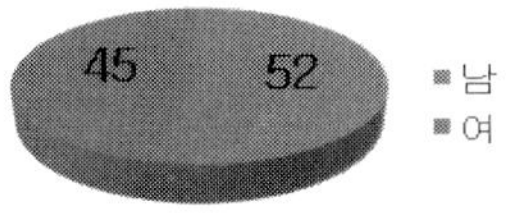

나이

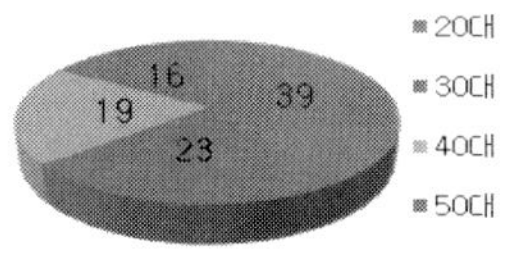

it's travel 15

상황분석
환경 분석 제품 선호도 조사
" 국내여행 계획을 짤 때
어려움을 느껴본 경험이 있나요?"
YES
83%
국내여행실태조사 (September), 2011
16
it's travel

상황분석
환경 분석 제품 선호도 조사
58%
국내여행실태조사 (September), 2011
it's travel 여행 서비스에 대한
긍정적인 관심?
17
it's travel

상황분석

환경 분석 경쟁자 분석

★ 공통점

- 국내 여행지 정보 제공

★ 차이점

- 방대한 양의 자료(불필요한 자료) 존재
- 여행지와 여행코스의 연계가 어려움

it's travel 18

상황분석

환경 분석 연구 및 개발 현황

[보유 정보 현황]

[향후 연구, 개발 계획]

it's travel 19

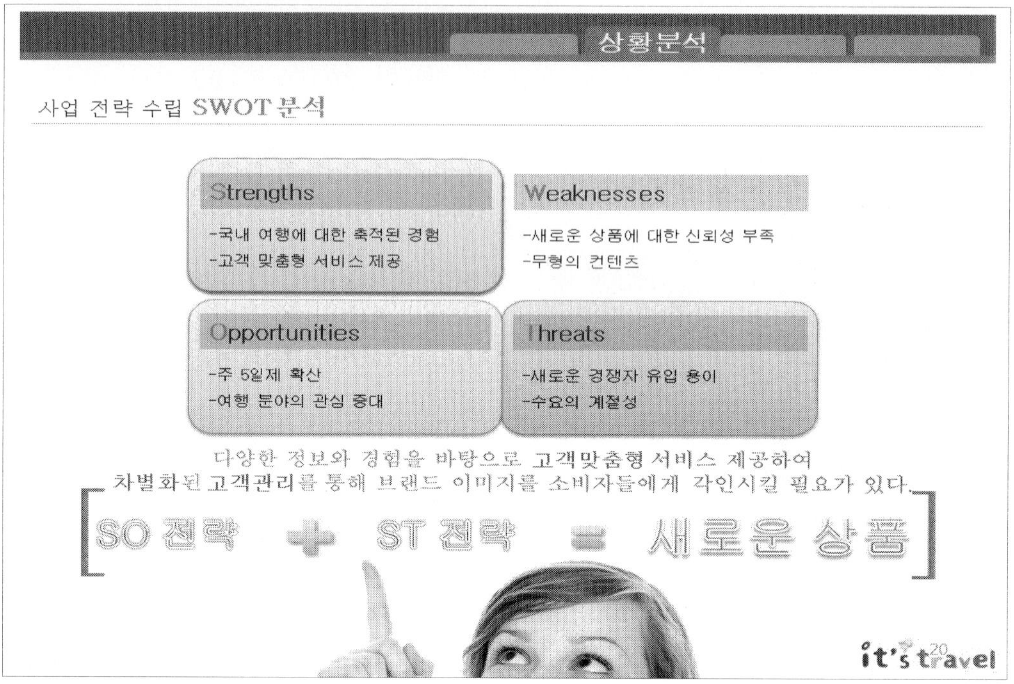
상황분석
사업 전략 수립 SWOT 분석
Strengths
-국내 여행에 대한 축적된 경험
-고객 맞춤형 서비스 제공
Weaknesses
-새로운 상품에 대한 신뢰성 부족
-무형의 컨텐츠
Opportunities
-주 5일제 확산
-여행 분야의 관심 증대
Threats
-새로운 경쟁자 유입 용이
-수요의 계절성
다양한 정보와 경험을 바탕으로 고객맞춤형 서비스 제공하여
차별화된 고객관리를 통해 브랜드 이미지를 소비자들에게 각인시킬 필요가 있다.
SO 전략 + ST 전략 = 새로운 상품
20
it's travel

CONTENTS
STP 분석
마케팅 방향 설정
Segmentation
Targeting
Positioning
2

STP

마케팅 방향 설정 목표를 정하다.

it's travel의
제품의 여행업계 안정적 진입
및 브랜드 인지도 상승

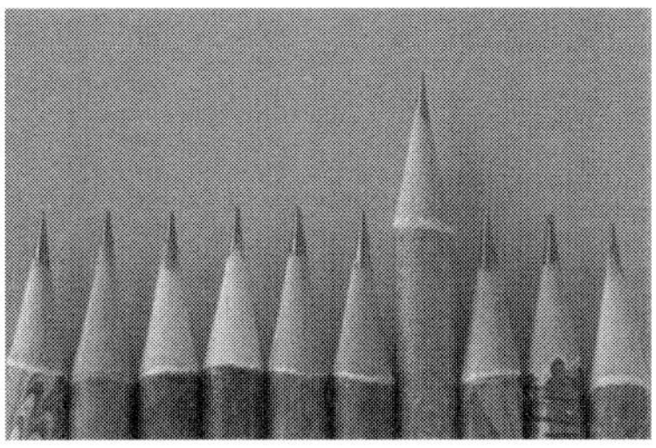

[2011년 매출액 500,000원 이상]

21
it's travel

STP

마케팅 방향 설정 세부 목표를 정하다.

STP 분석

Segmentation
-전체시장을 기업이 제공하는 마케팅 믹스에 유사한 반응을 할 것으로 추정되는 동질적 고객 집단들로 나누는 과정

Targeting
- 여러 개의 세분시장들 중에서 경쟁제품보다 고객욕구를 더 잘 충족시킬 수 있는 세분시장을 선정하는 것

Positioning
- 소비자의 마음속에 경쟁상표와 비교하여 경쟁우위를 제공하는 위치에 자사상표를 구축하려는 노력

22
it's travel

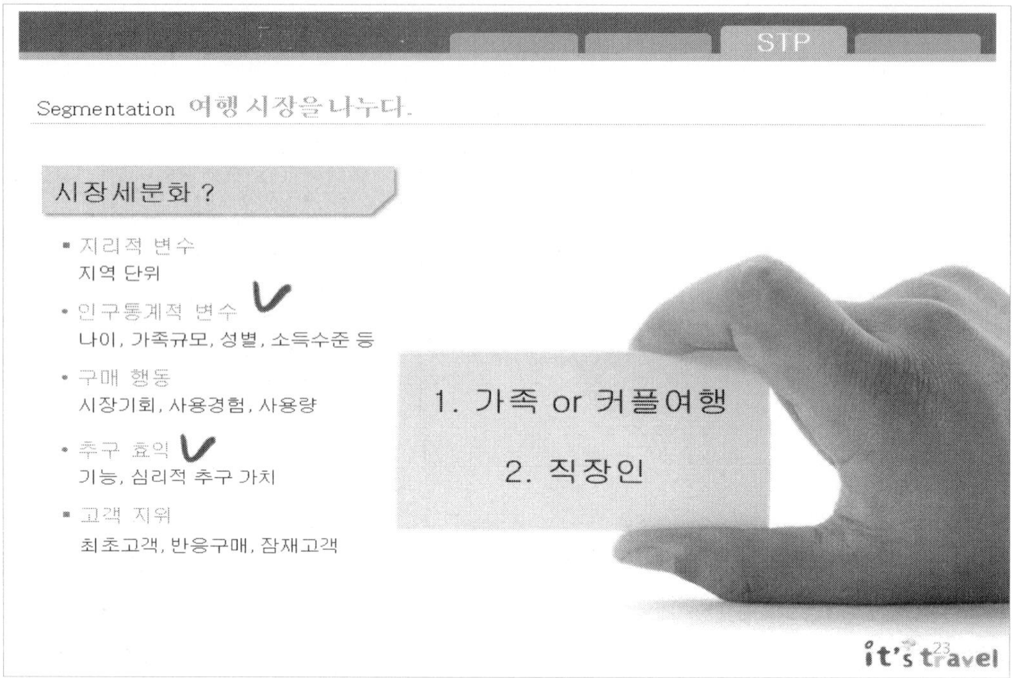
STP
Segmentation 여행 시장을 나누다.
시장세분화 ?
▪ 지리적 변수
지역 단위
▪ 인구통계적 변수
나이, 가족규모, 성별, 소득수준 등
▪ 구매 행동
시장기회, 사용경험, 사용량
▪ 추구 효익
기능, 심리적 추구 가치
▪ 고객 지위
최초고객, 반응구매, 잠재고객
1. 가족 or 커플여행
2. 직장인
23
it's travel

STP
Targeting 하나의 시장에 집중하다.
Who?
가족 or 커플 여행을 준비하고 있는 직장인
Why?
여행 계획과 정보 수집을 위한 시간이 부족함.
How?
고객 별 요구사항을 파악 후 맞춤형 여행상품 기획
24
it's travel

STP

Positioning Product, 고객의 마음을 담다.

it's travel만의 특별함 :

" it's travel의 여행 상품은 다르지 않을까? "

[고객에게 차별화된 브랜드 이미지를 심어주기 위해서는
고객 니즈에 부합하는 여행코스를 기획하여 상품화하여야 한다.]

25 it's travel

STP

Positioning Product, 여행코스를 기획하다.

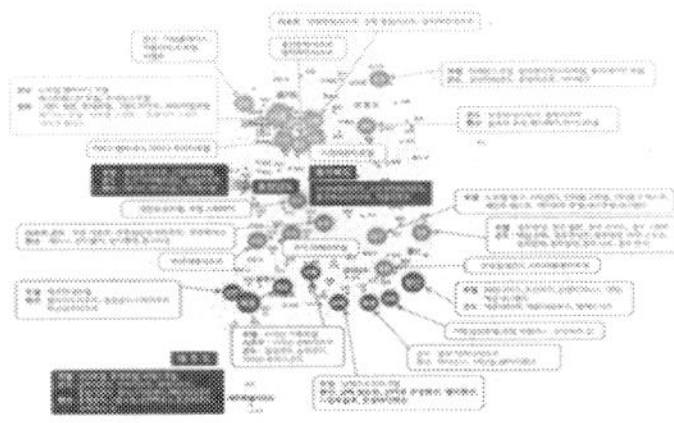

1	2	
제작 과정	**제품의 질**	**제품 서비스**
▪ 인터넷 상 주문 접수 ▪ 개별 고객 상담 ▪ 맞춤형 제품 제작 ▪ 제품 전달	▪ 신속성 ▪ 정보의 정확성 ▪ 신뢰성	▪ 커스터마이징 ▪ 고객 불만 서비스 ▪ 여행 정보 제공

26 it's travel

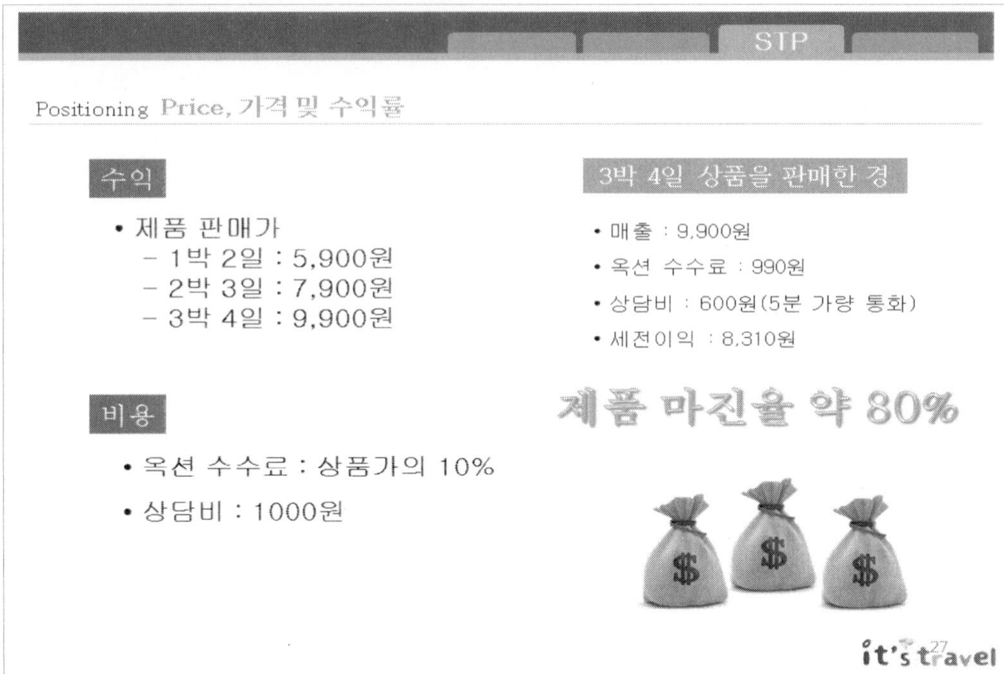
STP
Positioning Price, 가격 및 수익률
수익
• 제품 판매가
– 1박 2일 : 5,900원
– 2박 3일 : 7,900원
– 3박 4일 : 9,900원
비용
• 옥션 수수료 : 상품가의 10%
• 상담비 : 1000원
3박 4일 상품을 판매한 경
• 매출 : 9,900원
• 옥션 수수료 : 990원
• 상담비 : 600원(5분 가량 통화)
• 세전이익 : 8,310원
제품 마진율 약 80%
27
it's travel

STP
Positioning Place, 언제 어디서나 고객과 함께
인터넷은 시간과 장소의 제한이 없는 유통구조를 가진다.
따라서 고객이 원하는 시간, 장소에서 인터넷 쇼핑몰의 통한
판매가 가능하다.
28
it's travel

STP
Positioning Promotion, 성장을 위한 전략
온라인 홍
오프라인 홍
1 블로그 마케팅
2 소셜 마케팅
3 재구매 유도를 위한 e-mail 발송
1 재능기부 및 봉사활동
2 여행지 답사와 함께 상품 홍보
3 전략적 제휴
온라인과 오프라인을 적절히 활용한 촉진 방안을 통해
시장 도입기에 있는 제품의 홍보와 차별화를 위해 노력한다.
29
it's travel

CONTENTS
제품 제작 과정
제품 등록
판매 성과
쇼핑몰 구축
2

쇼핑몰 구축
제품 제작 과정 직접 보고, 듣고, 느끼고, 체험하고, 학습하다.
it's travel
30

쇼핑몰 구축
제품 등록 상품 상세 페이지 디자인
it's travel
31

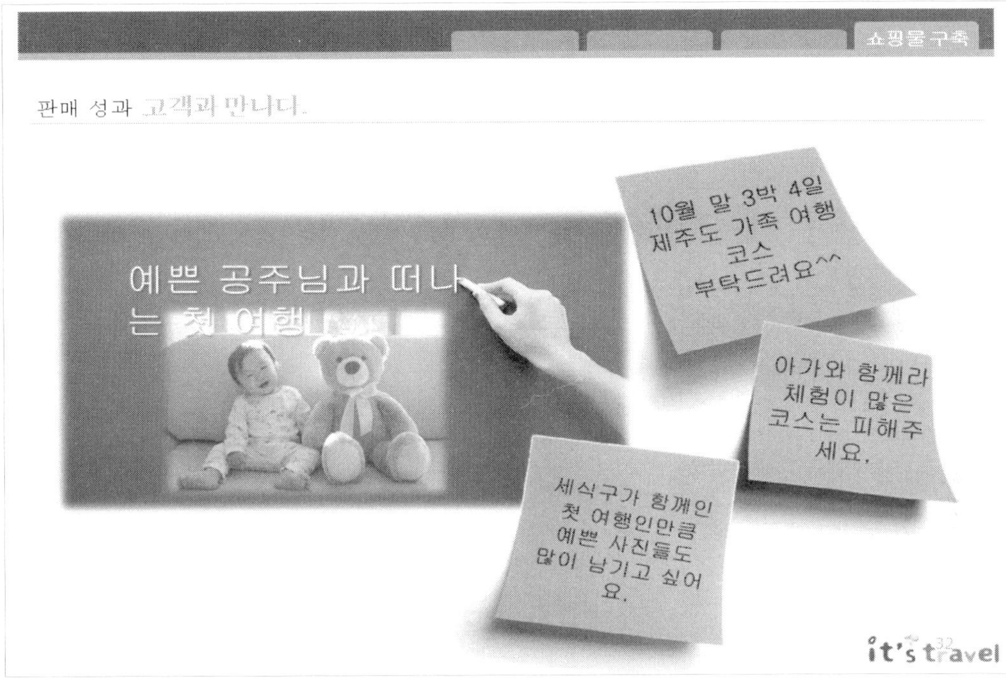
쇼핑몰 구축
판매 성과 고객과 만나다.
예쁜 공주님과 떠나는 첫 여행
10월 말 3박 4일 제주도 가족 여행 코스 부탁드려요^^
아가와 함께라 체험이 많은 코스는 피해주세요.
세식구가 함께인 첫 여행인만큼 예쁜 사진들도 많이 남기고 싶어요.
it's travel
32

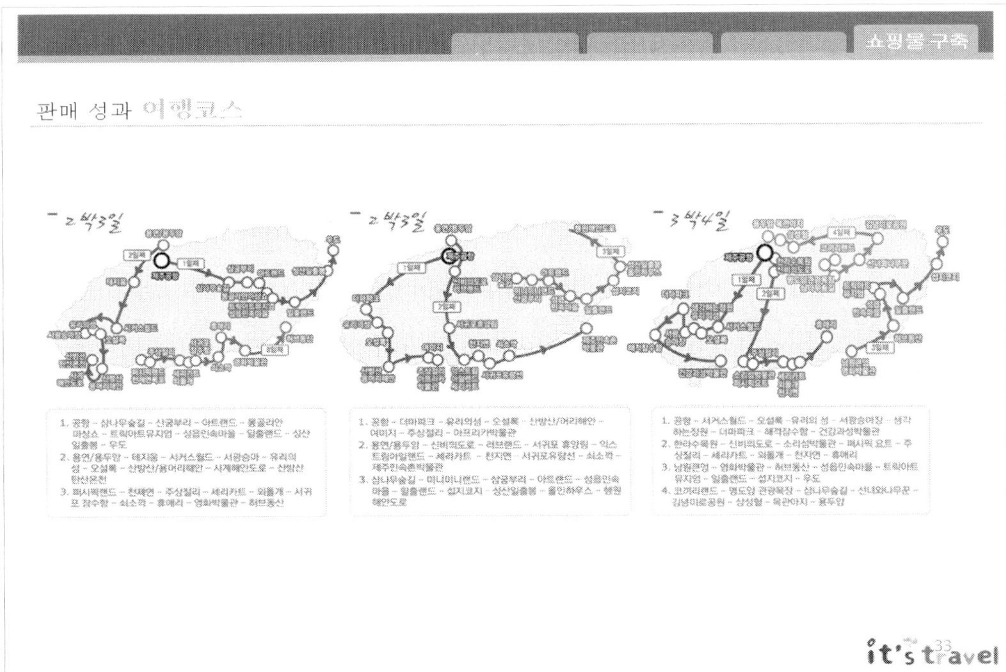
쇼핑몰 구축
판매 성과 여행코스
2박3일
2박3일
3박4일
1. 공항 – 삼나무숲길 – 산굼부리 – 아트랜드 – 몽골리안 마상쇼 – 트릭아트뮤지엄 – 성읍민속마을 – 일출랜드 – 성산일출봉 – 우도
2. 용연/용두암 – 테지움 – 서커스월드 – 서광승마 – 유리의 성 – 오설록 – 산방산/용머리해안 – 사계해안도로 – 산방산 탄산온천
3. 퍼시픽랜드 – 천제연 – 주상절리 – 세리카트 – 외돌개 – 서귀포 잠수함 – 쇠소깍 – 휴애리 – 영화박물관 – 허브동산
1. 공항 – 더마파크 – 유리의성 – 오설록 – 산방산/여러해안 – 여미지 – 주상절리 – 아프리카박물관
2. 용연/용두암 – 신비의도로 – 러브랜드 – 서귀포 휴양림 – 익스트림아일랜드 – 세리카트 – 천지연 – 서귀포유람선 – 쇠소깍 – 제주민속촌박물관
3. 삼나무숲길 – 미니미니랜드 – 산굼부리 – 아트랜드 – 성읍민속마을 – 일출랜드 – 섭지코지 – 성산일출봉 – 올인하우스 – 행원 해안도로
1. 공항 – 서커스월드 – 오설록 – 유리의 성 – 서광승마장 – 생각하는정원 – 더마파크 – 해적잠수함 – 건강과성박물관
2. 한라수목원 – 신비의도로 – 소리섬박물관 – 퍼시픽 요트 – 주상절리 – 세리카트 – 외돌개 – 천지연 – 휴애리
3. 남원큰엉 – 영화박물관 – 허브동산 – 성읍민속마을 – 트릭아트 뮤지엄 – 일출랜드 – 섭지코지 – 우도
4. 코끼리랜드 – 명도암 관광목장 – 삼나무숲길 – 선녀와나무꾼 – 김녕미로공원 – 상설혈 – 목관아지 – 용두암
it's travel
33

쇼핑몰 구축
판매 성과 여행지 소개
한라산(어리목 코스)
천지연폭포
섭지코지
에코랜드, 곶자왈 기차여행
믿거나말거나 박물관
제주 해녀박물관
선녀와 나무꾼
성읍민속마을
it's travel
34

쇼핑몰 구축
판매 성과 여행지 소개
성산일출봉
우도 / 추자도 / 마라도
용두암
중문 해수욕장
서귀포 감귤박물관
쇠소깍
외돌개
유리의 성
it's travel
35

쇼핑몰 구축

판매 성과 여행지 소개

감귤체험
제주도 특산물 감귤을 직접 따서 드실 수 있는 체험여행

더마(馬) 파크
엄선된 몽골인 공연단원들이 펼치는 호쾌하고 장대한 대히드라마 "칭기즈칸의 검은 깃발" 공연 즐기기

샹그릴라 요트체험
중문바닷가에서 즐기는 고품격 요트체험여행, 낚시체험 및 활어회여행을 품격있게 즐기세요.

서귀포 잠수함
제주도 서귀포 바다가의 기암괴석, 천혜의 절경을 감상할 수 있는 잠수함여행

성산포 유람선
우도팔경투어 중 가장 인기가 좋은 성산포 우도 유람선 여행

제주 카트 & ATV체험
제주도 절경과 함께 즐기는 익사이팅! 카트와 ATV체험여행

코끼리랜드
제주도에서 즐기는 이국적인 정취, 동남아에서 온 코끼리 쇼쇼쇼 여행즐기기

다희연(동굴의 다원)
녹차밭과 자연동의 부드러운 어울림이 있는곳에서 즐기는 유기농 다도체험여행

it's travel 36

쇼핑몰 구축

판매 성과 여행지 소개

별도봉 산책
연인, 가족과 산책하기 좋은 장소, 별도봉은 화산 쇄설성 퇴적암, 제주어촌, 제주항을 여행할수 있다

승마체험
아름다운 제주도에서 즐기는 색다른 승마체험여행

삼국지랜드
중국의 국보라 불리는 신비의 가면술 변검! 순식간에 얼굴이 바뀌는 변검공연을 즐겨보세요.

조랑말 타운 서커스
봉긋 솟은 오름 사이로 힘차게 달리는 몽골인들의 조랑말 서커스 공연

제주 서바이벌 체험
우도팔경투어 중 가장 인기가 좋은 성산포 우도 유람선 여행

올레길 체험
제주여행의 트랜드! 바당길, 산길, 돌담길 ~올레길체험여행, 여유롭게 즐기는 색다른 여행

소인국테마파크
상상의나라, 모험의 나라, 꿈의 나라 소인국에서 시작되는 세계여행을 즐겨보세요.

서귀포 유람선
서귀포 70리 해상관광여행, 새섬~문섬~범섬~등 빼어난 해안절경을 여행할 수 있는 기회

it's travel 37

쇼핑몰 구축

판매성과 숙박지 추천 - 롯데호텔

it's travel 38

쇼핑몰 구축

판매성과 숙박지 추천

구분	숙소 명	위 치	소개 & 부대시설		특징
호 텔	하얏트 호텔	서귀포시 (중문관광단지)	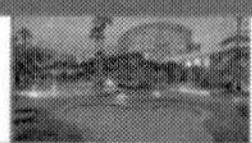	부대시설 실내 · 외 수영장, 비즈니스 센터, 휘트니스, 스파	중문 관광단지 내 위치 중문 해수욕장 절벽에 오션뷰 전망 객실 세계적인 하얏트체인
	신라 호텔	서귀포시 (중문관광단지)		부대시설 키즈클럽, 술바창원, 아케이드, 수영장, 숨비 자쿠지	중문 관광단지 내 위치 연중 문화 및 엔터테인먼트 프로그램을 상설
	제주 칼 호텔	제주시 (제주공항에서 10분거리)		부대시설 가라오케, 토산품, 잡화점, 헤어샵, 스킨 케어 샵	대한항공에서 직영하는 초특급호텔 비지니스호텔
콘 도	휘닉스 아일랜드	서귀포시 (섭지코지)		객실 수 34평 - 250객실 / 54평 - 50객실 부대시설 노래방, 수영장, PC방	300실 규모의 빌라테라스 프라이빗 비치 해양리조트 제주 성산일출봉 감상 가능
	제주 금호리조트	서귀포시 (큰엉해안)		객실 수 18평/ 27평 - 250객실 부대시설 식당, 노래방, 볼링방, PC방, 수영장, 사우나 ,아쿠아나	아쿠아나가 "제주바다" 를 품었대 남원 큰엉 해안~절벽 바다전망으로 올레길 체험코스와 신영영화박물관 인접
펜 션	제주 푸른밤펜션	한림읍 (곽지해수욕장)		객실 수 7객실 부대시설 야외바베큐, 정원, 노래방, 체육시설	곽지해수욕장 인근위치 카페운영
	제주 그랑빌펜션	서귀포시 (중문관광단지)		객실 수 41객실 부대시설 수영장, 야외바베큐, 테라스, 체육시설	서귀포중문 바닷가전망 미니풀장, 퍼팅그린 등 다양한 부대시설 소유

it's travel 39

사례 사업계획서 작성 사례 ❷

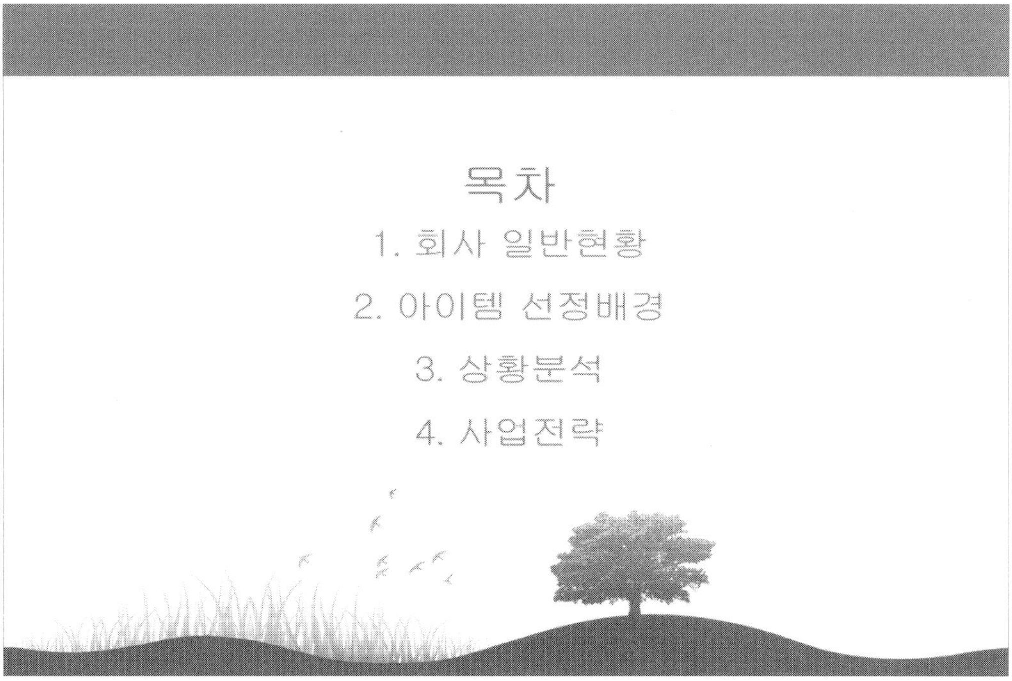

일반 회사현황

1. 회사개요
2. 경영이념
3. 비즈니스 모델
4. 조직구성

회사 일반현황 – 1. 회사개요

1. 회사소개

농장 전문 소셜커머스 FarmOn
소비자와 농장 간의 공정한 거래를 실천하는
소셜커머스를 통한 판매중개 서비스 기업

2. 사업내용

- 직거래 판매를 위한 정보화 역량이 부족한 농장주들을 온라인(소셜커머스)을 통해 소비자와 연결시켜 주는 판매중개업

3. 사업목표

- 청년벤처로서 온라인 쇼핑(소셜커머스) 시장 내에 성공적으로 진입하고 소비자와 농장 간 공정한 거래를 위한 판매중개를 통해 수익 및 사회적가치 창출

온라인 통한 공정한 농산품 거래로 수익 및 사회적가치 창출

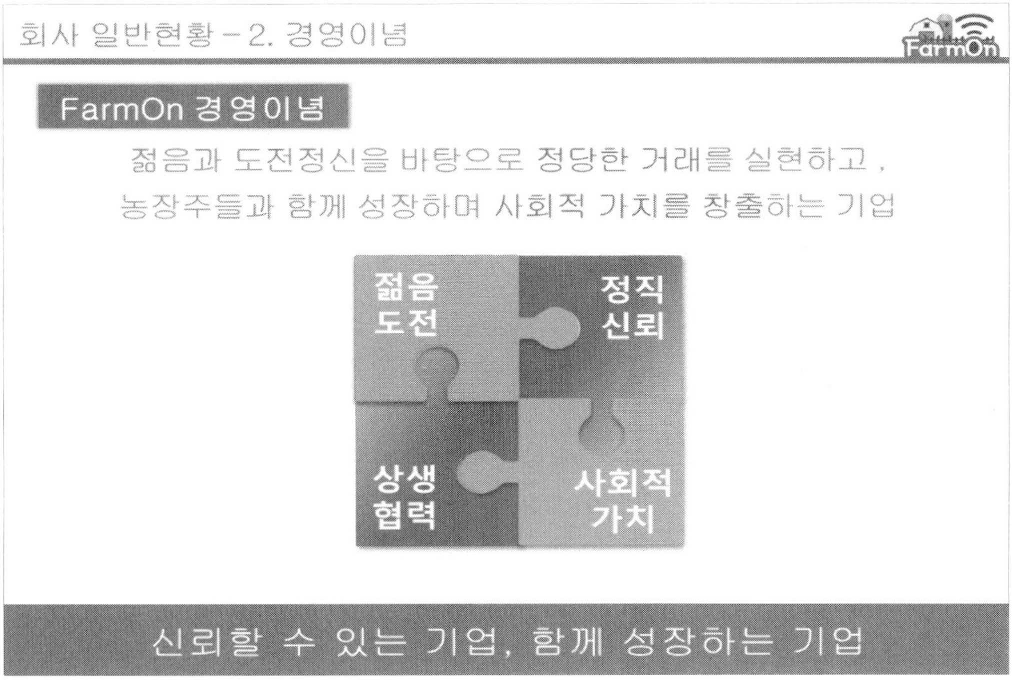
회사 일반현황 – 2. 경영이념
FarmOn
FarmOn 경영이념
젊음과 도전정신을 바탕으로 정당한 거래를 실현하고,
농장주들과 함께 성장하며 사회적 가치를 창출하는 기업
젊음
도전
정직
신뢰
상생
협력
사회적
가치
신뢰할 수 있는 기업, 함께 성장하는 기업

회사 일반현황 – 3. 비즈니스 모델
FarmOn
FarmOn 비즈니스 모델
시즌별 기획상품,
저렴한 구매가격
정당한 판매가격,
광고 및 홍보효과
Twitter Facebook Me2day
소비자
농장
소셜미디어
입소문 효과
한정시간, 최소인원
할인제공
구매자 특성 통계정보
제공으로 광고 및 홍보
효과측정
FarmOn
중개수수료
거래액의 10%(잠정)
인력과 온라인 채널 기반의 중개 수수료 비즈니스 모델

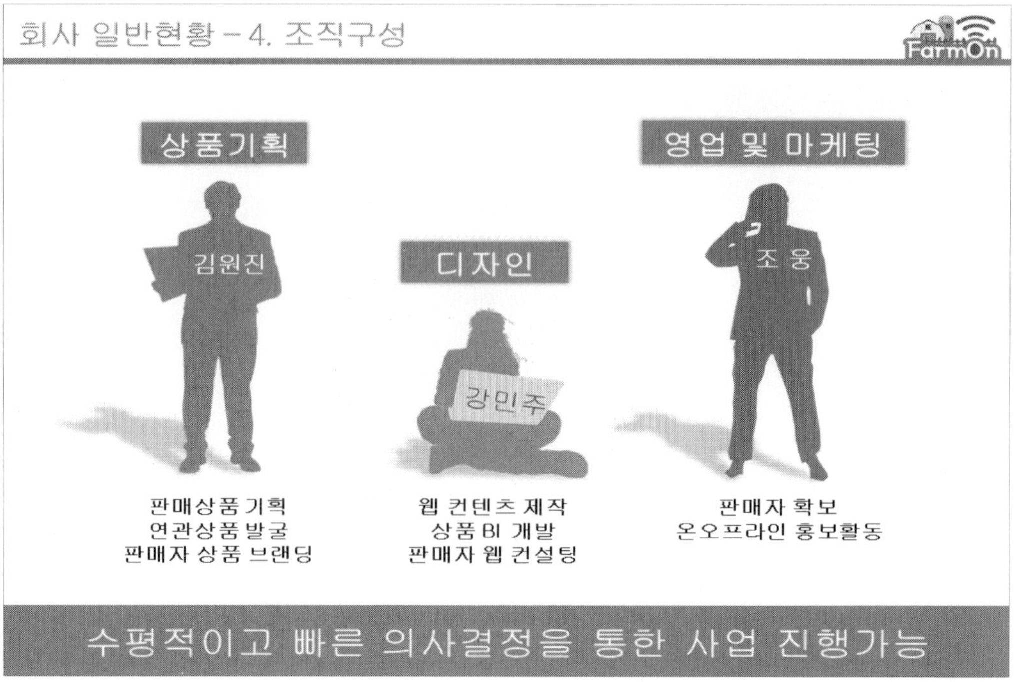
회사 일반현황 – 4. 조직구성
FarmOn
상품기획
김원진
판매상품 기획
연관상품 발굴
판매자 상품 브랜딩
디자인
강민주
웹 컨텐츠 제작
상품 BI 개발
판매자 웹 컨설팅
영업 및 마케팅
조 웅
판매자 확보
온오프라인 홍보활동
수평적이고 빠른 의사결정을 통한 사업 진행가능

FarmOn
아이템 선정배경

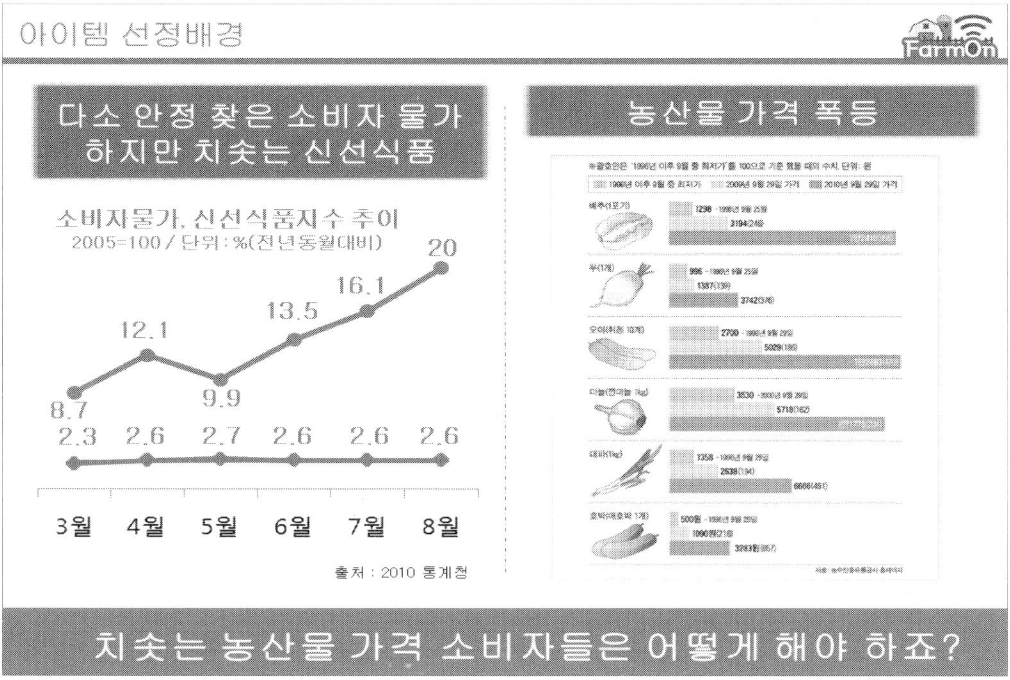
아이템 선정배경
FarmOn
다소 안정 찾은 소비자 물가
하지만 치솟는 신선식품
소비자물가, 신선식품지수 추이
2005=100 / 단위 : %(전년동월대비)
8.7
12.1
9.9
13.5
16.1
20
2.3 2.6 2.7 2.6 2.6 2.6
3월 4월 5월 6월 7월 8월
출처 : 2010 통계청
농산물 가격 폭등
치솟는 농산물 가격 소비자들은 어떻게 해야 하죠?

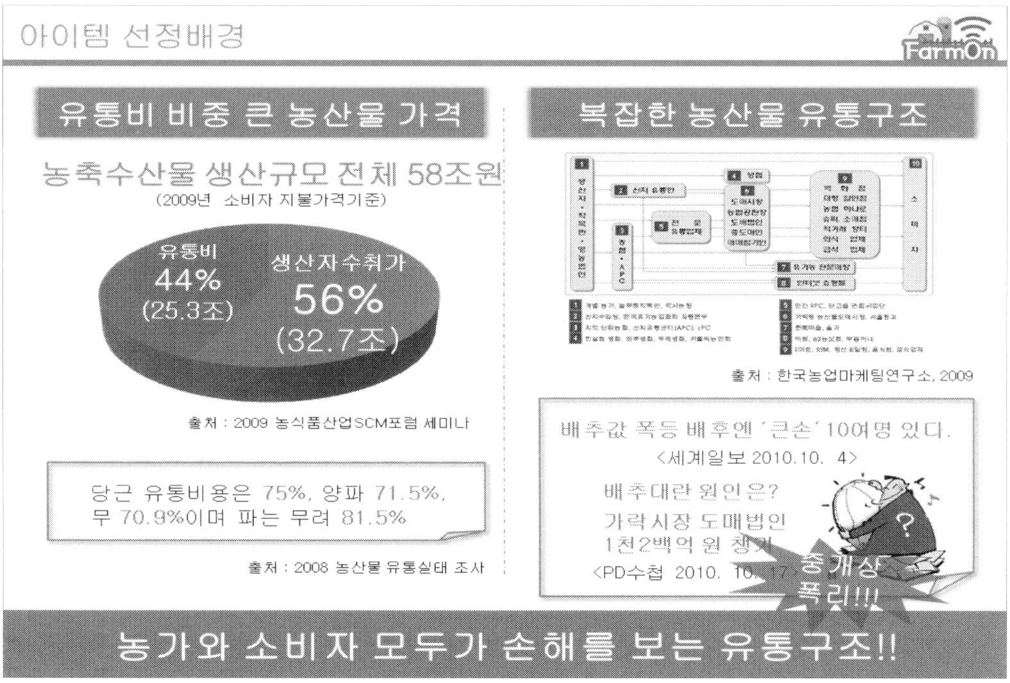
아이템 선정배경
FarmOn
유통비 비중 큰 농산물 가격
농축수산물 생산규모 전체 58조원
(2009년 소비자 지불가격기준)
유통비
44%
(25.3조)
생산자수취가
56%
(32.7조)
출처 : 2009 농식품산업SCM포럼 세미나
당근 유통비용은 75%, 양파 71.5%,
무 70.9%이며 파는 무려 81.5%
출처 : 2008 농산물 유통실태 조사
복잡한 농산물 유통구조
출처 : 한국농업마케팅연구소, 2009
배추값 폭등 배후엔 '큰손' 10여명 있다.
<세계일보 2010.10. 4>
배추대란 원인은?
가락시장 도매법인
1천2백억 원 챙겨
<PD수첩 2010. 10. 17>
중개상 폭리!!!
농가와 소비자 모두가 손해를 보는 유통구조!!

아이템 선정배경

농수산물 개인구매 매출 증가

eaT 농수산물 사이버거래소 www.eat.co.kr

<B2C(개인구매) 매출>

단위: 억(원)

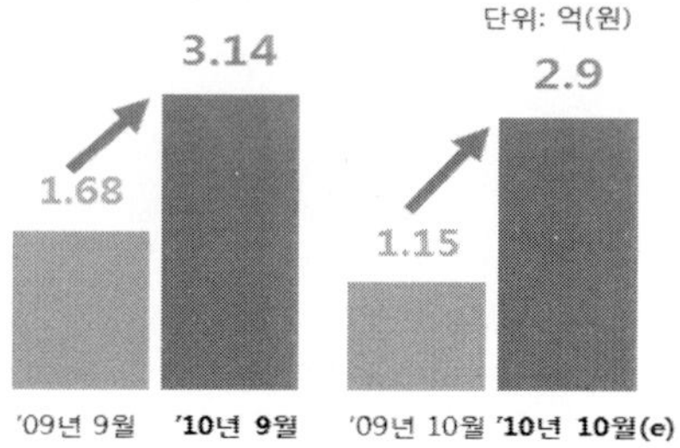

출처 : 농수산물유통공사 2010.10.20

오픈마켓 신선식품 매출 증가

옥션: 농수산물유통공사와 친환경 농산물 온라인유통 확대를 위한 전략적 제휴(MOU) 체결 – 2009년 7월
신선식품 매출이 작년 대비 45% 증가
3년 전 대비로는 무려 2배 가량 성장

11ST: 신선식품과 지역특산품
10월 식품카테고리 판매량
전년동기 대비 2.5배

Gmarket: 10월 식품부문 매출
전년 동월대비 40% 증가

출처 : 디지털타임스 2010.11.3

똑똑한 소비자는 온라인으로 구매한

아이템 선정배경

큰 성과 없는 농가 홈페이지 구축

농가 홈페이지 구축 현황 (2008)

*신지식 농업인 등 자체 구축 미포함

'07년 12월까지
총 9,798개 농업인 홈페이지 구축 지원
농식품부(1,706), 지자체(4,970),
농진청.산림청 등(3,122)
우수 농가는 단 142개 뿐

출처 : 2008 농촌진흥청

농어촌의 정보활용률 낮음

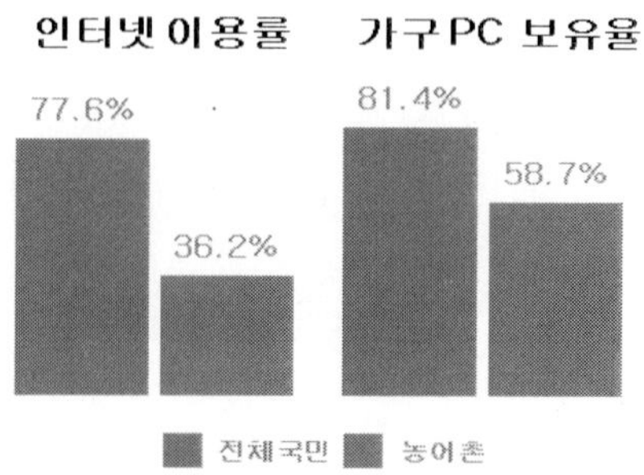

출처 : 2009 정보격차 지수 및 실태조사 결과

온라인 중개의 도움이 필요한 농산물은 여전히 많을 것

FarmOn

상황분석

1. 시장환경분석

2. 소비자분석

3. 경쟁분석

FarmOn

상황분석 – 1. 시장환경분석

멈추지 않고 성장하는 오픈마켓

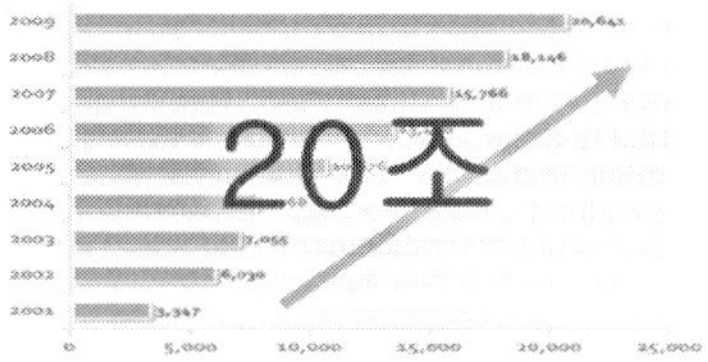

출처 : 통계청

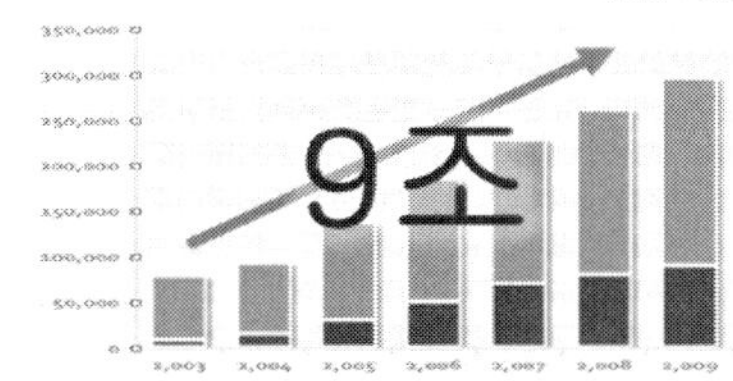

출처 : 2009 한국온라인쇼핑협회, 통계청

옥션과 G마켓의 높은 점유율

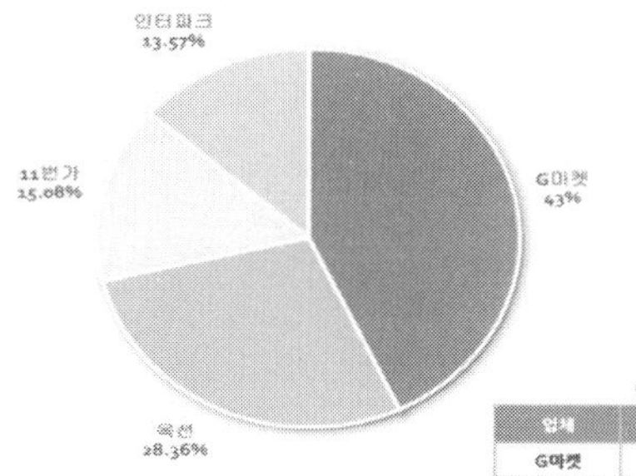

(단위:억 원)

업체	거래액
G마켓	47,000
옥션	31,000
11번가	16,483
인터파크	14,830

출처 : 2009 DMC리포트

그럼 옥션이나 G마켓에 팔면 되는 것일까?

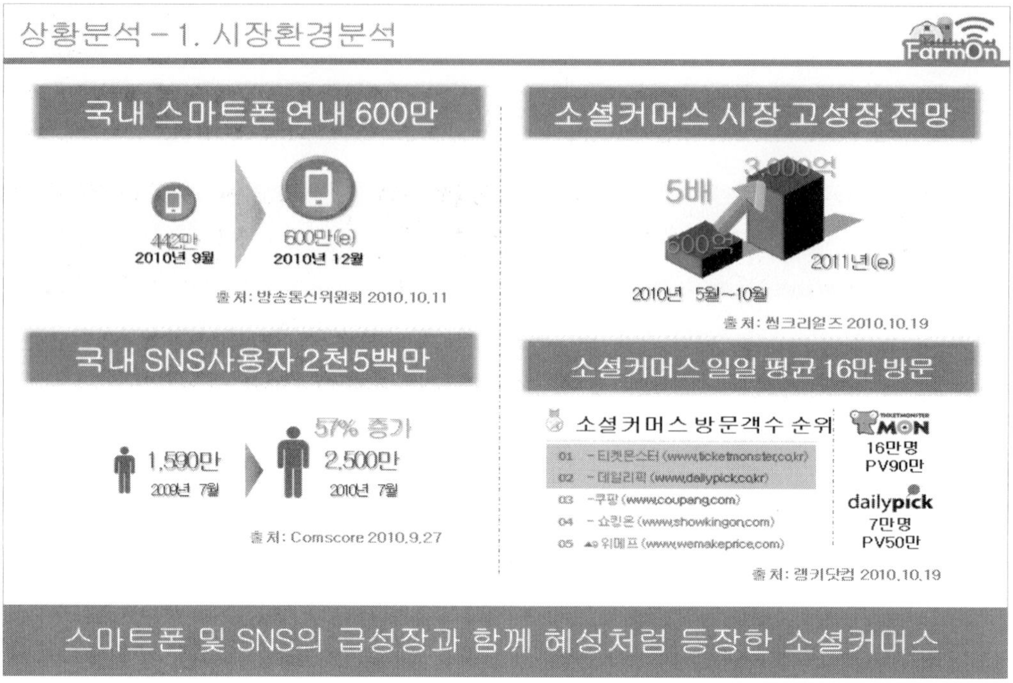
상황분석 – 1. 시장환경분석
FarmOn
국내 스마트폰 연내 600만
442만
2010년 9월
600만(e)
2010년 12월
출 처: 방송통신위원회 2010.10.11
소셜커머스 시장 고성장 전망
5배
3,000억
600억
2010년 5월~10월
2011년(e)
출 처: 씽크리얼즈 2010.10.19
국내 SNS사용자 2천5백만
57% 증가
1,590만
2009년 7월
2,500만
2010년 7월
출 처: Comscore 2010.9.27
소셜커머스 일일 평균 16만 방문
소셜커머스 방문객수 순위
01 – 티켓몬스터 (www.ticketmonster.co.kr)
02 – 데일리픽 (www.dailypick.co.kr)
03 – 쿠팡 (www.coupang.com)
04 – 쇼킹온 (www.showkingon.com)
05 – 위메프 (www.wemakeprice.com)
MON
16만명
PV90만
dailypick
7만명
PV50만
출 처: 랭키닷컴 2010.10.19
스마트폰 및 SNS의 급성장과 함께 혜성처럼 등장한 소셜커머스

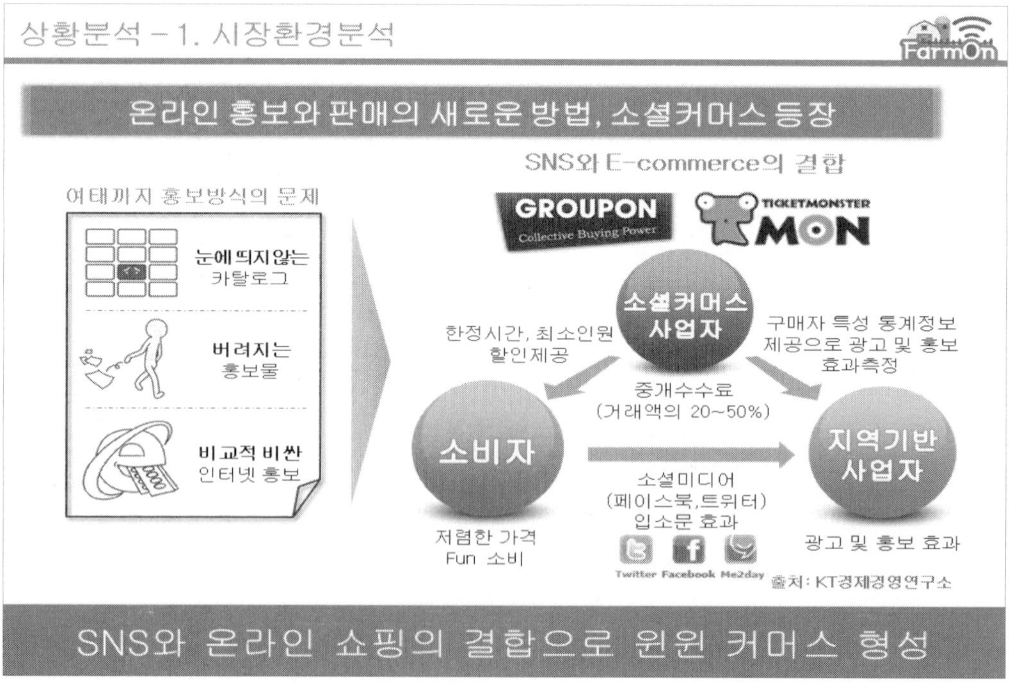
상황분석 – 1. 시장환경분석
FarmOn
온라인 홍보와 판매의 새로운 방법, 소셜커머스 등장
SNS와 E-commerce의 결합
여태까지 홍보방식의 문제
눈에 띄지 않는
카탈로그
버려지는
홍보물
비교적 비싼
인터넷 홍보
GROUPON
Collective Buying Power
TICKETMONSTER
MON
소셜커머스
사업자
한정시간, 최소인원
할인제공
구매자 특성 통계정보
제공으로 광고 및 홍보
효과측정
중개수수료
(거래액의 20~50%)
소비자
지역기반
사업자
소셜미디어
(페이스북,트위터)
입소문 효과
저렴한 가격
Fun 소비
Twitter Facebook Me2day
광고 및 홍보 효과
출처: KT경제경영연구소
SNS와 온라인 쇼핑의 결합으로 윈윈 커머스 형성

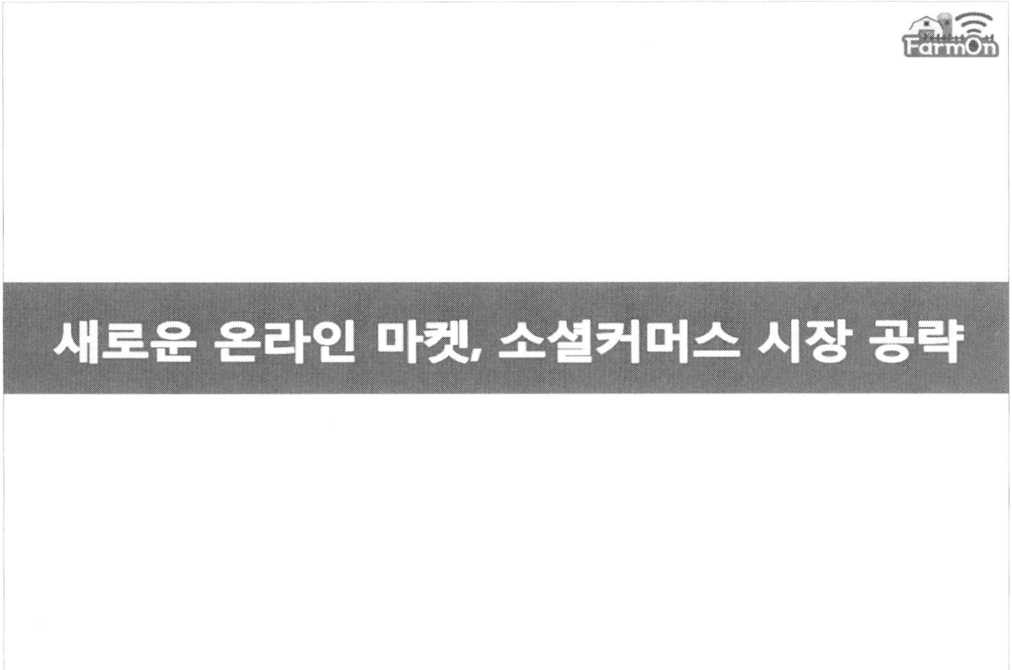
FarmOn
새로운 온라인 마켓, 소셜커머스 시장 공략

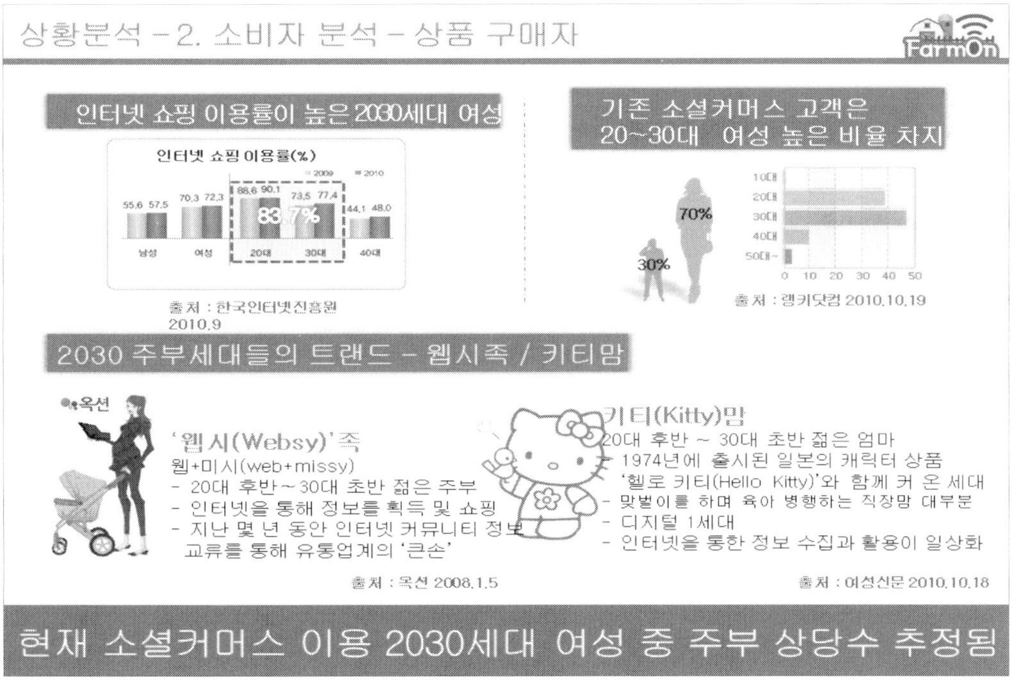
상황분석 - 2. 소비자 분석 - 상품 구매자
FarmOn
인터넷 쇼핑 이용률이 높은 2030세대 여성
인터넷 쇼핑 이용률(%)
2009
2010
55.6 57.5
70.3 72.3
88.6 90.1
73.5 77.4
44.1 48.0
83.7%
남성
여성
20대
30대
40대
출처 : 한국인터넷진흥원 2010.9
기존 소셜커머스 고객은 20~30대 여성 높은 비율 차지
70%
30%
10대
20대
30대
40대
50대~
0 10 20 30 40 50
출처 : 랭키닷컴 2010.10.19
2030 주부세대들의 트랜드 - 웹시족 / 키티맘
옥션
'웹시(Websy)'족
웹+미시(web+missy)
- 20대 후반~30대 초반 젊은 주부
- 인터넷을 통해 정보를 획득 및 쇼핑
- 지난 몇 년 동안 인터넷 커뮤니티 정보 교류를 통해 유통업계의 '큰손'
출처 : 옥션 2008.1.5
키티(Kitty)맘
20대 후반 ~ 30대 초반 젊은 엄마
- 1974년에 출시된 일본의 캐릭터 상품 '헬로 키티(Hello Kitty)'와 함께 커 온 세대
- 맞벌이를 하며 육아 병행하는 직장맘 대부분
- 디지털 1세대
- 인터넷을 통한 정보 수집과 활용이 일상화
출처 : 여성신문 2010.10.18
현재 소셜커머스 이용 2030세대 여성 중 주부 상당수 추정됨

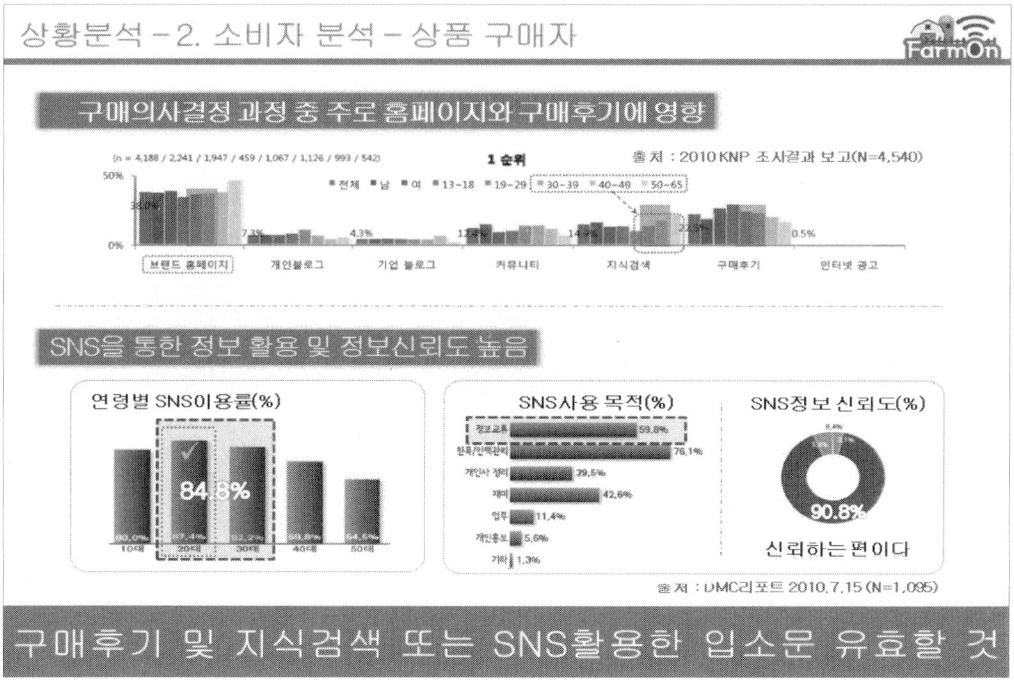

우리는 누구와 경쟁해야 하는가?

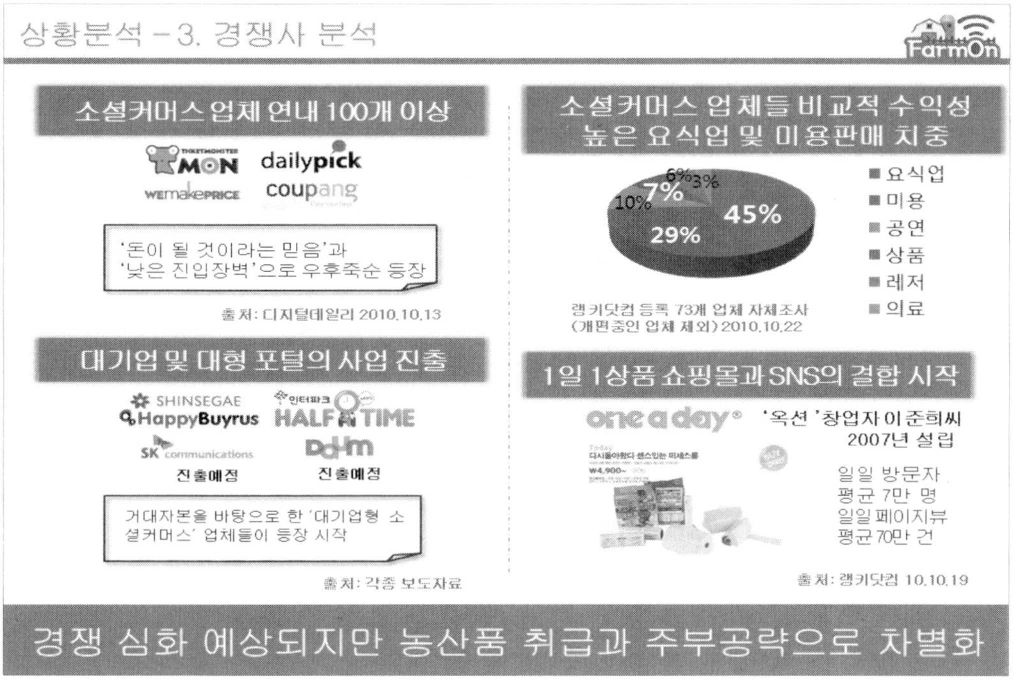
상황분석 – 3. 경쟁사 분석
FarmOn
소셜커머스 업체 연내 100개 이상
TMON dailypick
WEmakePRICE coupang
'돈이 될 것이라는 믿음'과
'낮은 진입장벽'으로 우후죽순 등장
출처: 디지털데일리 2010.10.13
대기업 및 대형 포털의 사업 진출
SHINSEGAE HappyBuyrus
인터파크 HALF TIME
SK communications 진출예정
Daum 진출예정
거대자본을 바탕으로 한 '대기업형 소셜커머스' 업체들이 등장 시작
출처: 각종 보도자료
소셜커머스 업체들 비교적 수익성 높은 요식업 및 미용판매 치중
6% 3% 7% 10% 45% 29%
요식업
미용
공연
상품
레저
의료
랭키닷컴 등록 73개 업체 자체조사
(개편중인 업체 제외) 2010.10.22
1일 1상품 쇼핑몰과 SNS의 결합 시작
one a day
'옥션'창업자 이준희씨
2007년 설립
일일 방문자
평균 7만 명
일일 페이지뷰
평균 70만 건
출처: 랭키닷컴 10.10.19
경쟁 심화 예상되지만 농산품 취급과 주부공략으로 차별화

상황분석 – 3. 경쟁사 분석
FarmOn
농산물 전문 쇼핑몰 다수
지자체 연계 쇼핑몰
GUNSANFARM 군산팜
Food eshop
사설 농산물 쇼핑몰
iCOOP생협
COOP 자연드림
우리농산쇼핑몰 Woorinongsan.kr
젊은농부
대형마트 및 오픈마켓의
신선식품 온라인 판매 확대
E-MART
Home plus
LOTTE Mart
옥션
11ST
인터파크
Gmarket
10월 중순 동종 경쟁자 등장
koofarm
50% DC
56,000 원
29,800 원
강원도 평창군 대화면
감자
국내 두 번째 농촌 전문 소셜커머스 서비스 제공 가능

상황분석 – 3. 경쟁사 분석

형태와 품목에 따른 포지셔닝 맵

출처 : 자체 확인 2010.11.10

명확한 목표 시장과 차별화된 포지셔닝으로 시장 진입

사업전략

1. 목표시장
2. 마케팅 목표
3. 상품전략
4. 판매 및 홍보전략

사업전략 – 1. 목표시장
FarmOn
2030세대 소셜커머스 이용하는 주부
2030세대
twitter
facebook
me2DAY
WWW
- 인구통계특성 : 2030세대 기혼여성
- 추구편익 : 농산물 직거래
- 구매행태 : 인터넷쇼핑 및 소셜커머스 서비스 이용
- 라이프스타일 : 인터넷 정보 및 SNS 활용에 익숙함
직거래 가능한 전국 농장주
경북 안동 <왕모산 농장> 거점으로 단계적 확보
- 9월 오미자 / 10월 야콘 / 11월 천마
- 오미자 : 건조 및 재가공 등으로 장기 판매
- 야콘 및 천마 : 저온냉장보관 및 분말 판매화 가능
오미자
천마
야콘
왕모산 농장
고객의 선호 상품 조사를 통한 판매상품의 단계적 확장

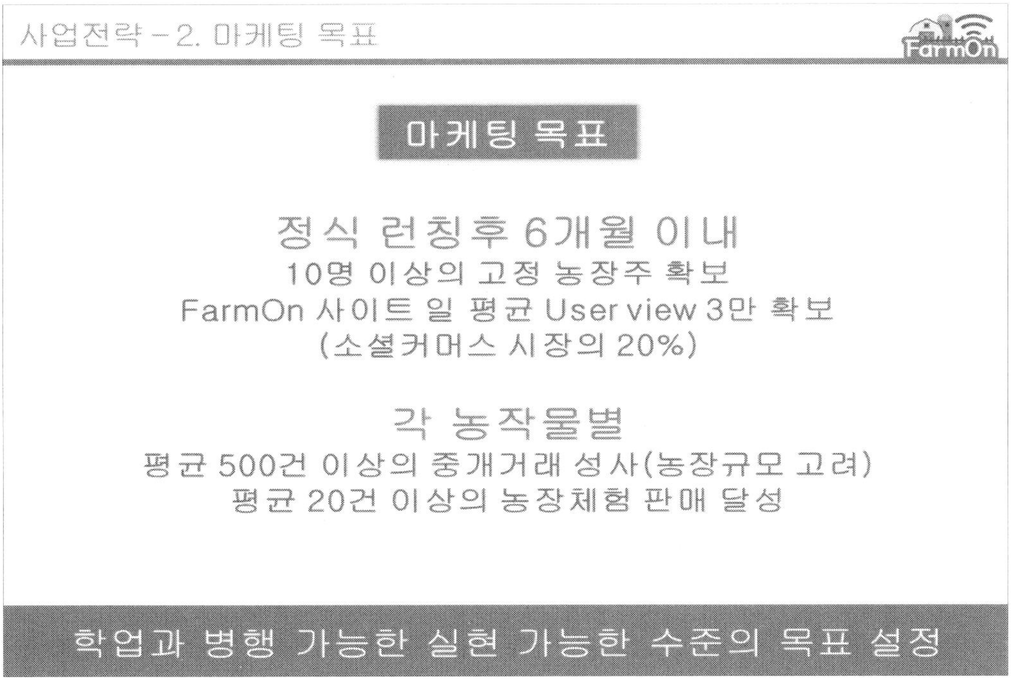
사업전략 – 2. 마케팅 목표
FarmOn
마케팅 목표
정식 런칭후 6개월 이내
10명 이상의 고정 농장주 확보
FarmOn 사이트 일 평균 User view 3만 확보
(소셜커머스 시장의 20%)
각 농작물별
평균 500건 이상의 중개거래 성사(농장규모 고려)
평균 20건 이상의 농장체험 판매 달성
학업과 병행 가능한 실현 가능한 수준의 목표 설정

사업전략 – 3. 상품전략
FarmOn
농장 전문 소셜커머스 '팜온'
Today's Farmon
Today's FarmPlay
2010 Fri
11월 5 일
ID
PW
Login | Sign up
ID/PW 찾기
친구에게 알리기!
25% OFF
45,000원
구매하기
오미자엑기스 3kg
생 오미자 5kg
구독 신청하기
subscribe
상품안내 | 유의사항 | Q & A
단맛, 신맛, 매운맛, 짠맛, 쓴맛 다섯가지 맛을 지니고 있다는
오미자!!! 언제까지 인스턴트 차만 맛 볼텐가!!
200잔 이상의 차를 우려낼 수 있는
오늘의 Farmon
대형마트 상시가 8만원, 옥션가 6만원, 25% 할인 45,000원

사업전략 – 3. 상품전략
FarmOn
농장 전문 소셜커머스 '팜온'
Today's Farmon
Today's FarmPlay
2010 Fri
11월 5 일
ID
PW
Login | Sign up
ID/PW 찾기
친구에게 알리기!
왕모산 농장 일일 체험
8,000원
생 오미자 1kg
생 오미자 1kg 증정
구매하기
오미자엑기스 3kg
생 오미자 5kg
구독 신청하기
subscribe
상품안내 | 유의사항 | Q & A
"엄마 아빠, 오미자는 어디서 자라나요?"
가족과, 애인과 함께하는 오미자 농장체험
일일 농장 체험 + 생 오미자 1kg = 8,000원
But, 차량은 지원되지 않아요 T-T

사업전략 – 4. 판매 및 홍보전략

FarmOn

추천인 제도를 통한 판매증대

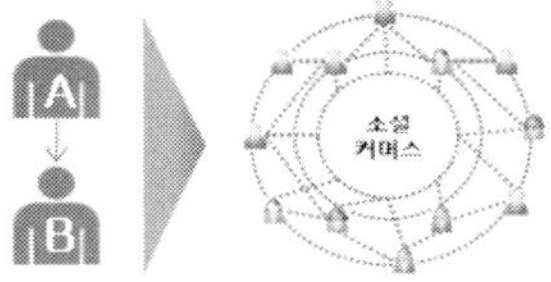

대상 : 팜온의 농산물을 이용하는 이용자 및 이용하지 않는 잠재소비자
- 내용 : A(팜온 이용자)추천으로 B(비 이용자)가 가입 후 3일 내 상품 구매 시 A와 B(구매자)는 구매액의 5%적립금

특징 : 구매자는 많이 추천할 수록 많은 적립금 받음
기대효과 : 수익률 낮아지지만 신규회원 확보 및 판매량 증대

구매 후기 이벤트로 온라인 홍보

- 대상 : 팜온의 농산물 구매자 및 잠재 구매자(주부 커뮤니티 대상)
- 내용 : 구매한 농산물에 대한 상품후기를 온라인에 게시 후 출처 응모 당첨자에게 구매금액 환불
- 특징 : 작성된 상품후기를 많은 곳에 올리면 당첨확률 증가
- 기대효과 : 이벤트를 통한 팜온 사이트 및 제품 홍보

실현 가능한 수준의 판매전략 및 프로모션

Appendix

FarmOn

상품 구매시 주변의 입소문에 크게 영향 받는 주부들

여성들 입소문 기업 경쟁력 '좌지우지'

입소문 마케팅이 국내외 기업의 마케팅 트렌드로 자리잡으면서, 여성 소비자들의 입을 공략하기 위한 기업들의 다양한 노력들이 등장하고 있다.

실제로 여성들은 입소문을 통해 생활용품(83%)·미용(65%)·식품(54%)·가전제품(48%)을 많이 구매하는 것으로 조사됐다.

출처 : 여성신문 2006.8.4

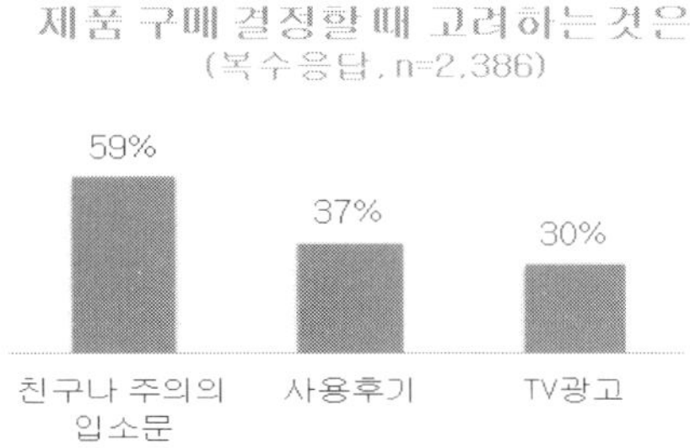

출처 : 아줌마닷컴 2006. 10

입소문과 추천에 의한 판매전략이 유효할 것임

CHAPTER 05

판매 상품 소싱

Chapter

05 판매 상품 소싱

판매 상품 소싱(sourcing)이란 판매할 물건을 공급받는 것을 말한다. 초기 인터넷 전자상거래를 시작한 사람들은 공장이 아닌 도매에서 물건을 받아서 판매를 시작했다. 즉 동대문이나 남대문 같은 곳에서 구입을 하고 인터넷을 통해서 판매를 했다. 하지만, 시간이 지나면서 점점 규모가 커지게 되어 직접 공장 라인을 찾아다니거나 멀리 중국까지 이동하여 더욱 값싼 물건을 공급받아오기 시작했다. 상품 소싱은 크게 오프라인에서 공급받는 것과 온라인에서 공급받는 것으로 나눌 수 있다. 이 외에도 자체 생산을 하여 공급할 수 있지만, 본 교재에서는 자체 생산은 고려하지 않기로 한다.

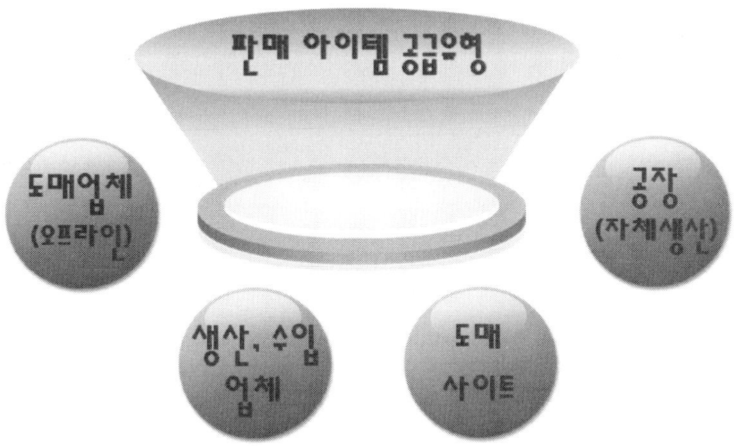

1 생산업체와 도매업체

창업자는 판매상품을 누구에게, 어떠한 방법으로 공급받아야하는가를 결정하여야 한다. 상품을 공급받는 유형은 상품을 직접 생산하는 생산자에게 받는 경우와 도매업체에게 공급받는 2가지 형태로 구분해 볼 수 있다. 창업을 시작하는 대부분의 경우, 도매업체와의 거래로부터 시작한다. 생산업자로부터 직접 공급을 받는 것은 극히 한정적으로 이루어지기 때문이다. 별도의 대리점이나 총판이 있는 생산자의 경우에는 기존 유통업체의 눈치를 보아야 하며, 또한 경력이 인정되지 않는 창업자에게 회사 제품을 넘겨주어 자칫 시장가격질서 유지나, 제품의 이미지 관리 차원에서 발생할 수 있는 문제를 두려워하기 때문이다.

하지만 이러한 현상이 모든 생산업체에서 발생할 수 있는 사항은 아니므로 무조건 공급자 선정과정에서 배제하는 것은 바람직하지 않다. 생산업체와 접촉하고 문의하는 과정에서 얻을 수 있는 정보가 많기 때문이다. 일단 회사 측면에서는 자사 제품의 다양한 판매채널을 확보한다는 차원에서 만나는 것 자체를 꺼리지는 않기 때문에 기회가 된다면 제품에 대한 소개와 인터넷 판매의 조직, 기존 대리점과의 관계, 유통형태 등을 상담하면 좋은 경험이 될 것이다. 또한 남보다 앞선 판매자로 인정을 받게 되면 역으로 생산업체에서 자사 제품의 인터넷 유통을 의뢰하는 기회도 종종 발생한다.

공급자 유형별로 장단점을 비교해 보면 다음과 같다.

구분	생산업체	도매업체
장점	• 상품 매입조건이 유리 • 독점공급의 기회 부여 • 가격 경쟁력 확보 • A/S 용이	• 접근 용이성 • 다양한 상품군 확보 • 판매활동의 융통성이 큼 • 구매단위의 융통성이 큼
단점	• 한정된 상품군 • 초기 접근이 어려움 • 제한된 판매활동 • 구매단위가 큼	• 상대적인 매입단가 상승 • 불안정한 상품공급

창업자는 일단 도매업체로부터 상품을 받아 시작하는 것이 무난한 방법이다. 생산업체와의 직거래를 뚫기도 어렵지만 판매상품이 시장에서 어떤 평가를 받을지도 모르는 상태에서 굳이 생산업체만을 고집할 필요는 없기 때문이다. 일단 도매업체를 통해 공급받은 상품으로 사업을 시작하고, 그 중 경쟁력 있다고 판단되는 특정상품을 별도로 생산업체와 연결해 보고자 노력해 보는 것이 더욱 빠른 방법이라고 볼 수 있다.

2 최적의 제품 구매를 위한 국내·외 도매 사이트

(1) 국내 도매 사이트

▶ 도매꾹(구, 나까마)
(http://domeggook.com)

▶ 베스트켓
(http://www.bestket.com)

▶ 도매토피아
(http://www.dometopia.com)

(2) 해외 도매 사이트

▶ 타오바오닷컴
(http://www.taobao.com)

▶ 알리바바닷컴
(http://www.alibaba.com)

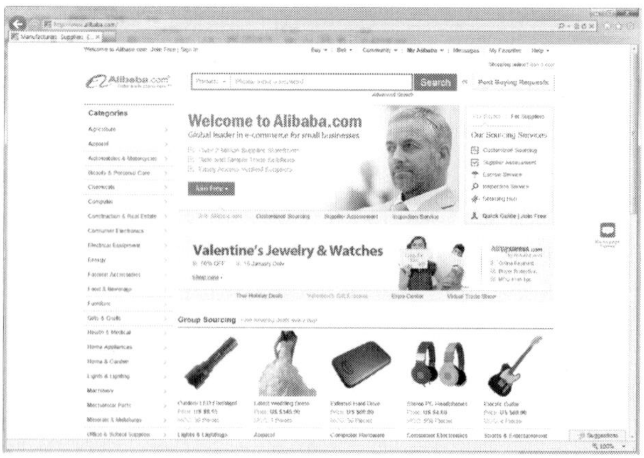

(3) 구매대행업체

▶ 유니옥션
(http://www.uniauc.net)

CHAPTER 06

판매 상품 촬영

Chapter 06 판매 상품 촬영

1 상품 이미지 준비를 위한 상품 촬영

사용 가능한 비용과 장소의 여건 등을 고려하여 현재 상황에서 가장 효율적인 방법을 택한다. 사진 촬영을 전혀 못한다면, 무리해서 상품 사진을 직접 찍으려 하는 것보다는 전문인에게 의뢰하는 것도 좋은 방법이다.

방법	카메라 등 촬영 세트를 갖추고 판매자가 직접 촬영	전문 스튜디오 업체에서 상품 촬영 대행
 장점	• 시간에 구애 없이 촬영 가능 • 초기 비용 외에는 유지 비용 저렴	• 사진 전문가 촬영으로 고품질 사진 가능 • 업체에 따라 촬영에서 상품페이지 제작까지 대행
 단점	• 카메라와 조명 사용 등에 익숙해야 함 • 초기 설치 비용이 높다 - DSLR 카메라와 조명까지 준비하면 200만원~300만원	• 지속적인 제작 비용 소요 • 상품 페이지의 수시 변경의 어려움

2 촬영을 위한 준비 단계

촬영을 위해서 반드시 카메라와 조명 등의 기타 주변 사항에 대해서 점검을 해야 한다.

(1) 디지털카메라

- 촬영 후 즉시 확인이 가능한 디지털 카메라 선택
- 상품 촬영은 실내 촬영이 빈번하므로 외장 조명 연결 사용이 용이한 카메라 선택
- 수동 기능이 충분히 갖추어진 카메라 선택 - 노출보정 /화이트밸런스 등

(2) 조명의 구입

- 실내 촬영에서는 외장 조명을 갖추어야 함 (SOHO 쇼핑몰용으로 저렴한 조명 기기)

(3) 촬영대 및 소품

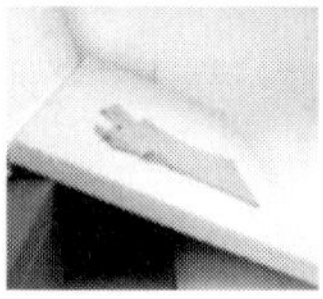

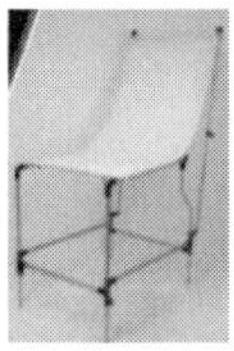

- 상품을 놓고 촬영할 별도 상품 DP 촬영대
- 배경은 흰색이 무난/ 스티로폰을 사용하기도 함

3 상품 촬영의 기본적인 요령

(1) 선명하고 밝게 사진 촬영

- 일상 생활 조명보다는 더 밝은 (강한) 광량의 외장 조명의 설치
- 카메라의 초점은 정확하게 맞추고 카메라는 흔들리지 않게! (삼각대 사용)
- 카메라의 조리개 값은 되도록 높은 값으로(F8.0 정도)

(2) 상품의 색상을 정확하게 촬영

- 조명의 영향으로 상품의 색상이 왜곡되지 않도록 조명과 카메라 조정
- 카메라의 화이트밸런스 기능을 이용하여 색상 조정

(3) 상품의 질감을 정확하게 촬영

- 섬유 등 빛을 흡수하는 재질의 상품은 주로 직접 조명을 사용
- 애나멜, 가죽 등 표면 반사가 있는 제품은 주로 간접 조명을 사용
- 배경색은 되도록 단순하게 처리해야 사진 보정 등에 쉬움

(4) 불필요한 그림자는 최대한 억제

- 반사판 등 조명 보조 장비를 이용하여 불필요한 그림자 최대한 조정

참 고 : 디지털 카메라 촬영 팁

① 손 떨림 방지

디지털 카메라는 일반 필름 카메라에 비해 소형이기 때문에 사진 촬영 시 손 떨림이 발생할 가능성이 높다. 특히 접사 촬영(피사체와의 거리가 30cm이하인 매우 가까운 거리에서의 촬영)을 할 때는 삼각대를 사용하는 것이 좋다. 삼각대를 사용하면 구도를 잡기도 편리하고 느린 셔터 속도에서 카메라가 흔들리는 것을 피할 수 있다. 그렇기 때문에 디지털 카메라로 촬영할 때 카메라 본체를 두 손으로 꼭 쥐거나 팔꿈치를 가능한 한 몸에 밀착시켜 흔들림을 최소한으로 줄여주는 것이 중요하다.

② 화이트밸런스

우리 눈에는 보이지 않지만 우리가 사물을 볼 수 있게 하는 태양광선과 여러 가지 조명은 각각 다른 색 온도를 가지고 있다. 이 색 온도 때문에 디지털 카메라로 촬영할 때 자신이 의도한 색과 다른 색으로 나타나는 경우가 있다. 사진을 찍을 때 색이 자신이 의도한 색이 아니라 누렇게 혹은 푸르게 나오는 현상은 화이트 밸런스 기능을 이용하면 쉽게 해결할 수 있다. 화이트밸런스는 광원(태양광, 형광등, 백열등 등)에 따라 촬영할 때 조정해 주어야한다. 또는 자동으로 설정해 두어도 무방하다.

③ 노출모드

노출모드는 프로그램AE(Auto Exposure), 조리개우선AE, 셔터속도우선AE 등이 있다. 카메라에는 피사체의 밝기를 읽어내는 노출계라는 장치가 있다. 노출계가 읽어낸 값에 따라 촬영 시 셔터속도와 조리개의 구경을 결정하게 된다.

④ 플래시

일반적으로 Auto, 강제, 적목감소, Off모드가 있다.

강제 모드는 피사체의 밝기와 상관없이 무조건 발광하게 할 때 사용한다. 밝은 날 역광의 상황에서 사용하거나, 창문 밖 야외풍경을 배경으로 실내의 인물을 촬영할 경우에도 사용한다. 적목감소 모드는 어두운 밤이나 어두운 실내에서 인물을 촬영하는 경우에 사용한다.

4 촬영 계획 수립하기

촬영을 위한 준비가 되었다면 구체적인 촬영 계획을 수립해 본다.

(1) 스튜디오 촬영과 야외 촬영

판매 제품의 특징에 따라 촬영 장소를 신중하게 선택하여야 하는데, 모델을 이용하여 촬영하는 경우에는 실내에서 촬영하는 것도 좋지만 좀 더 사실감 있고 생동감 있는 사진을 얻어내기 위해서는 야외 촬영이 좋다. 하지만, 종류가 다양하고 대량 생산과 신속한 판매가 필요한 제품은 실내 스튜디오에서 촬영하는 것이 효과적이다.

(2) 배경의 선택

제품 사진 촬영에서 어떤 배경으로 촬영할 것인가를 결정하는 일은 중요하다. 가장 많이 사용되는 배경은 흰색 배경으로 나중에 포토샵과 같은 그래픽 프로그램을 이용해 보정 작업을 할 때 매우 효율적으로 사용할 수 있다. 야외 촬영은 흰색 배경을 사용하기 어렵기 때문에 제품과 조화가 잘되는 적절한 배경으로 선택한다. 또한, 요즘 실내 스튜디오 촬영에서 여러 종류의 배경들을 이용하여 다양한 효과를 연출하기 때문에 배경 선택은 신중해야 한다.

(3) 제품 촬영 코디

판매할 제품을 돋보이게 하여 구매를 유도하기 위한 코디를 한다. 다양한 코디를 통해서 좀 더 제품을 돋보이게 할 수 있기 때문에 많은 신경을 써야 한다. 코디를 잘 하는 방법에는 본 제품과 코디용 제품을 놓고 같이 촬영하는 방법도 있지만 그것이 여의치 않으면 각각 촬영한 후 포토샵에서 합성을 할 수도 있다.

(4) 제품별 촬영 순서 정하기

제품 촬영 시에는 동일한 색상을 가지고 있는 제품을 먼저 촬영하고, 다른 색상의 제품들은 그에 알맞은 배경으로 변경한 후 다시 촬영할 수 있어야 한다. 만약 이런 순서를 결정하지 않고 촬영에 임하게 된다면 제품에 따라서 배경도 수시로 바뀌어야 하는 불편함이 생길 수 있다.

(5) 촬영 보조 스탭 섭외와 동선 결정

촬영자와 함께 도와줄 보조 진행자도 섭외해 두어야 효율적으로 촬영을 할 수 있다. 촬영을 하면서 다음 작업을 보조 진행자가 준비해 준다면 촬영에 필요한 시간을 단축할 수 있는 장점이 있다. 야외 촬영 시에는 한 장소에 머무르지 않고 여러 곳을 거쳐서 촬영하게 되므로 동선도 미리 고려 해둔다. 동선을 고려하지 않고 사진을 촬영하게 된다면 장소를 옮기는 동안 시간을 낭비하게 된다.

5 상품 촬영 예시

(1) 정면, 측면, 뒷면 등 다양한 각도에서 상품 촬영

(2) 상품의 특징, 상품 정보 제시하기

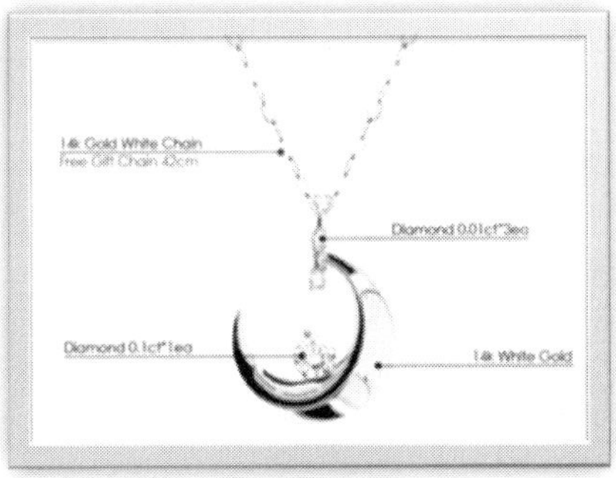

(3) 소품 활용하기

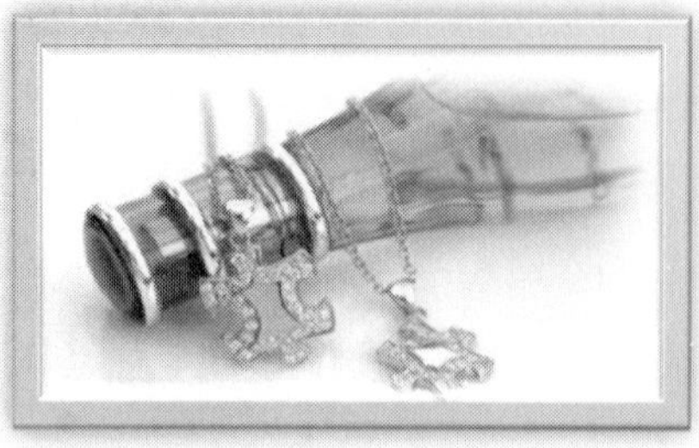

(4) 상품 크기 및 안전성 제시

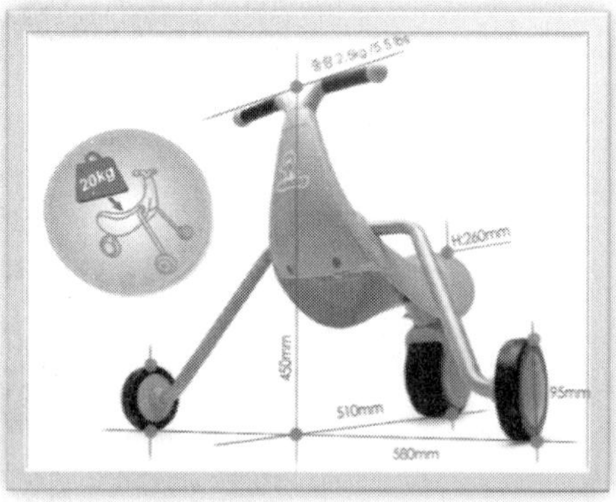

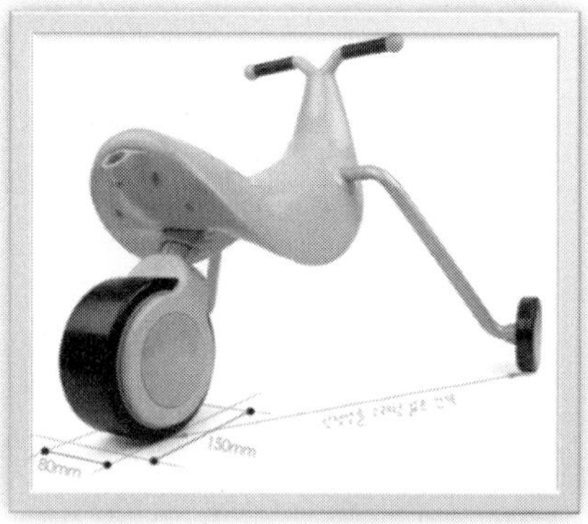

(5) 반복패턴을 이용한 상품의 다양성 제시

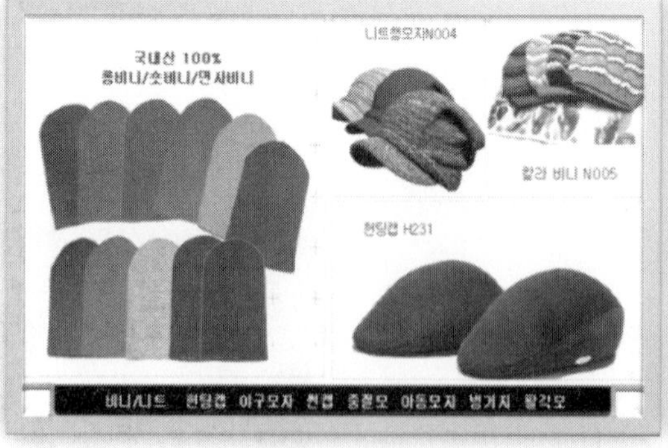

CHAPTER 07

판매 상품 디자인하기

Chapter 07 판매 상품 디자인하기[1)]

1 포토샵을 활용한 오픈마켓 상품등록 이미지 만들기

(1) 포토샵을 실행시키고 File 메뉴의 New를 적용한다. 오픈마켓 중 옥션에서 요구하는 상품등록 이미지 사이즈(가로: 300픽셀, 세로: 300픽셀)로 정하여 이미지를 제작해 본다.

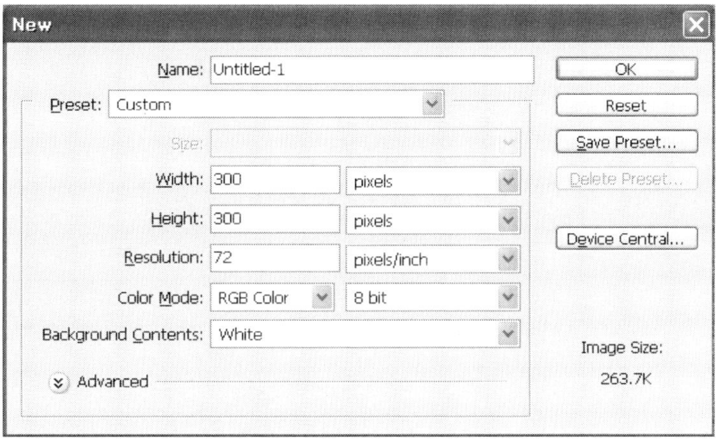

1) 본 교재는 포토샵 CS3를 기준으로 작성하였다.

오픈 마켓에서 요구하는 상품등록 이미지 사이즈

오픈 마켓에 등록할 수 있는 상품 사진의 기본이미지는 “600×600, 1MB이하, jpg, png”만 가능하며, 기본이미지를 등록하면 이미지가 자동으로 리사이징되어 사이트에서 공통으로 노출된다. 600×600이상 이미지를 등록하면 상품상세페이지의 확대보기 팝업에서 확대된 이미지가 제공된다. 또한 추가이미지는 프리미엄에서 추가로 노출되며, 추가 이미지 1, 2번을 포함하여 최대 14개까지 등록 할 수 있다.

(2) 미리 디지털 카메라로 촬영해 둔 제품 사진을 File / Open으로 불러온다.

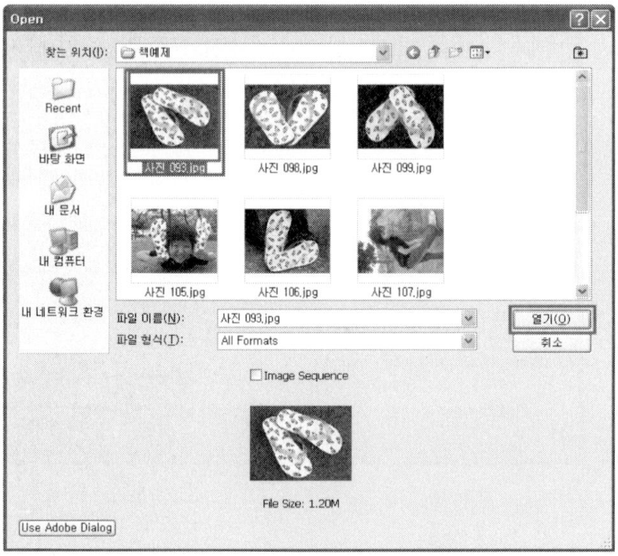

(3) 툴박스의 이동 툴로 불러온 제품 사진을 새로 만든 문서 위로 옮겨준다.

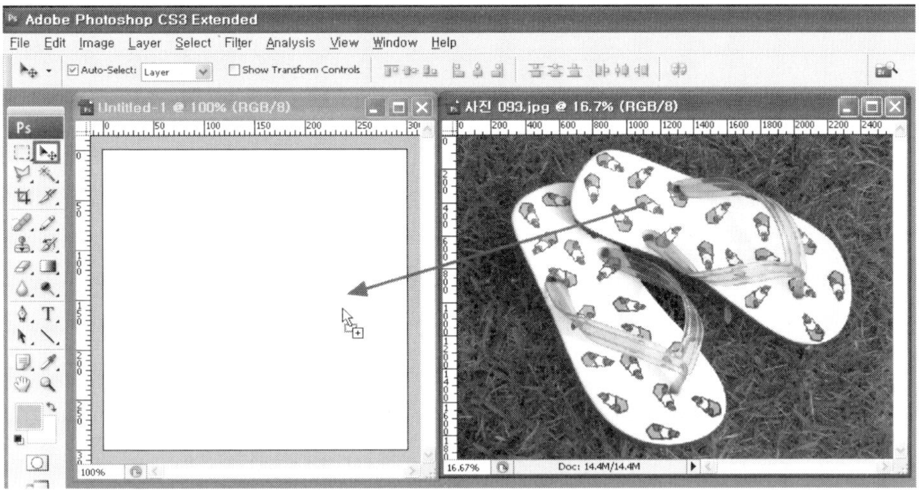

(4) 제품 사진은 크게 촬영하기 때문에 새로 만든 문서로 옮기면 크기가 매우 큰 것이 대부분이다. 그래서 크기를 줄여주어야 하는데 Edit / Transform / Scale를 활용하여 크기를 줄여준다. 단축키는 Ctrl + T이다.

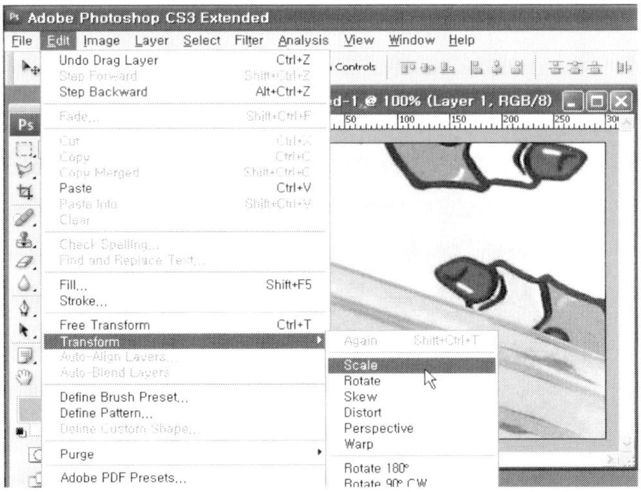

(5) 적당하게 크기를 줄여 주고 키보드의 Enter키나 바운딩 박스 안에서 더블 클릭을 해준다.

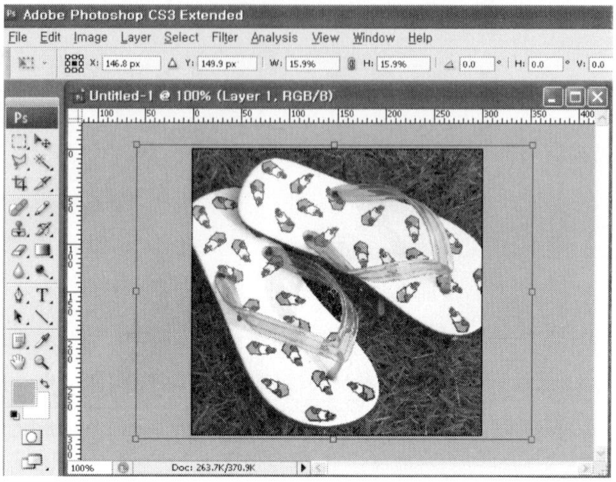

(6) 원본 저장을 위하여 File / Save를 선택하여 저장해준다.

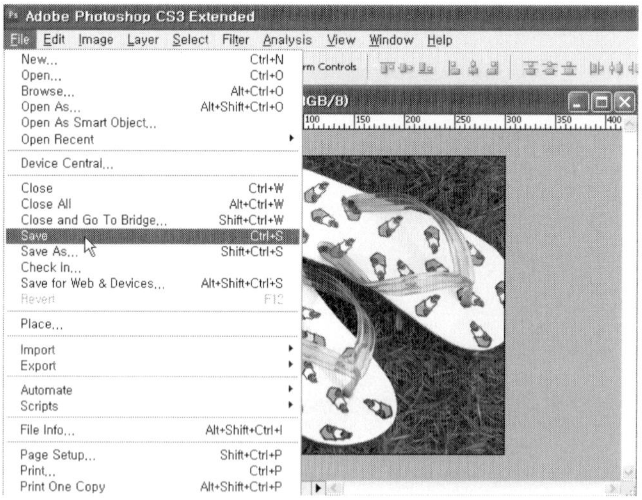

(7) 원본 저장을 해 준 후에 오픈 마켓에 등록하기 위한 파일로 저장하기 위해서 File / Save for Web & Devices... 메뉴를 적용한다.

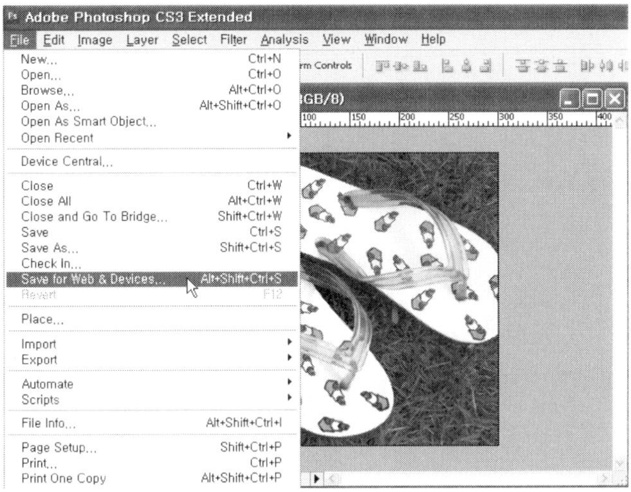

(8) 대화상자가 나타나면 확장자를 JPEG 로 정하고 Quality를 정한 후에 저장을 한다.

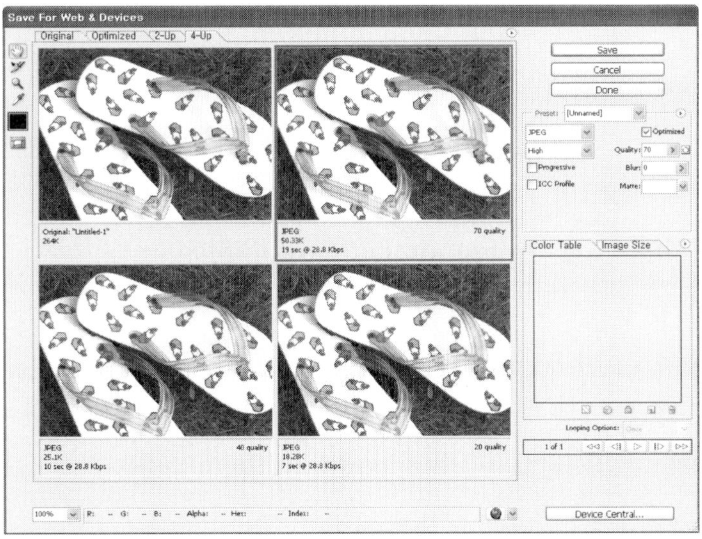

(9) 저장할 때 파일명은 영문/숫자의 조합으로 사용하는 것이 좋다. 파일명을 영문/숫자의 조합으로 정하고 파일 이름 뒤에 이미지 사이즈를 적어준다.

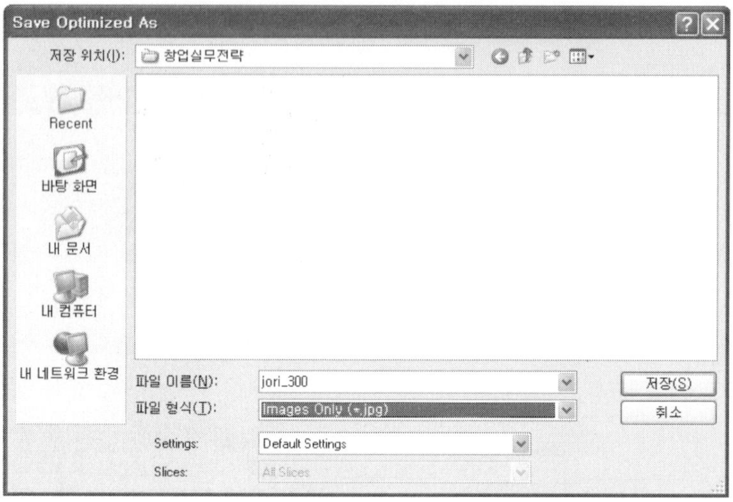

참 고

포토샵에서 이미지를 제작할 때 제일 큰 사이즈를 하나 만들고, 그 이미지의 사이즈를 점차 줄여서 여러 개의 작은 이미지를 만들어 오픈 마켓에 상품을 등록하기 때문에 파일명 뒤에 이미지 사이즈를 적어 두면 등록 작업이 편리해진다. 주의할 점은 작은 사이즈를 만들고 큰 사이즈로 늘려서 복사 저장을 하려고 하는 경우에는 이미지의 화질이 떨어지므로 큰 사이즈에서 작은 사이즈로 줄여 가는 방법이 적당하다.

2 판매 상품 상세설명 페이지 만들기

판매에 유리한 상품 페이지는 고급스러운 사진으로 꾸민 상품 페이지, 화려한 효과가 있는 상품 페이지가 아니다. 상품 정보를 구매자가 쉽게 알 수 있는, 자세하게 알 수 있는, 정확한 정보를 주는 상품 페이지이다.

(1) 판매 상품 상세설명 페이지를 만들기 위하여 포토샵을 실행하고 File / New를 적용한다. 가로 크기는 800 픽셀로 정하고 세로 크기는 넉넉하게 2000 픽셀로 입력하여 준다. 디자인 작업 도중 세로 크기가 부족한 경우에는 늘려서 사용할 수 있다.

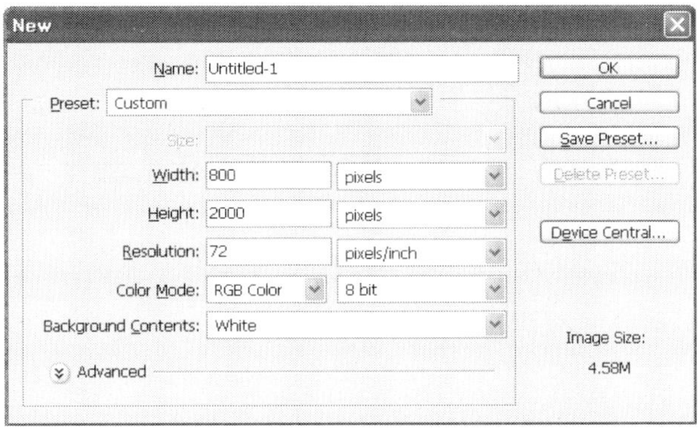

(2) 문자 툴을 선택하여 상단에 판매 상품의 타이틀을 적어준다.

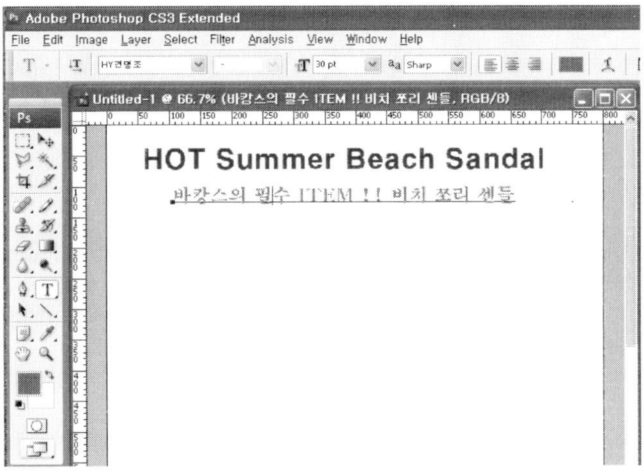

(3) 미리 촬영해 둔 제품 사진을 File / Open으로 불러온다.

(4) 제품 사진을 불러온 후 툴 박스의 이동 툴로 작업 중인 문서 위로 옮겨준다.

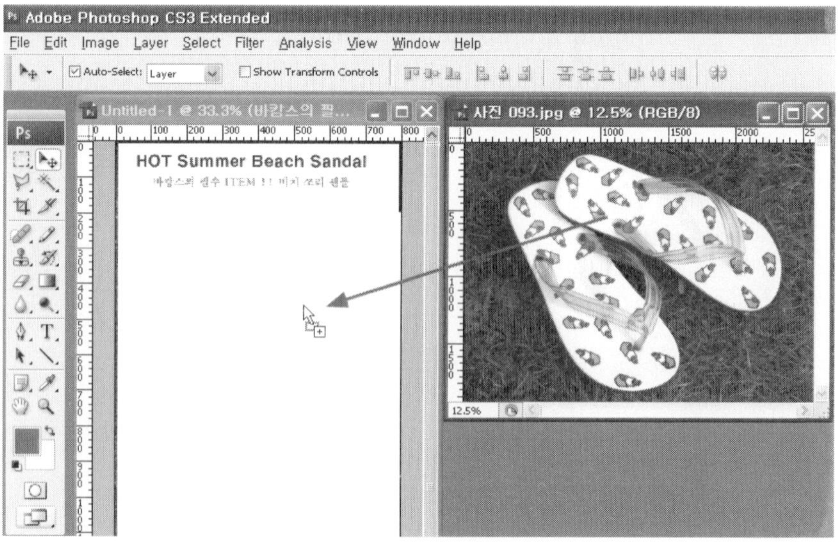

(5) 옮겨진 제품 사진은 크기가 크기 때문에 크기를 줄여주기 위하여 Edit / Transform / Scale을 적용한다. 단축키는 Ctrl + T이다.

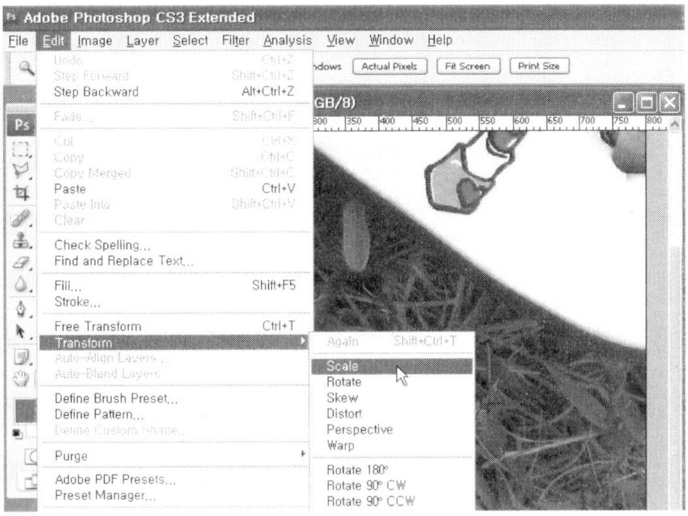

(6) 적당하게 크기를 줄여 주고 키보드의 Enter키나 바운딩 박스 안에서 더블 클릭을 한다.

(7) 제품 사진의 크기를 줄여준 후에 툴박스의 문자 툴로 사진 아래쪽에 제품의 상세 설명을 적어준다.

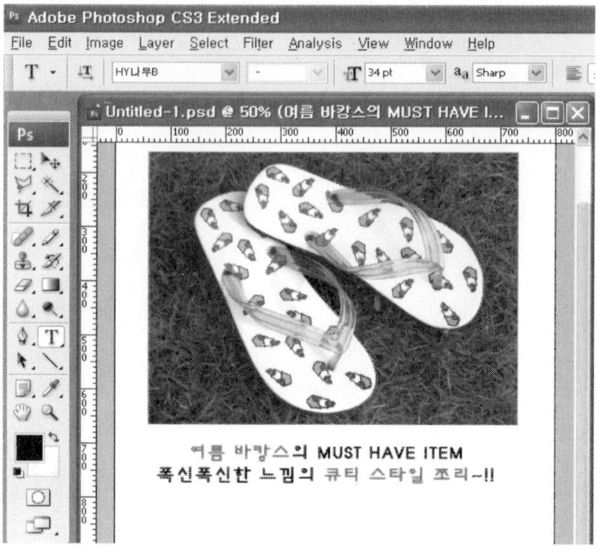

(8) 또 다른 제품 사진을 불러오기 위하여 File / Open을 적용한다.

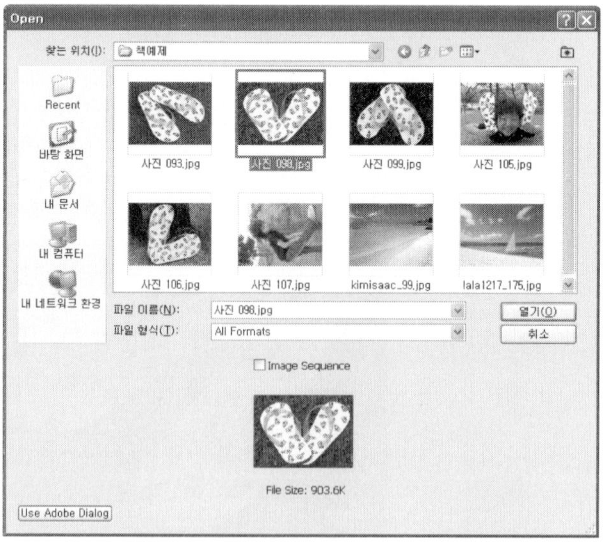

(9) 불러온 제품 사진을 툴박스의 이동 툴을 이용하여 디자인 작업을 하고 있던 문서로 옮겨 준다.

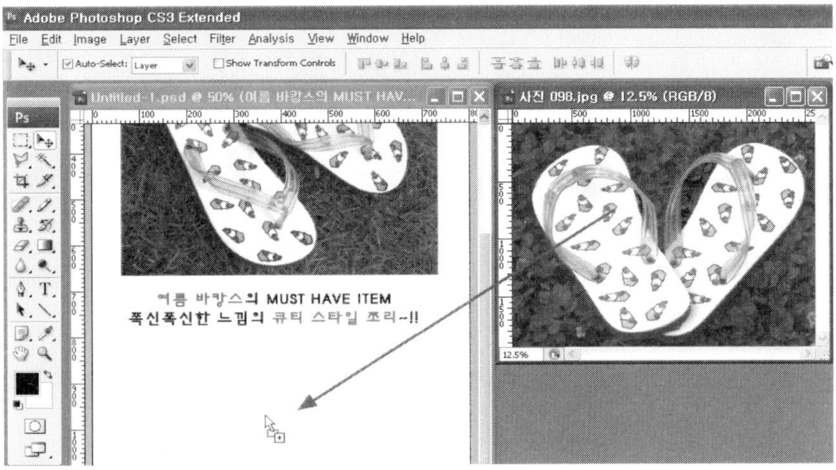

(10) 옮겨진 제품 사진은 크기가 크기 때문에 크기를 줄여주기 위하여 Edit / Transform / Scale을 적용한다. 단축키는 Ctrl + T이다.

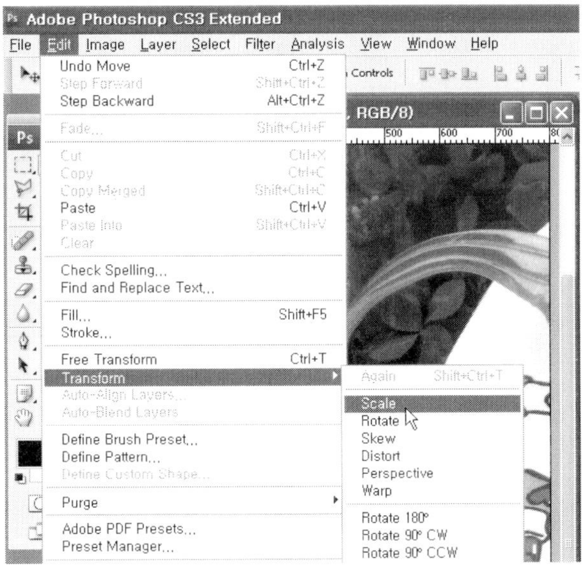

(11) 적당하게 크기를 줄여 주고 키보드의 Enter 키나 바운딩 박스 안에서 더블 클릭 한다.

(12) 사진 아래쪽에 툴박스의 문자 툴로 제품의 상세 내용을 적어준다. 계속하여 간단한 배송 안내 내용도 적어준다.

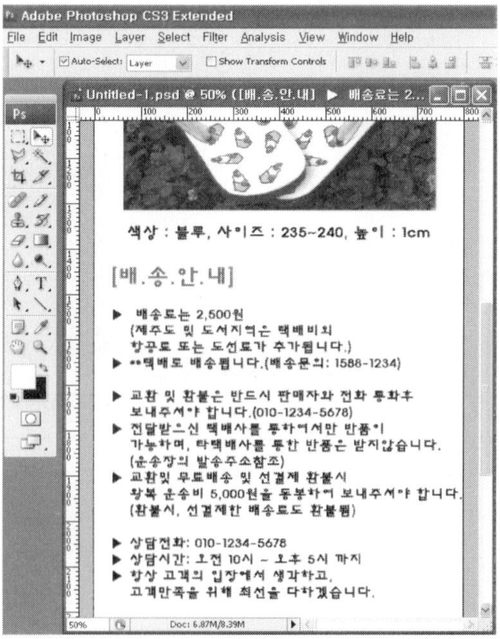

참 고

배송안내의 내용은 판매자와 고객과의 거래시에 일어날 수 있는 상황들에 대한 안내 내용들이다.

오픈 마켓에는 오랫동안 판매를 하고 있는 판매자들이 경험을 토대로 배송 안내를 적어두고 있기 때문에 내용을 참고 하여 자신에게 맞는 내용으로 정리를 하여 사용하는 것이 좋다.

(13) 대략의 디자인 작업이 완료가 되었다면 문서의 용지가 조금 남는 것을 알 수 있다. 필요 없는 용지는 메모리를 차지하여 다운로드 속도를 느리게 하므로 잘라내어야 한다. 툴박스의 자르기 툴을 선택하여 작업 영역에 드래그 한 후에 키보드의 Enter키를 눌러 잘라낸다.

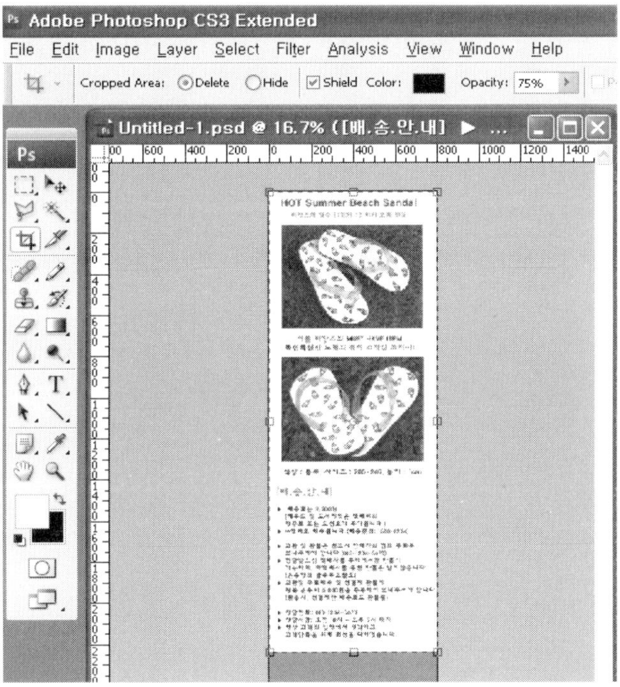

참 고

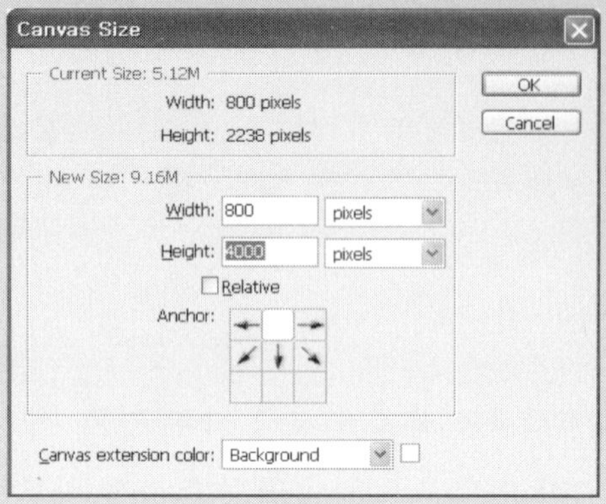

반대로 작업 용지가 부족한 경우 Image / Canvas Size...를 선택하여 대화창에서 세로 수치를 입력하여 늘려 주면 된다. 이때 Anchor에서 용지를 위쪽으로 이동시키고 Canvas extension color는 White로 설정한다.

(14) 원본을 저장하기 위하여 File / Save를 적용한다.

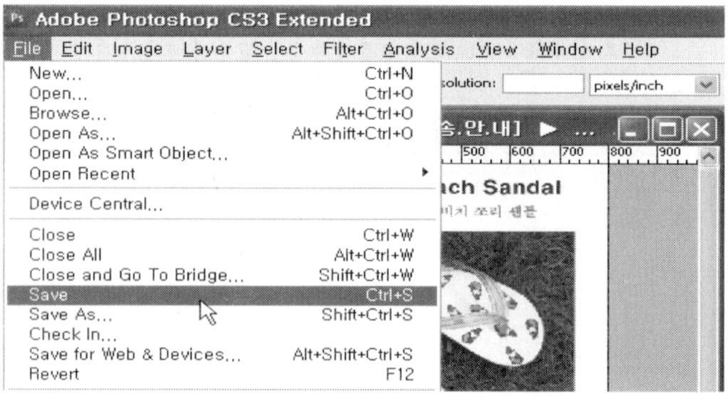

(15) 오픈 마켓에 등록하기 위하여 File / Save for Web & Devices...을 적용한다.

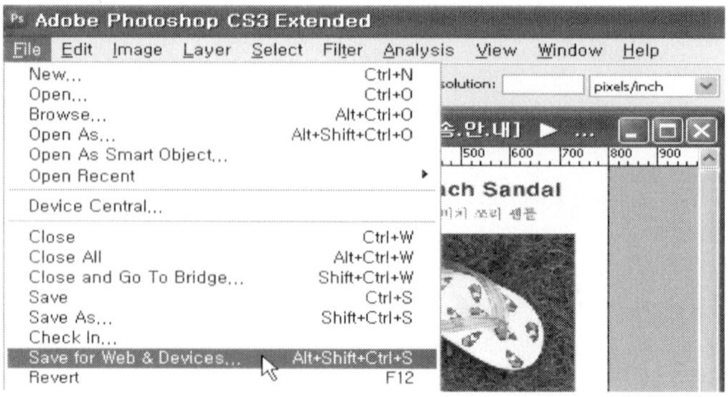

(16) 대화상자가 나타나면 확장자를 JPEG로 정하고 Quality를 정하여 저장한다.

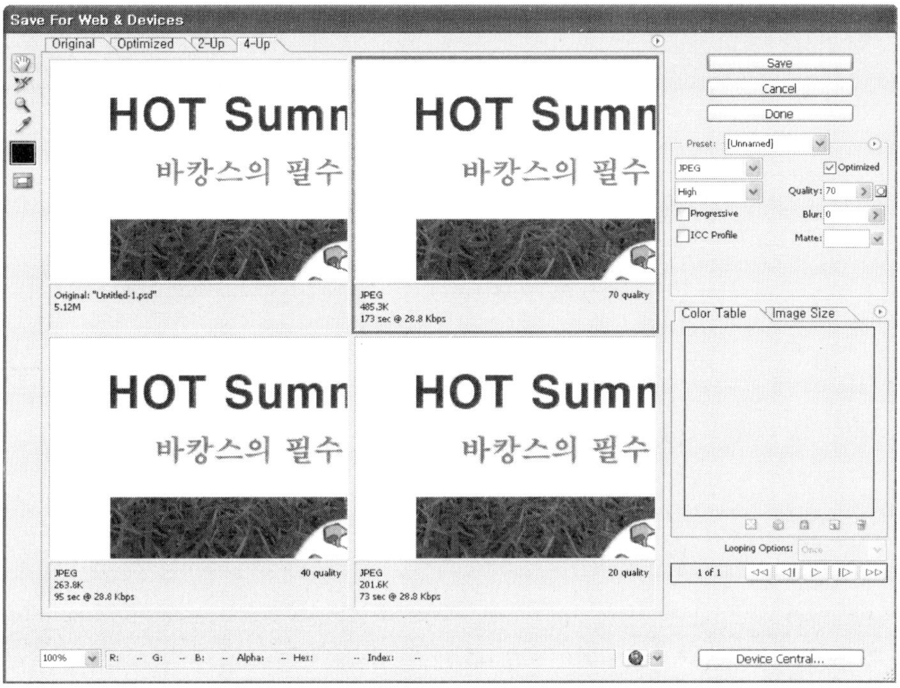

(17) 저장할 때 파일명은 영문/숫자의 조합으로 사용하는 것이 좋다. 파일이름을 정하고 저장 버튼을 클릭한다.

3 애니메이션 제작하기

(1) 포토샵을 실행 시키고 File / New를 적용한다. 가로: 300 픽셀과 세로: 300 픽셀 크기의 문서를 만든다.

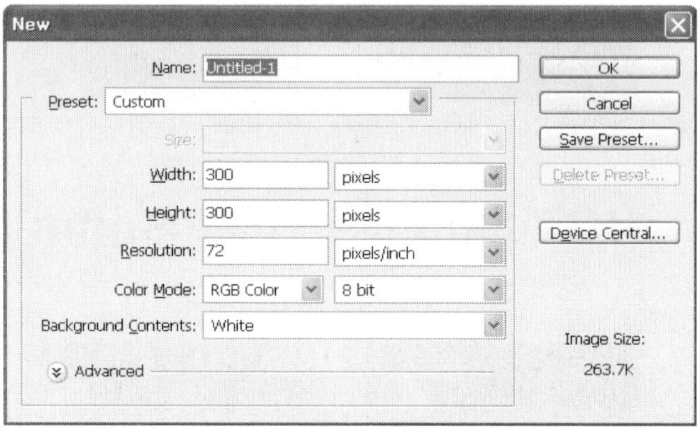

참 고

포토샵 CS3 사용자들은 이미지레디가 없다. 포토샵 CS3에는 애니메이션을 이미지레디가 아닌 포토샵에서 만들 수 있다. 하지만 포토샵 CS2 이하 버전을 사용하는 사용자들은 이미지레디로 애니메이션을 만들어야 한다.

(2) 미리 촬영해둔 제품 사진을 선택하여 File / Open으로 열기한다.

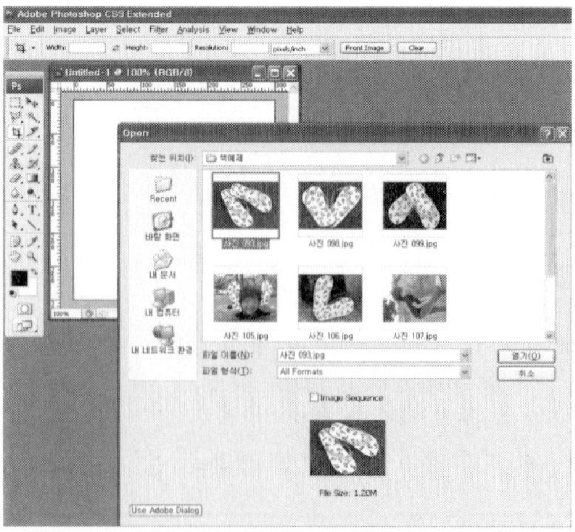

(3) 불러온 제품 사진을 툴박스의 이동 툴로 새로 만든 문서로 옮겨준다.

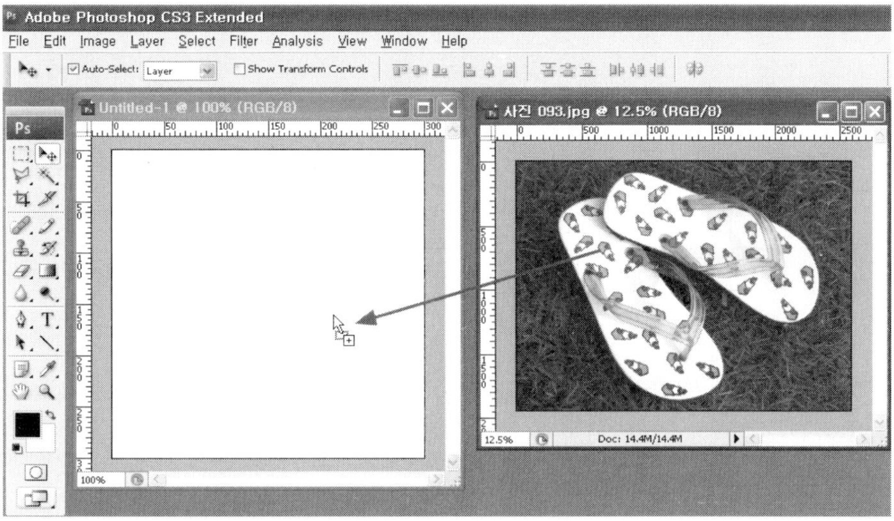

(4) 옮긴 제품 사진의 크기가 크기 때문에 Edit / Transform / Scale로 크기를 줄여준다. 단축키는 Ctrl + T이다.

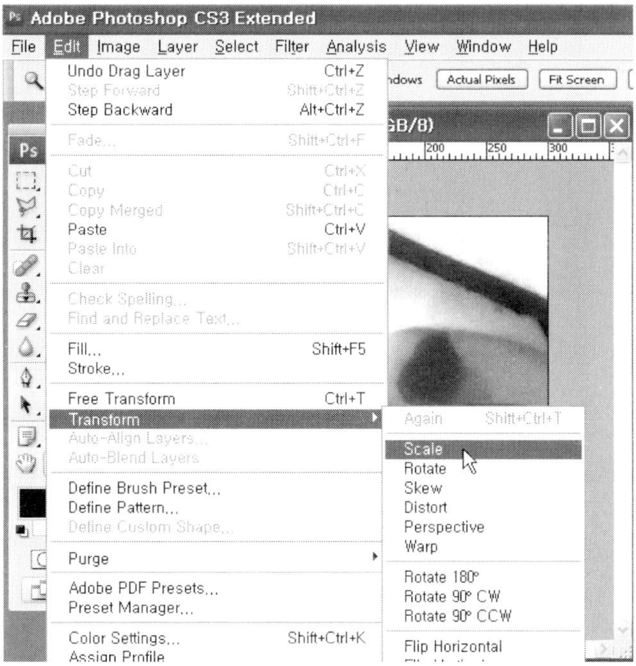

(5) 적당한 크기로 크기를 줄여준 후에 키보드의 Enter키나 바운딩 박스 안에서 더블 클릭 한다.

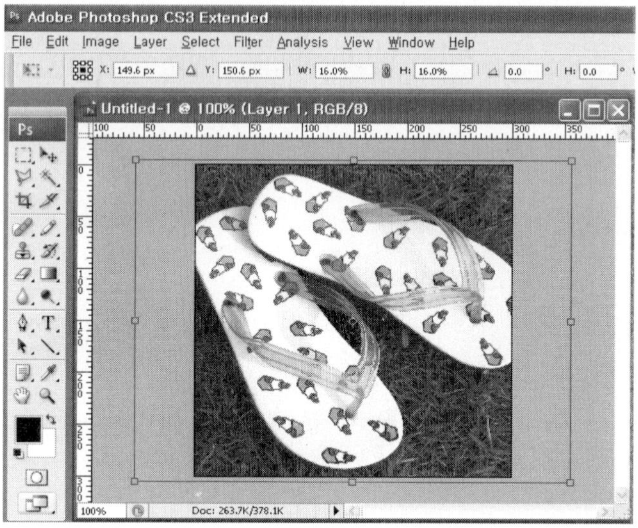

(6) 또 다른 제품 사진을 불러 오기 위하여 File / Open을 적용하여 미리 촬영하여 둔 두 번째 제품 사진을 불러온다.

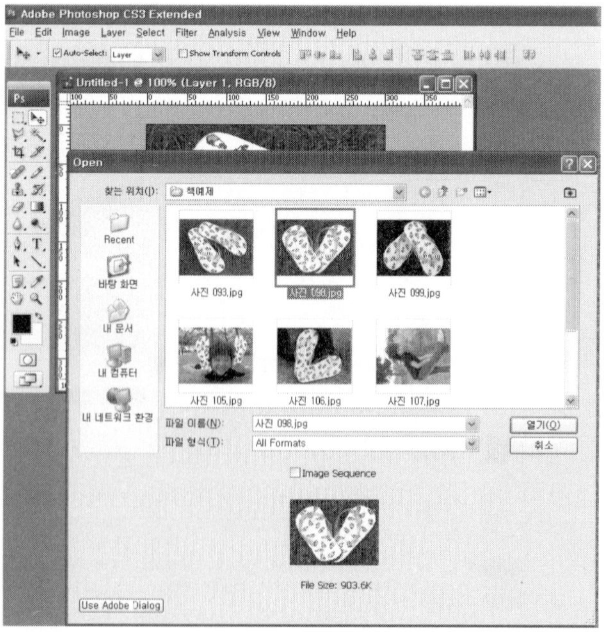

(7) 불러온 제품 사진을 툴박스의 이동 툴로 작업 중인 문서로 옮겨준다.

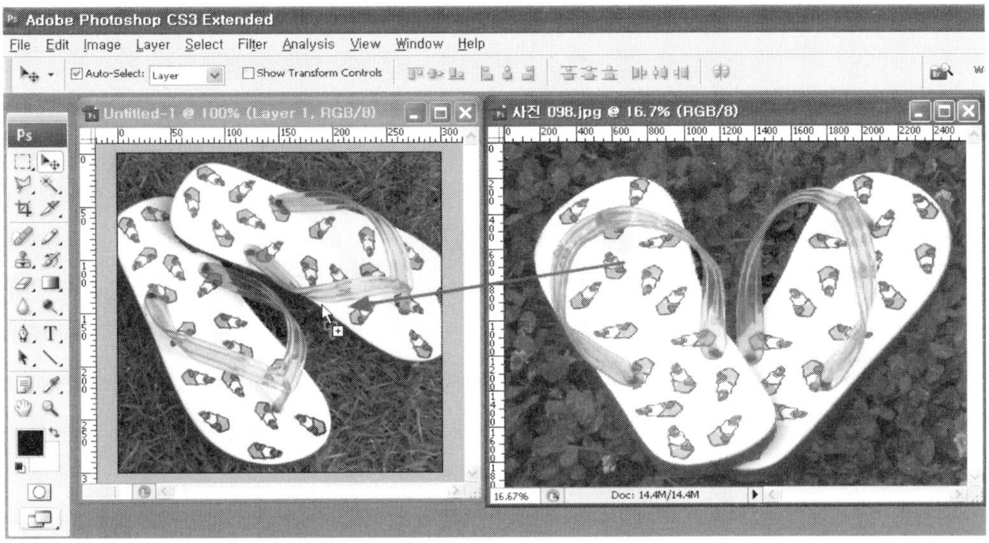

(8) 옮겨진 제품 사진의 크기가 크기 때문에 크기를 줄여주기 위하여 Edit / Transform / Scale을 적용한다. 단축키는 Ctrl + T이다.

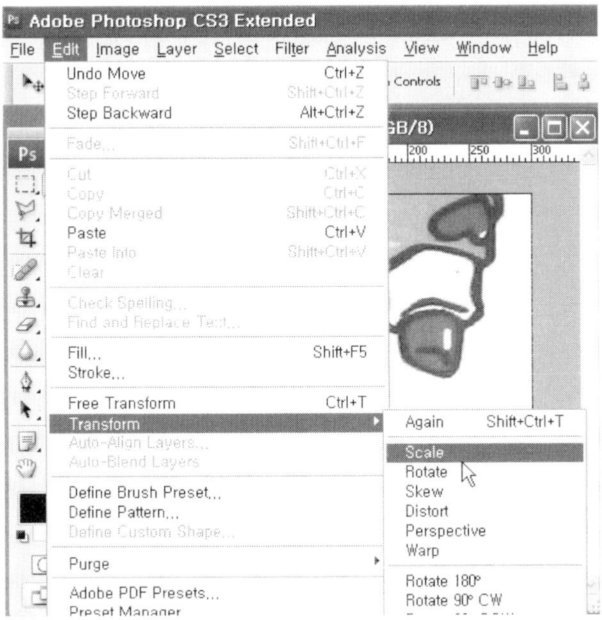

(9) 적당한 크기로 크기를 조절하여주고 키보드의 Enter키나 바운딩 박스 안에서 더블 클릭 한다.

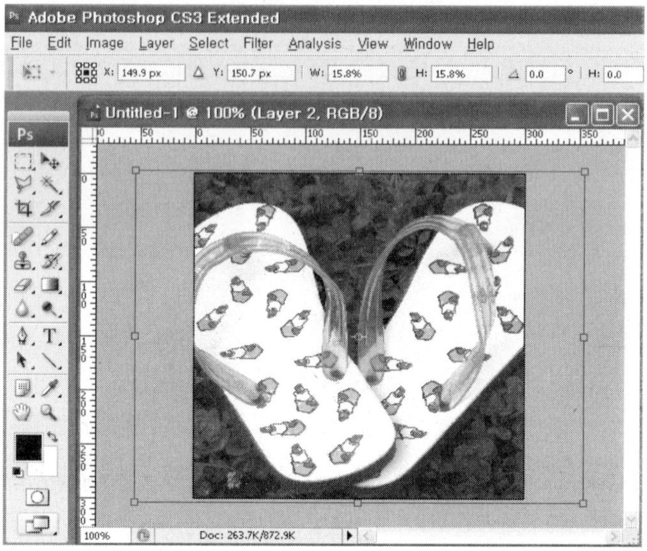

(10) 세 번째 제품 사진을 불러오기 위하여 File / Open을 적용하여 미리 촬영해 둔 제품 사진을 선택하여 불러온다.

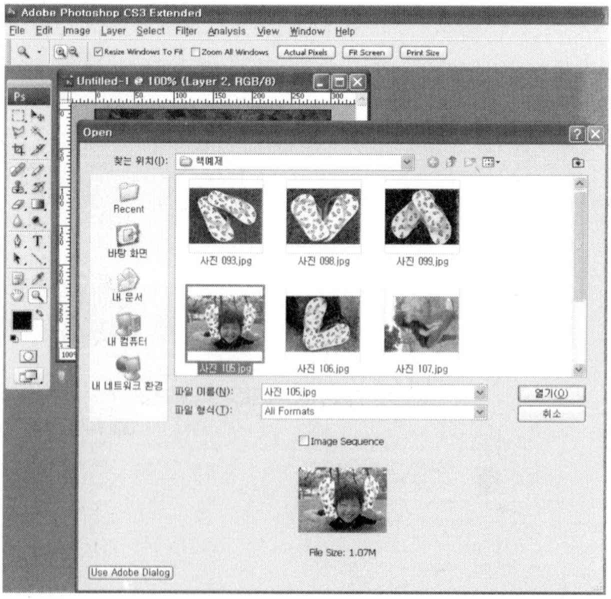

(11) 불러온 제품 사진을 툴박스의 이동 툴로 디자인 작업 중인 문서로 옮겨준다.

(12) 옮겨진 제품 사진의 크기가 크기 때문에 크기를 줄여주기 위하여 Edit / Transform / Scale을 적용한다. 단축키는 Ctrl + T이다.

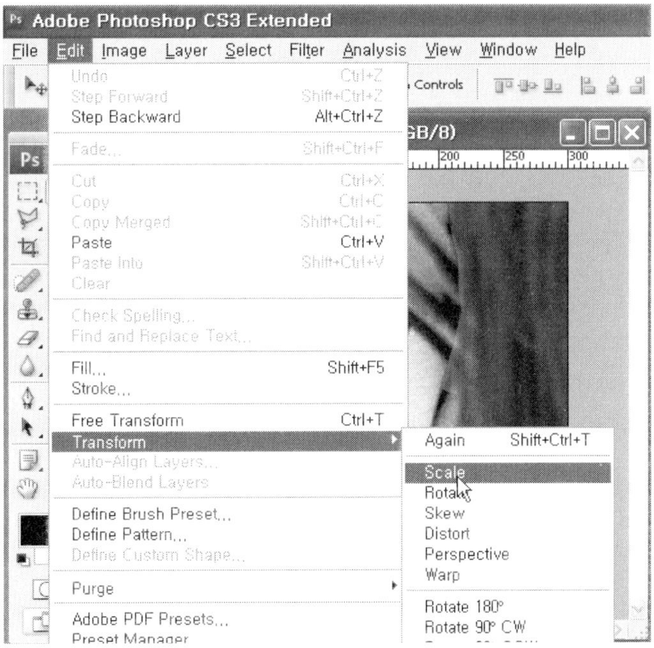

(13) 적당하게 크기를 조절한 후에 키보드의 Enter키나 바운딩 박스 안에서 더블 클릭 한다.

(14) 타이틀 문자의 배경 색상을 만들기 위하여 Layers 팔레트에서 New Layer 버튼을 클릭 하여 Layer 4를 만들고 전경색을 선택한 후에 Alt + Delete 키를 눌러 색상을 채워 넣는다.

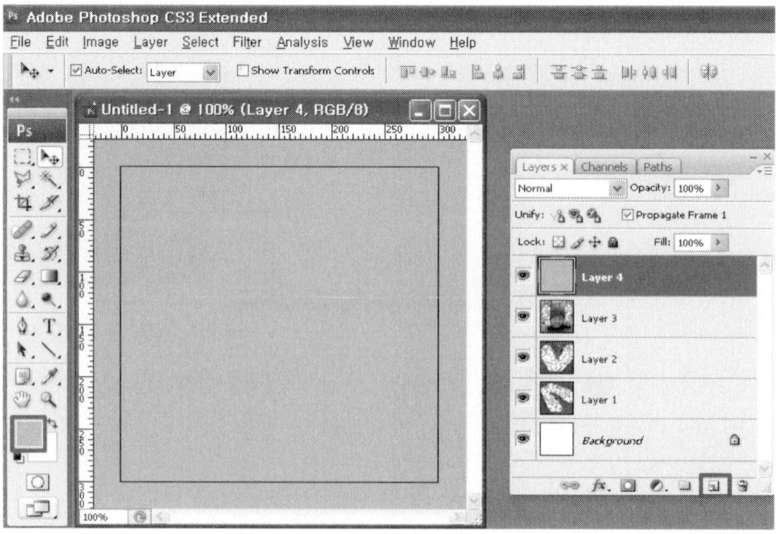

(15) 툴박스의 문자 툴로 문서에 클릭하여 내용을 적어주고 문자 색상과 크기를 조절하여 준다.

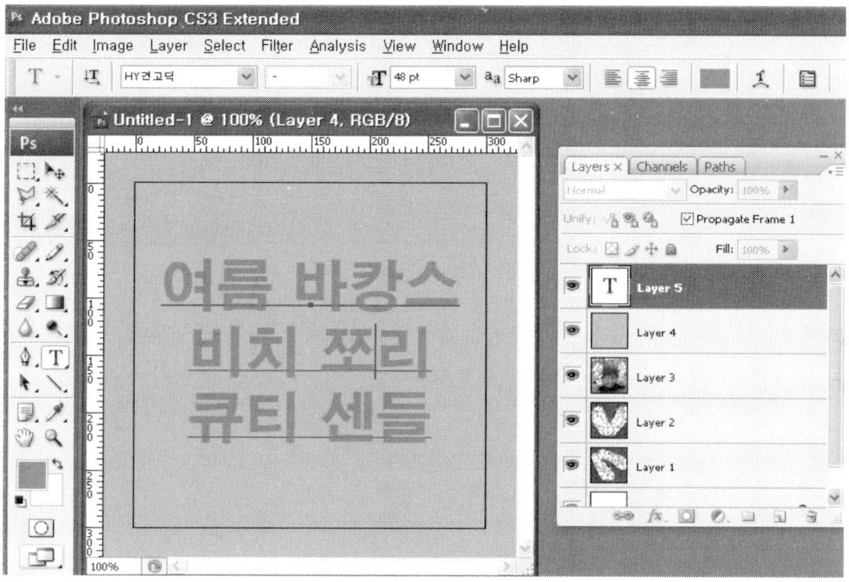

(16) 타이틀 문자가 더욱 돋보이게 하기 위하여 Layer / Layer Style / Stroke...를 적용한다.

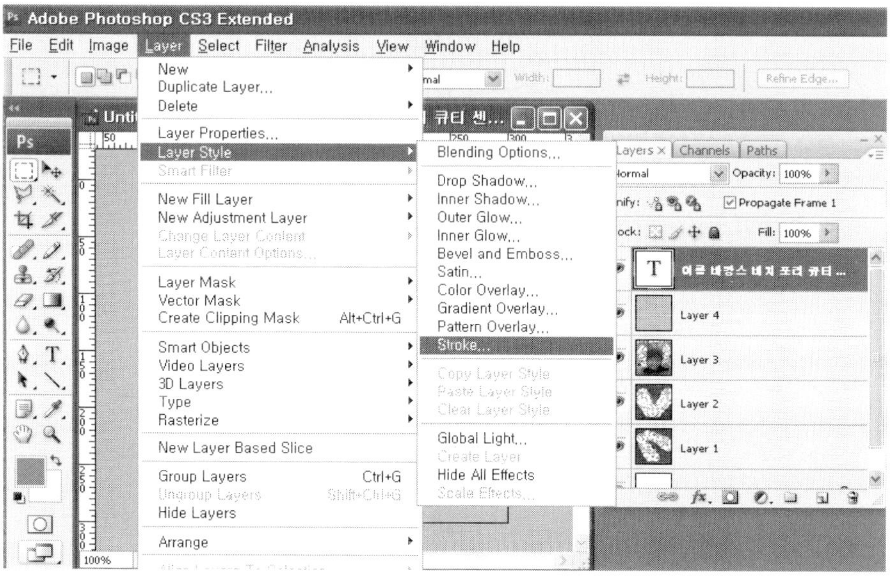

(17) 대화상자가 나타나면 테두리 색상(Color)과 테두리의 굵기(Size)를 정하고 OK 버튼을 클릭 한다.

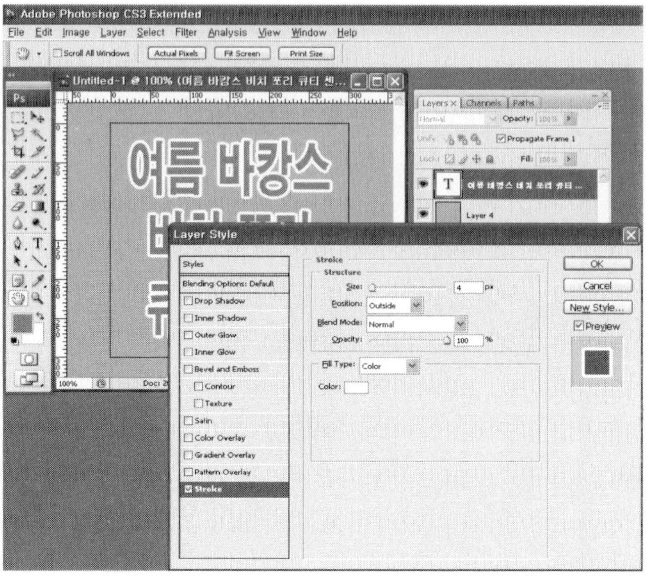

(18) 디자인 작업을 마무리 하고 원본을 저장해 주기 위하여 File / Save를 선택 한다.

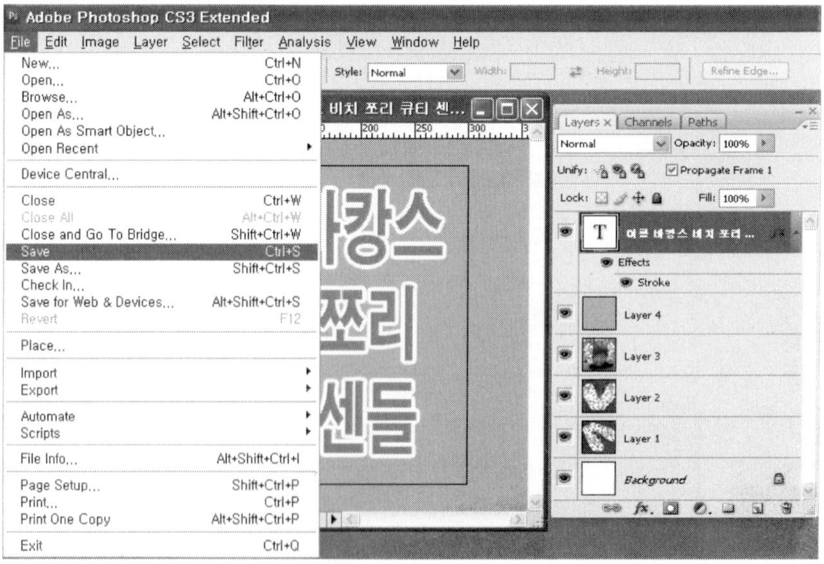

(19) 저장할 때 파일명은 영문/숫자의 조합으로 사용하는 것이 좋다. 파일명을 정하고 파일 이름 뒤에 이미지 사이즈를 적어준다.

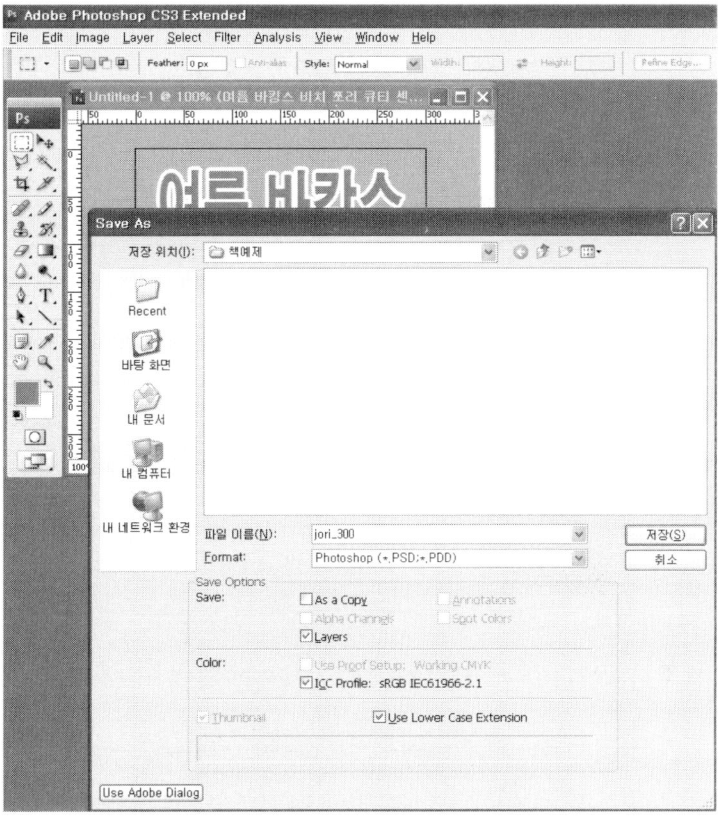

참 고

포토샵에서 애니메이션을 제작할 때 제일 큰 사이즈를 하나 만들고, 그 애니메이션의 사이즈를 점차 줄여서 여러 개의 작은 애니메이션을 만들어 오픈 마켓에 상품을 등록하기 때문에 파일명 뒤에 이미지 사이즈를 적어 두면 등록 작업이 편리해진다.

주의할 점은 작은 사이즈를 만들고 큰 사이즈로 늘려서 복사 저장을 하려고 하는 경우에는 이미지의 화질이 떨어지므로 큰 사이즈에서 작은 사이즈로 줄여 가는 방법이 적당하다.

(20) 애니메이션을 만들기 위하여 Window / Animation을 선택하여 Animation 팔레트를 나타낸다.

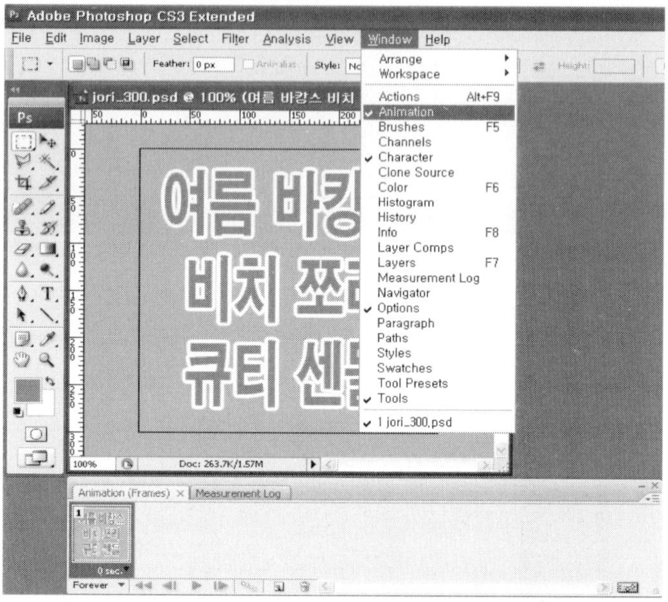

(21) Window / Layers를 체크하여 Layers 팔레트를 나타낸다.

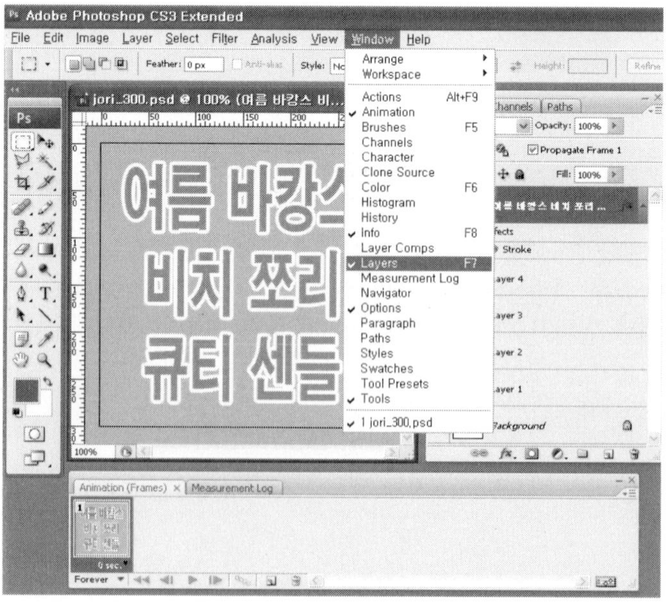

(22) Animation 팔레트에 1번 프레임에 나타날 Layer를 선택하고 나머지 Layer는 Layers 팔레트에서 눈 아이콘을 꺼준다. 그리고 프레임 복사 버튼을 클릭 하여 2번 프레임을 만들고 2번 프레임에 나타날 Layer의 눈 아이콘만 그대로 두고 나머지 Layer의 눈 아이콘을 꺼준다.

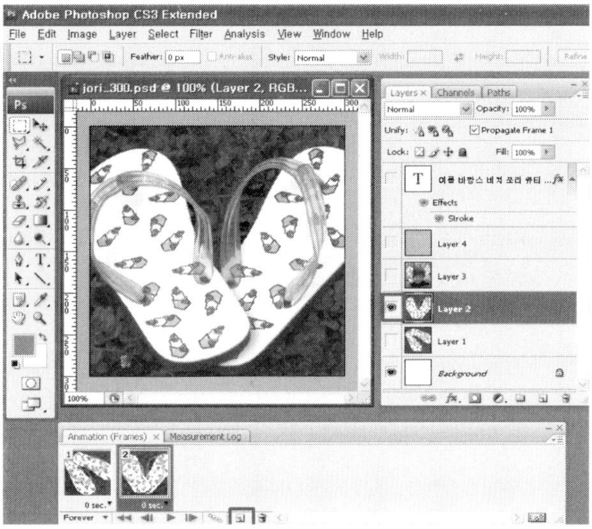

(23) 프레임을 필요한 수 만큼 프레임 복사 버튼을 클릭하여 만들고 Layers 팔레트에서 해당 Layer의 눈 아이콘을 클릭하여 표시하여 나타내어 준다.

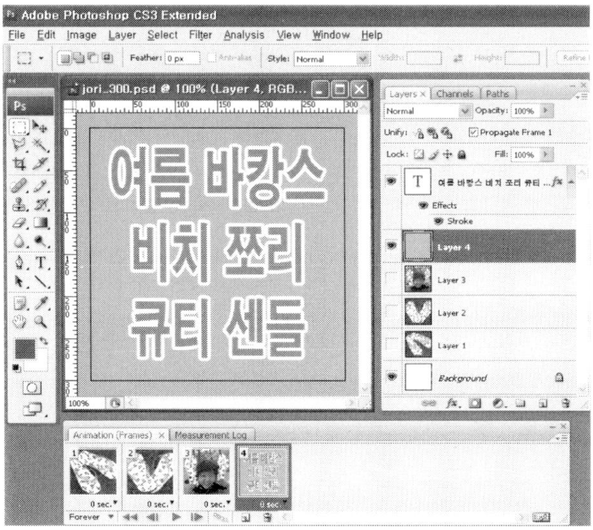

(24) Animation 팔레트의 프레임을 클릭하고 아래쪽 "0 sec"를 선택하여 속도를 모두 조절하여 준다. 그리고 플레이 버튼을 클릭하여 애니메이션을 확인한다.

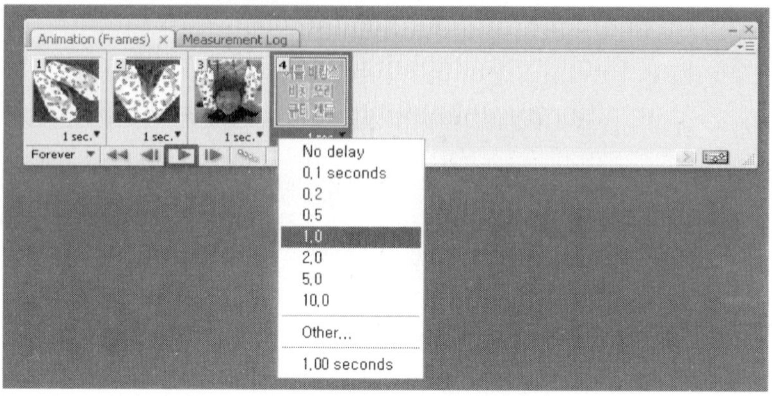

(25) 오픈 마켓에 등록하기 위한 파일로 저장해주기 위해서 File / Save for Web & Devices...를 적용한다.

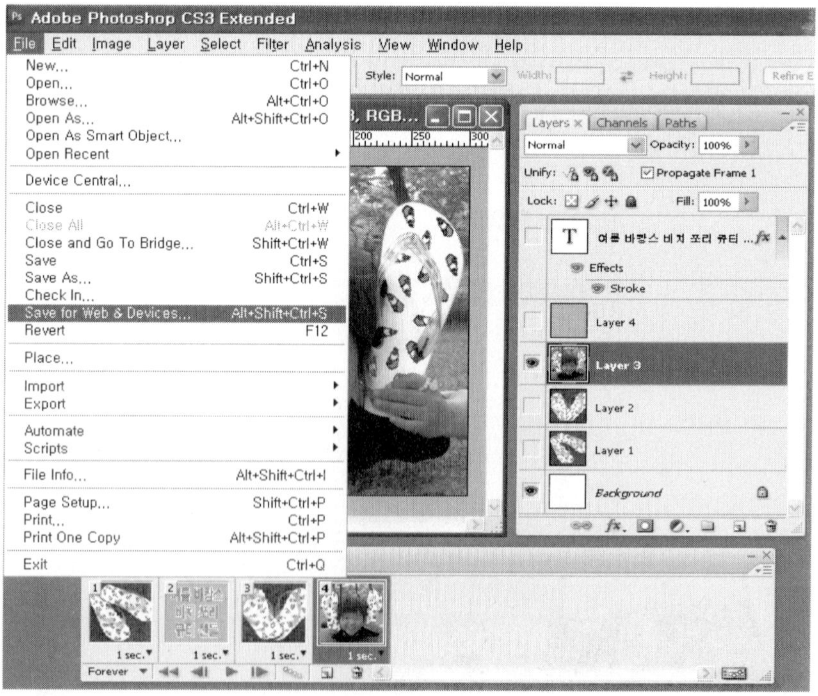

(26) 대화상자가 나타나면 확장자를 정하고 확장자 아래쪽 옵션을 정하여 저장 한다.

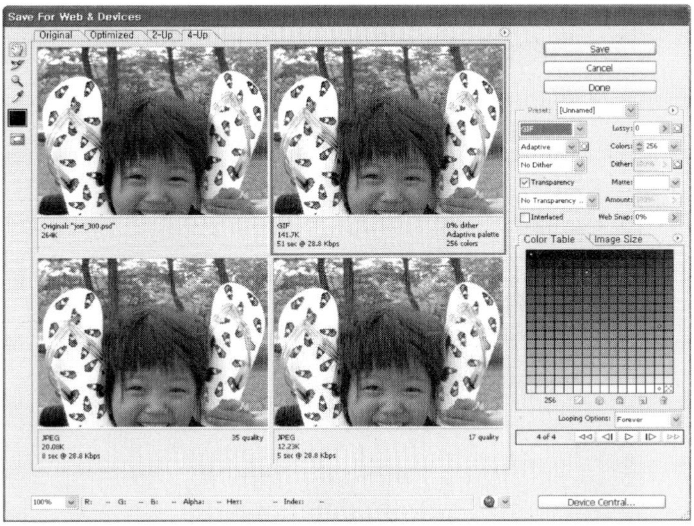

(27) 대화상자가 나타나면 파일 이름은 그대로 유지하고 뒤에 이미지 사이즈를 옥션용 파일 사이즈 "300"으로 입력 후에 저장 버튼을 클릭한다.

(28) 이미지 사이즈로 변형하기 위해서 Image / Image Size.. 메뉴를 선택한다.

(29) 대화상자가 나타나면 “280”이라고 입력하고 OK 버튼을 클릭한다.

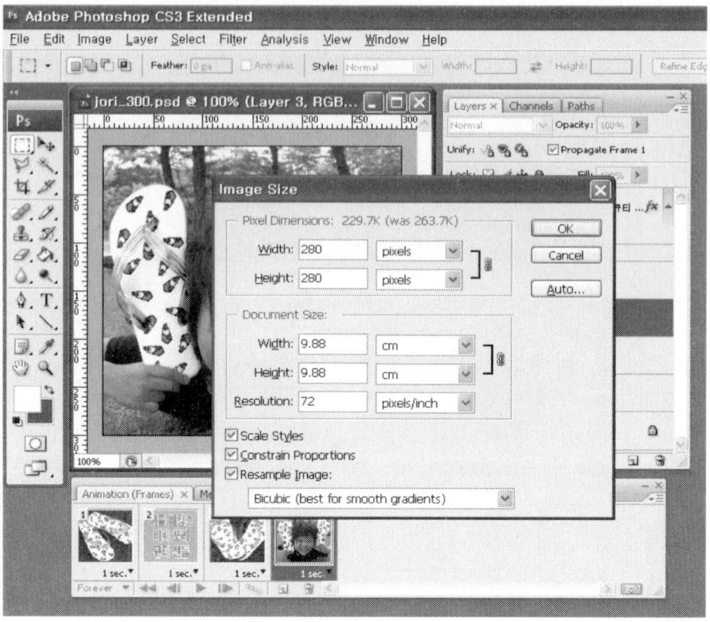

(30) 이미지 사이즈를 조절하여 주고 오픈 마켓에 등록하기 위한 파일로 저장해주기 위해서 File / Save for Web & Devices... 을 적용한다.

(31) 대화상자가 나타나면 확장자를 정하고 확장자 아래쪽 옵션을 정하여 저장한다.

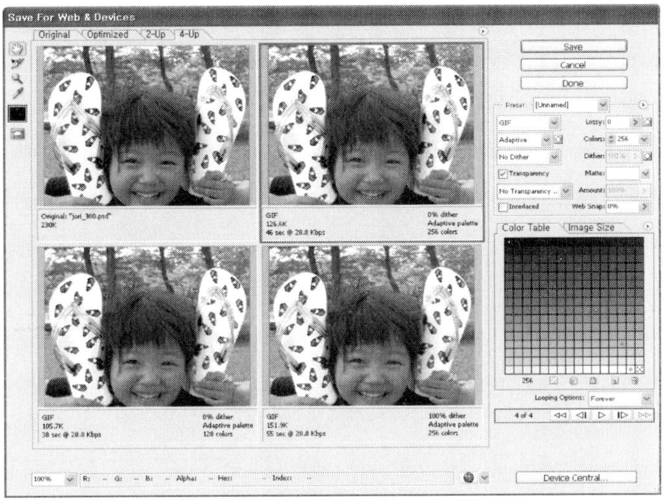

(32) 대화상자가 나타나면 파일 이름은 그대로 유지하고 뒤에 이미지 사이즈를 "280"으로 입력 후에 저장 버튼을 클릭한다.

(33) 작은 이미지 80픽셀 사이즈로 변형하기 위해서 Image / Image Size.. 메뉴를 선택한다.

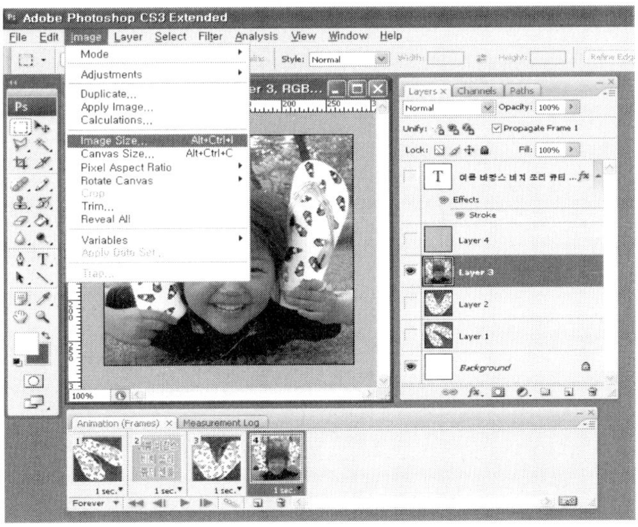

(34) 대화상자가 나타나면 "80"이라고 입력하고 OK 버튼을 클릭한다.

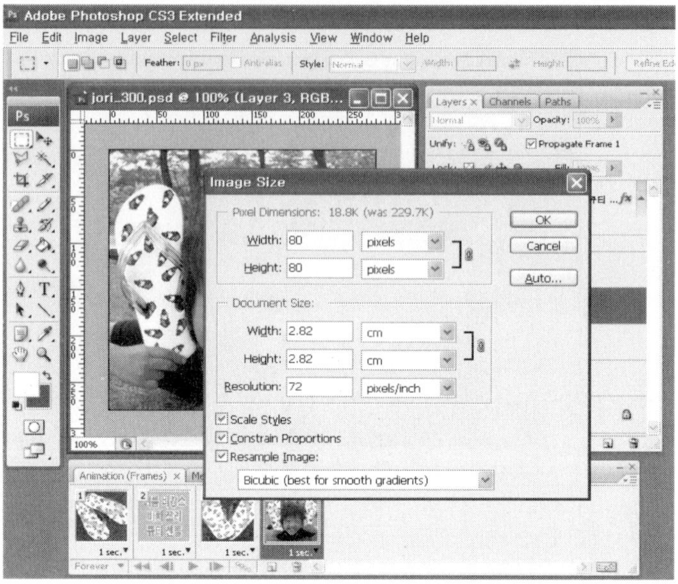

(35) 애니메이션 이미지의 사이즈가 작아졌다면 오픈 마켓에 등록하기 위한 파일로 저장해주기 위해서 File / Save for Web & Devices...을 적용한다.

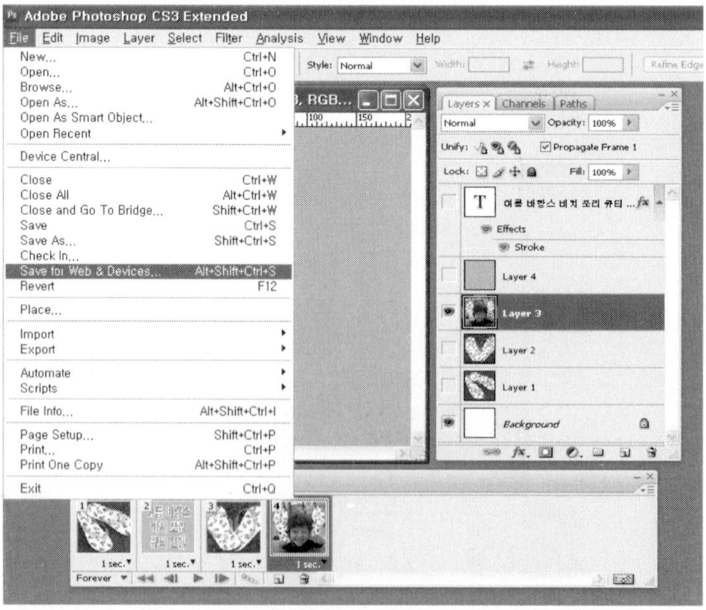

(36) 대화상자가 나타나면 확장자를 정하고 확장자 아래쪽 옵션을 정하여 저장 한다.

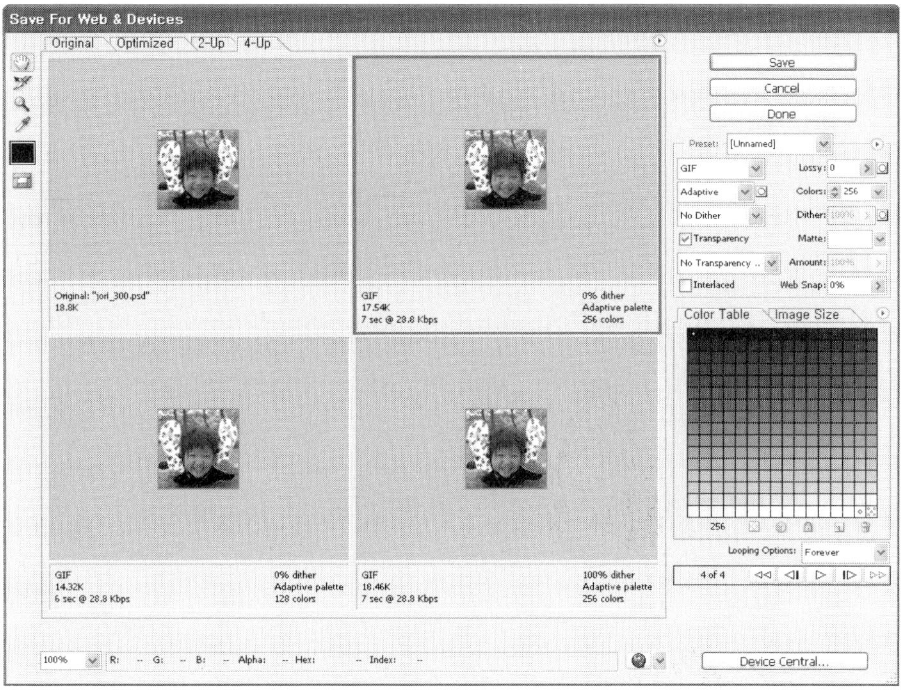

(37) 대화상자가 나타나면 파일 이름은 그대로 유지하고 뒤에 이미지 사이즈를 파일 사이즈 "80"으로 입력 후에 저장 버튼을 클릭한다.

(38) 저장을 끝내고 파일 닫기를 하면 원본 파일 사이즈 300 픽셀에 저장을 해줄까? 라고 묻는다. 이때 저장을 하게 되면 파일 사이즈 80 픽셀 크기로 변해버리기 때문에 "No" 버튼을 클릭하여 파일 사이즈가 가장 큰 300픽셀의 원본 파일을 보관한다.

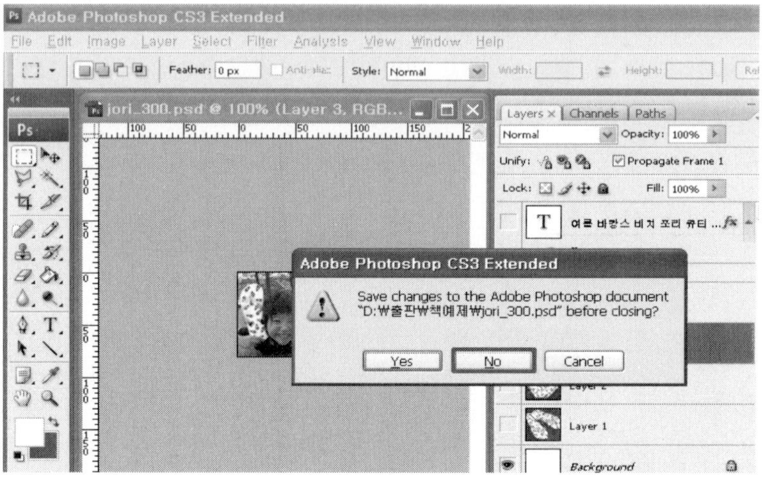

4 제품 판매 페이지 제작 실전 테크닉

(1) 포토샵을 실행시키고 File / New를 적용하여 새로운 문서를 만든다. 가로는 800 픽셀로 정하고 세로는 넉넉하게 2000 픽셀로 정하되 부족하면 디자인 작업 중에 더 늘려 사용할 수 있다.

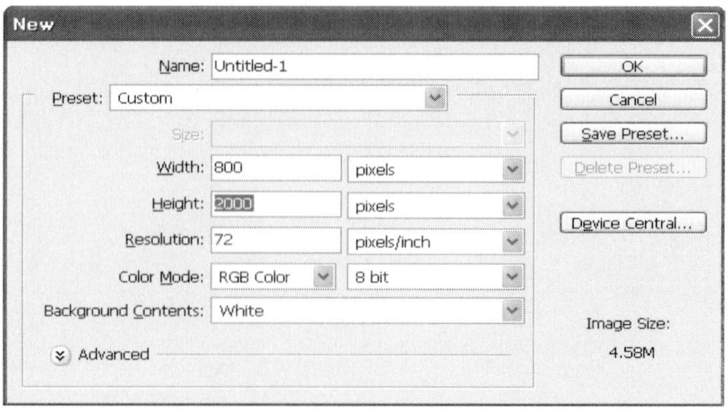

(2) 새로 만든 문서의 배경에 세로 줄무늬 패턴을 넣어주기 위하여 세로 줄무늬를 만들 새로운 문서를 만든다.

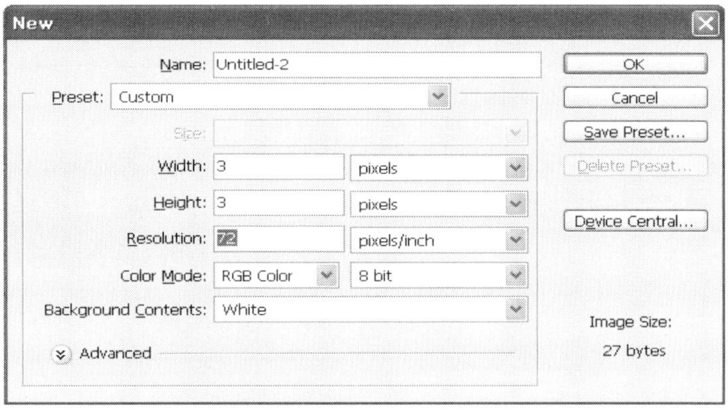

(3) 툴박스의 돋보기 툴로 화면을 최대로 확대를 하고 사각형 선택 툴로 가로 1픽셀 세로 3픽셀 영역을 드래그 선택한 후에 전경색 버튼을 클릭하여 색상(#efddc7)을 정해주고 키보드의 Alt + Delete키를 눌러 색상을 채워 넣는다.

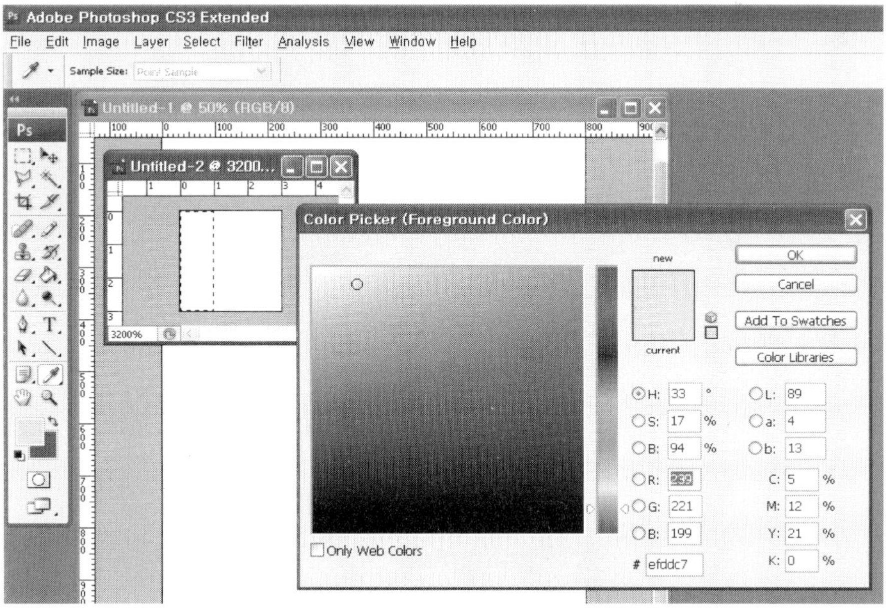

(4) 툴박스의 사각 선택 툴로 나머지 영역을 드래그 선택하고 툴박스의 전경색 버튼을 클릭하여 색상(#e1cfb9)을 정해주고 선택 영역에 키보드의 Alt + Delete키를 눌러 색상을 채워 넣는다.

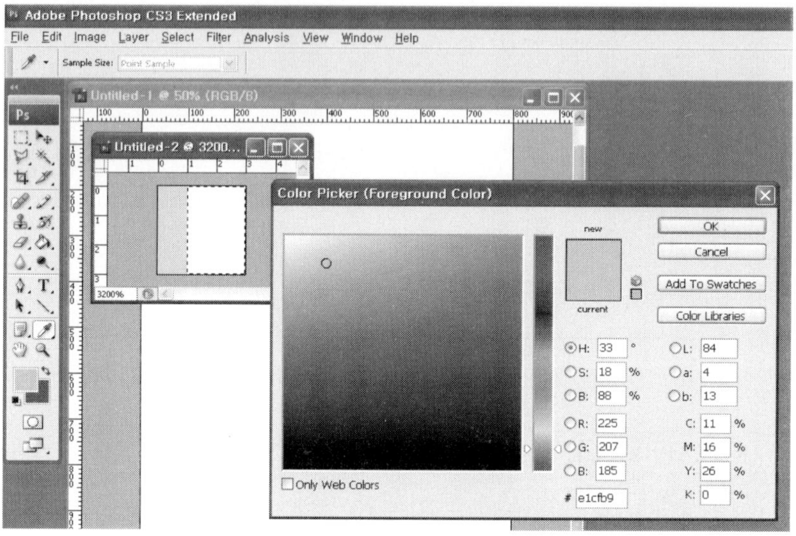

(5) 만들어진 줄무늬 이미지를 모두 선택(단축키 Ctrl + A)하고 패턴으로 등록하기 위하여 Edit / Define Pattern... 메뉴를 선택 한다.

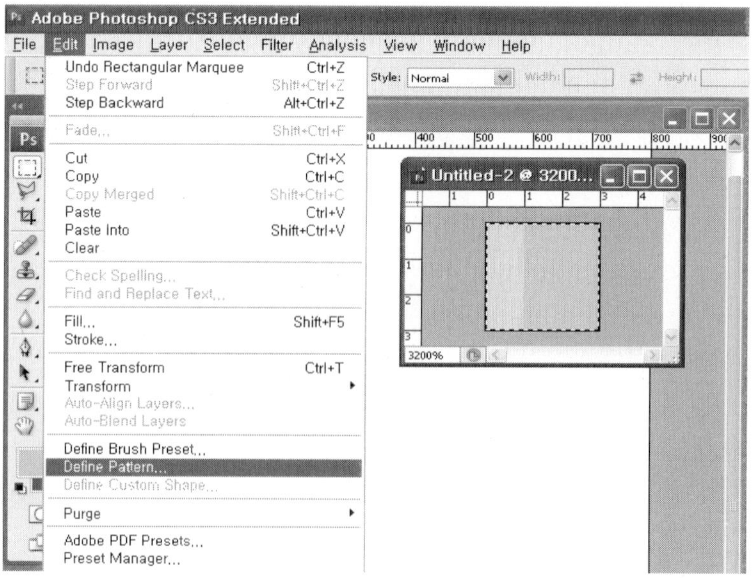

(6) 대화상자가 나타나면 간단히 이름을 정해주고 OK 버튼을 클릭 한다.

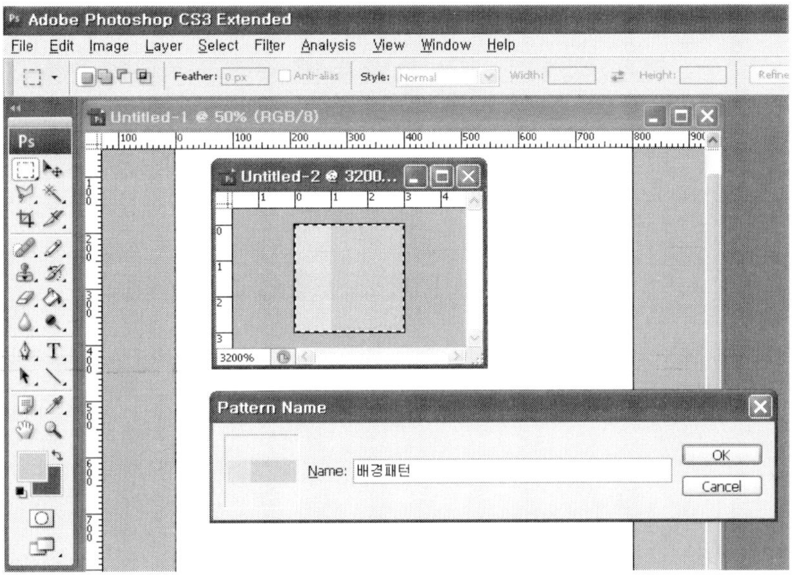

(7) 패턴으로 등록을 하였다면 새로 만들어 둔 문서(가로 800 픽셀, 세로 2000 픽셀)에 채워 넣기 위하여 Edit / Fill...을 선택한다.

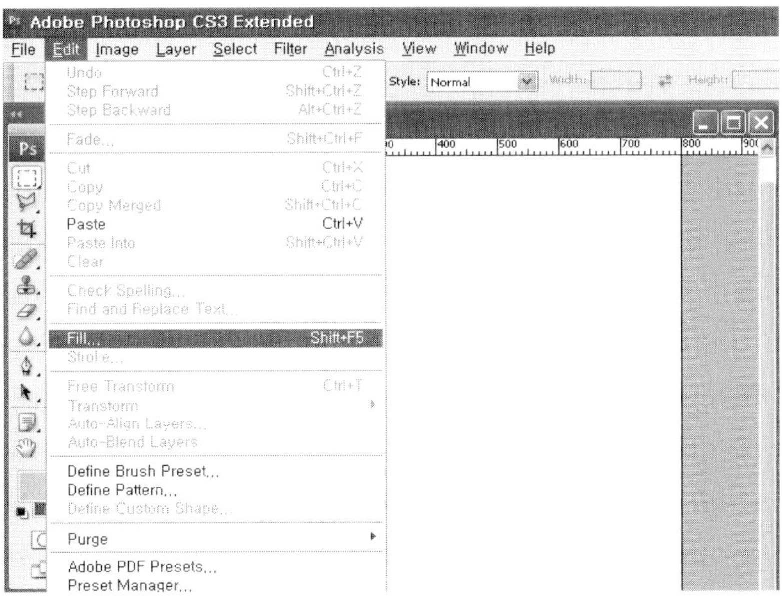

(8) 대화상자가 나타나면 Use: Pattern을 선택하고 직접 만든 패턴을 Custom Pattern: 에서 찾아 선택하여주고 OK 버튼을 클릭 한다.

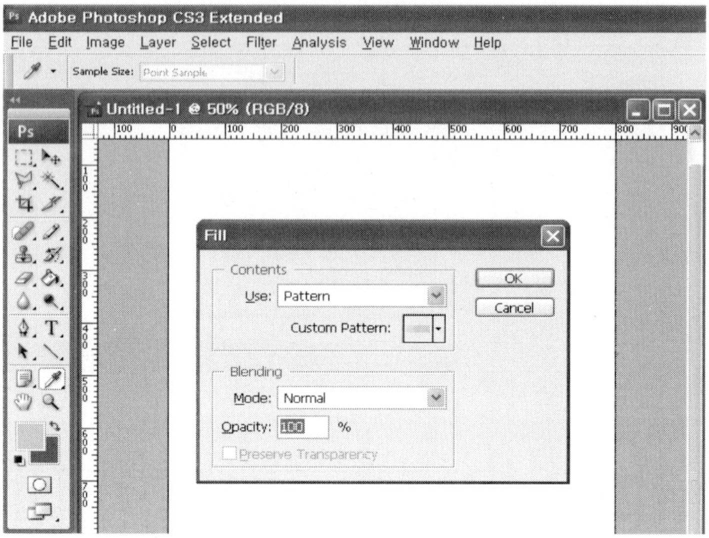

(9) 패턴이 채워진 문서에 View/Rulers를 선택하여 눈금자를 꺼내고, 세로 눈금자 안에 마우스를 위치한 후 드래그 하여 문서에 세로 안내선을 2개 그어서 작업 영역을 설정한다.

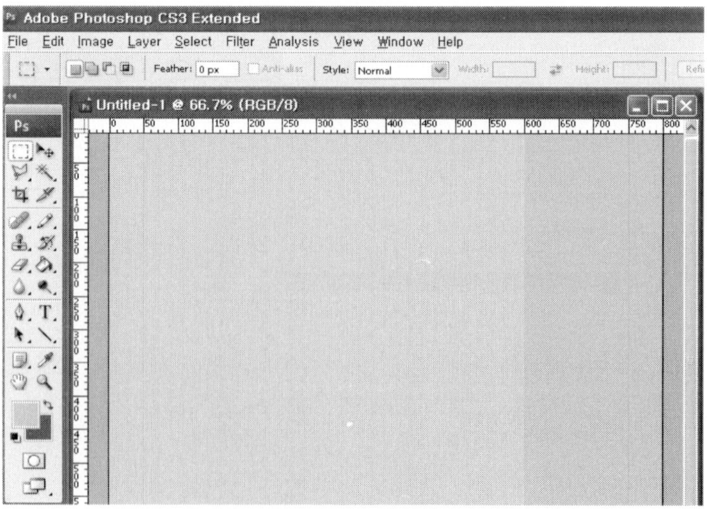

(10) 문서의 상단에 타이틀을 적어주기 위한 배경 둥근 사각형이 필요하여, 툴박스의 도형툴에 있는 둥근 사각형을 선택하고 옵션바에 Shape layers 버튼을 체크하고 Radius: 16px로 정해주고 색상은 흰색으로 정하여 문서 윗부분에 드래그 하여 그려준다.

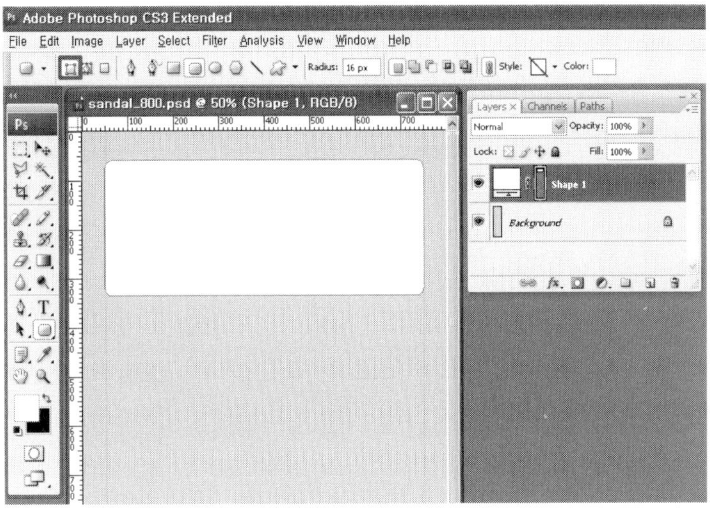

(11) 그려놓은 둥근 사각형 도형 안에 넣어줄 배경 이미지를 선택하여 불러오기 위하여 File / Open을 선택한다.

참 고

디자인 하고 있는 상품은 여름에 착용하는 제품이라 인터넷에서 시원한 느낌의 이미지를 검색하여 다운로드 하여 활용하였다.

(12) 불러온 이미지를 그려놓은 둥근 사각형 위쪽으로 툴박스의 이동 툴로 옮긴다.

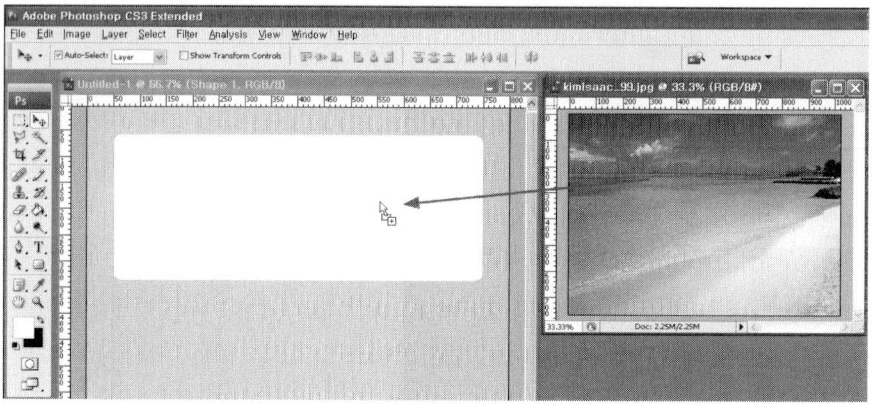

(13) 옮겨진 이미지를 배경 둥근 사각형 안에 들어가도록 Layer / Create Clipping Mask를 적용한다.

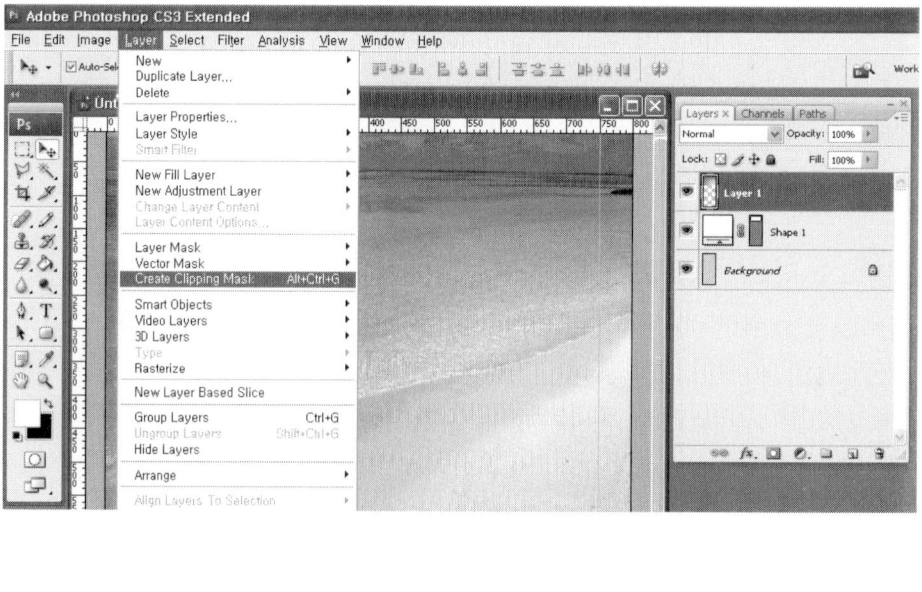

(14) 둥근 사각형 안에 위치한 바다 풍경 이미지를 선택하고 Layer / Layer Mask / Reveal All을 적용한다.

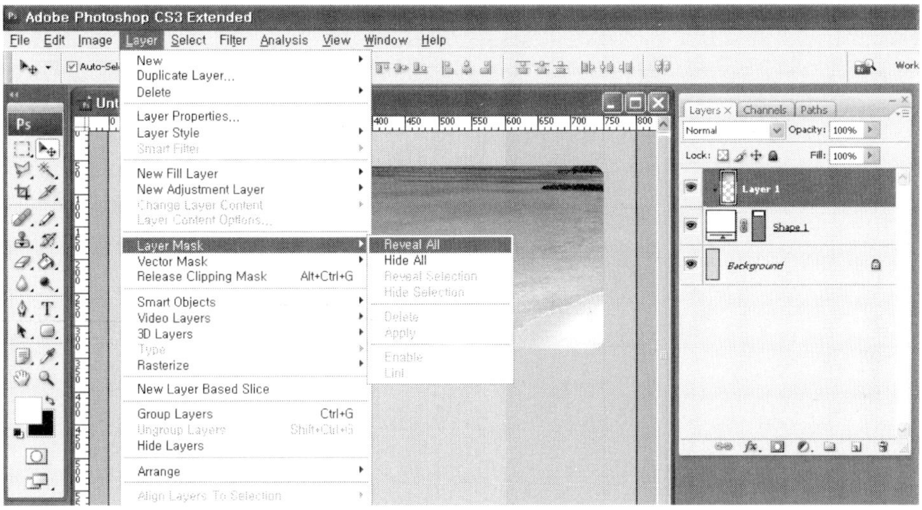

(15) 툴박스의 그라디언트 툴을 선택하여 왼쪽이 흰색, 오른쪽이 검정색으로 설정하여 둥근 사각형 위에서 세로 방향으로 드래그하여 배경이미지의 아래쪽이 자연스럽게 지워지도록 한다.

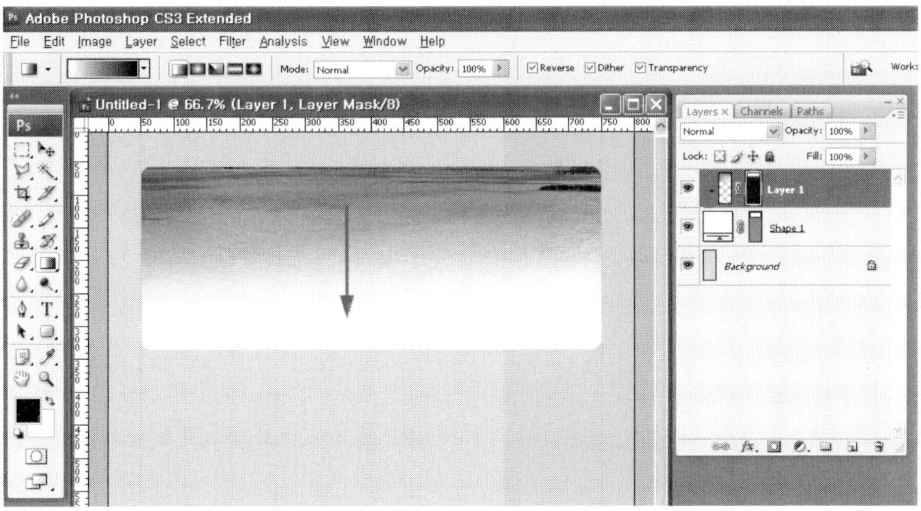

참 고

흰색에서 검정색의 그라디언트를 선택 하는 방법은 그라디언트 툴을 선택하고 옵션바의 그라디언트 색상 옆의 작은 삼각형을 눌러 Black, White를 선택한다. 왼쪽 Black과 오른쪽 White 색상을 바꾸려면 옵션바의 Reverse를 체크한다.

Layer Mask에서는 검정색이 적용되는 부분은 이미지가 지워지며 흰색이 적용되는 부분은 이미지가 지워지지 않고 나타난다.

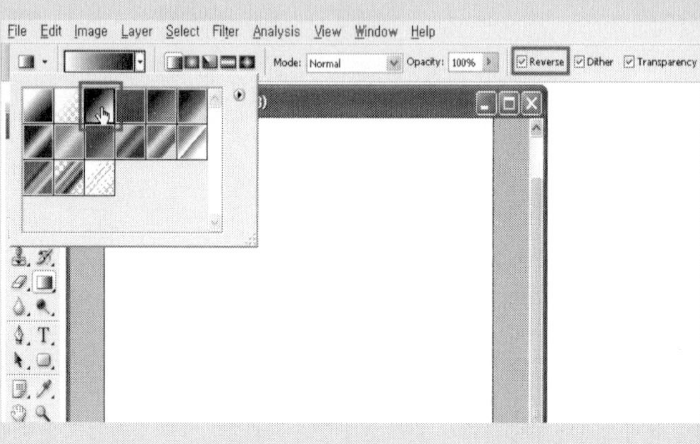

(16) 둥근 사각형 배경 이미지 위에 툴박스의 문자 툴로 타이틀 문자를 적어주고 Layer / Layer Style / Stroke...를 적용하여 문자들이 더욱 돋보이도록 해준다.

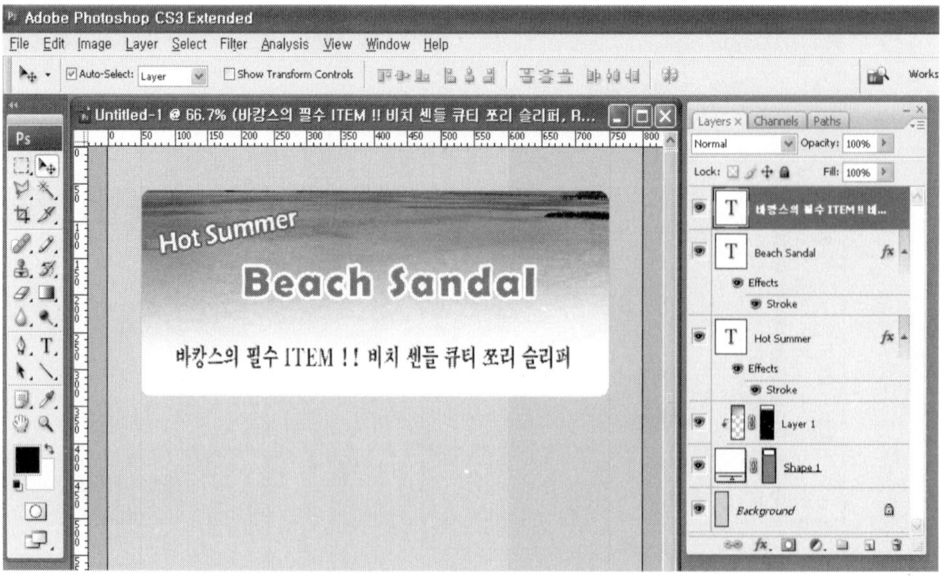

(17) 타이틀 문자의 배경 사각형을 그려주기 위하여 툴박스의 전경색 버튼을 클릭하여 색상(#b9204c)을 선택해준다.

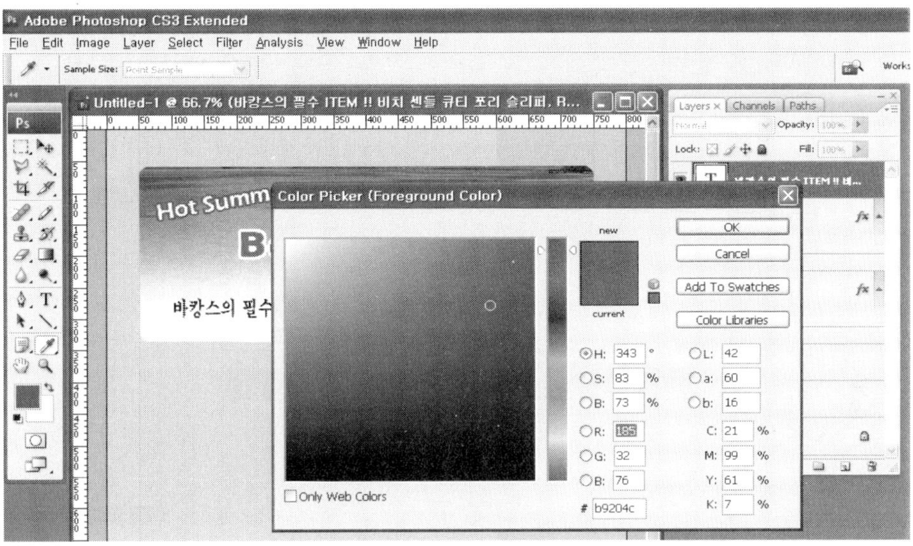

(18) 툴박스의 도형 툴에 있는 사각형 도형 툴을 선택하여 옵션바에 Shape layers 버튼을 체크하고 도형의 색상이 (#b9204c) 인지 확인하고 드래그 하여 타이틀 사각형을 그려준다.

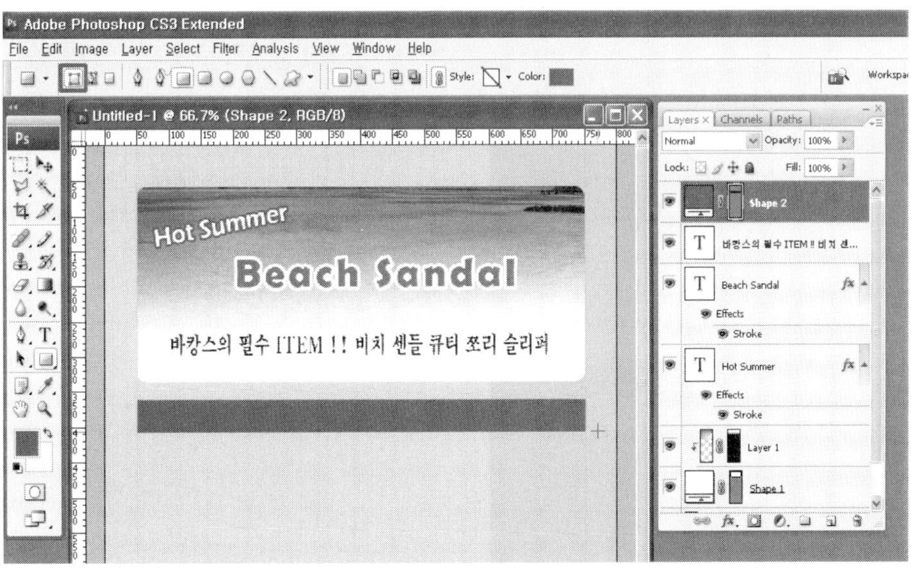

(19) 타이틀 사각형 위에 툴박스의 문자 툴로 제품의 설명을 간략히 적어준다.

(20) 제품이 위치할 곳의 배경 도형을 만들어 주기 위하여 툴박스의 도형 툴의 둥근 사각형 도형을 선택하고 옵션바에 Shape layers 버튼을 체크하고 Radius: 16px로 정해주고 색상은 흰색으로 정하여 적당한 크기로 그려준다.

(21) 그려진 둥근 사각형과 겹치게 좀 더 큰 둥근 사각형을 그려주고 Layers 팔레트에서 두개의 둥근 사각형 Layer를 Shift 키를 눌러 함께 선택하고 마우스 오른쪽 버튼으로 클릭하여 나타나는 메뉴에서 Merge Layers를 적용하여 하나의 Layer로 합쳐준다.

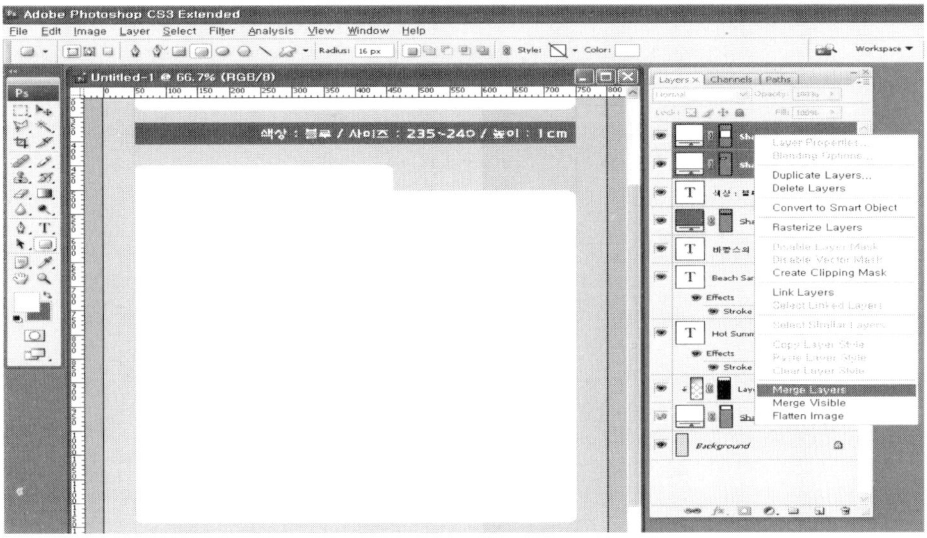

(22) 합쳐진 도형에 그림자 효과를 적용하기 위하여 Layer / Layer Style / Drop Shadow... 를 적용한다.

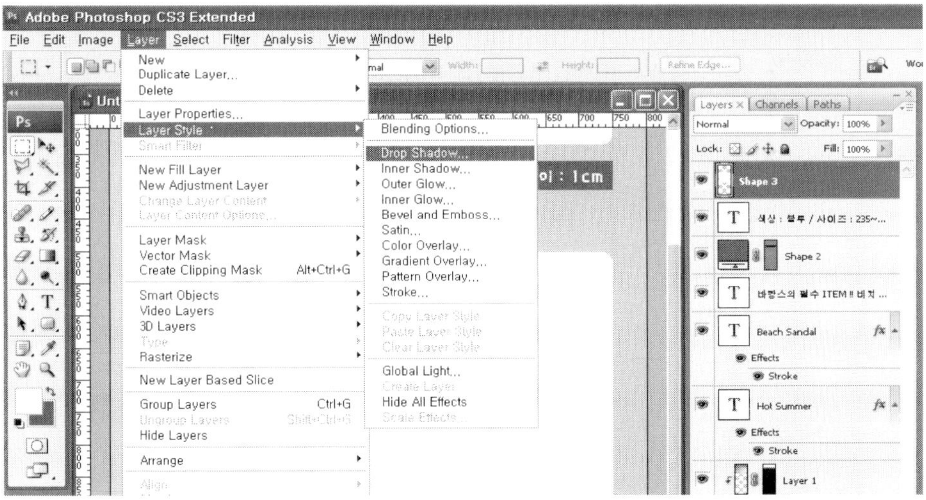

(23) 대화상자가 나타나면 그림자의 거리와 그림자의 크기를 정하고 OK 버튼을 클릭한다.

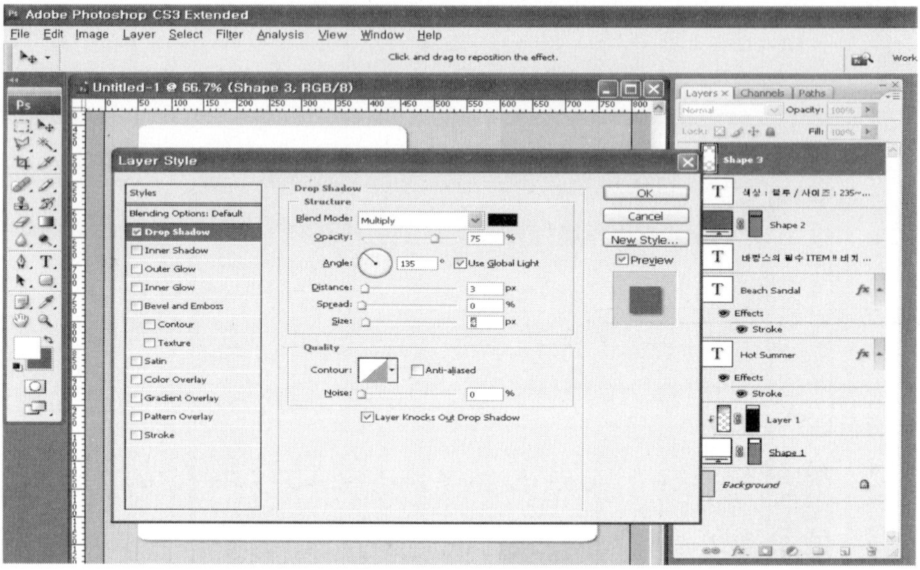

(24) 제품 사진을 불러와서 툴박스의 펜 툴을 이용하여 제품 영역만 따내어 패스 영역으로 만들어준다.

참 고

펜 툴로 제품을 따낼 때 이미지가 잘 보이도록 돋보기 툴로 확대를 해놓고 펜 툴을 선택하고 옵션바에 Paths 버튼을 체크하고 제품의 가장자리에 잘 맞추어 따낸다. 따내고 난 후에 Window / Paths 메뉴를 선택하여 Paths 팔레트를 꺼내어 확인해 보면 "Work Path"라고 나타나는데 그냥 두어도 되고 더블 클릭하여 "Path 1"로 만들어 주어도 좋다.

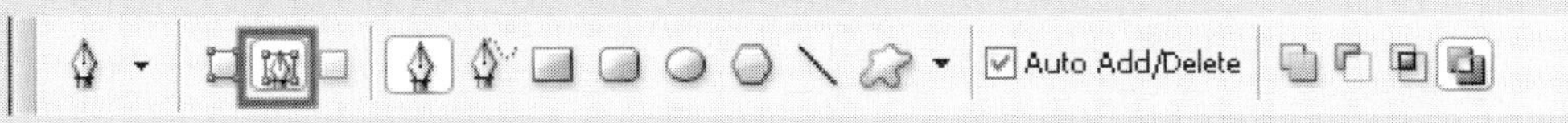

(25) Paths 팔레트에 "Path 1"을 키보드의 Ctrl키를 누르고 클릭 하여 선택 영역으로 만들어 주고 디자인 작업 중인 문서로 툴박스의 이동 툴로 옮겨준다.

(26) 옮겨진 제품 사진은 사이즈가 크기 때문에 줄여주기 위하여 Edit / Transform / Scale을 적용한다. 단축키는 Ctrl + T이다. 적당하게 크기를 조절한 후에 키보드의 Enter키나 바운딩 박스 안에서 더블 클릭한다.

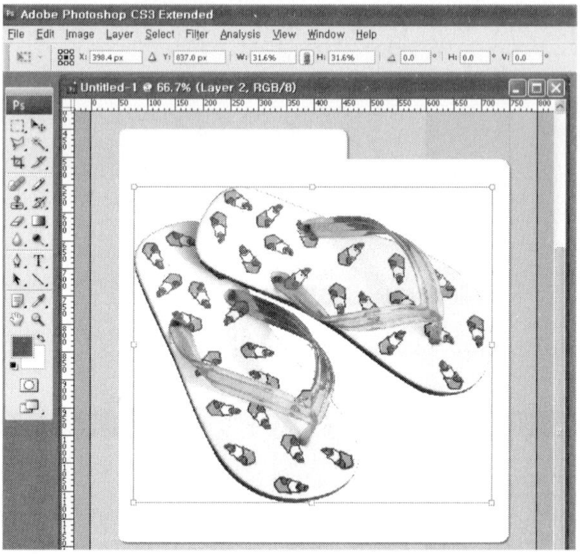

(27) 툴박스의 문자 툴을 선택하여 사이즈를 줄여 배치한 제품 이미지의 위쪽에 간략한 제품 설명을 적어준다.

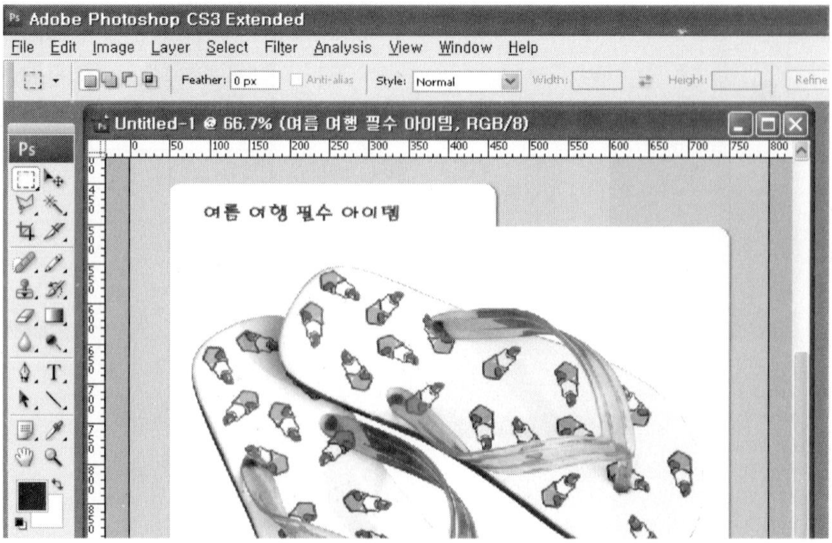

(28) Layers 팔레트에 Merge Layers로 병합했던 제품 배경 Layer에 마우스 오른쪽 버튼을 클릭하여 나타나는 Duplicate Layer.. 메뉴를 선택하여 Layer를 복제한다.

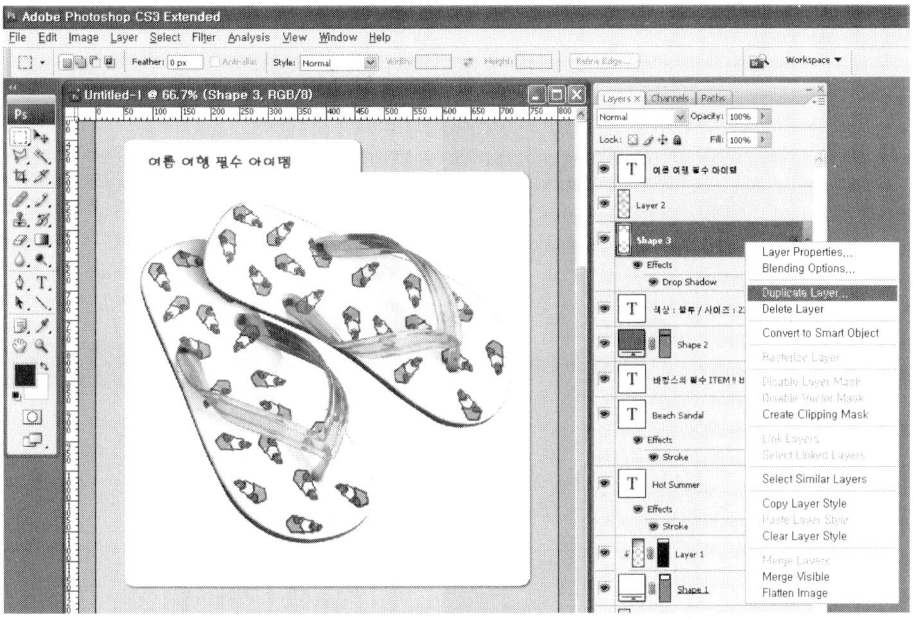

(29) 대화상자가 나타나면 OK 버튼을 클릭하여 Layer를 복제 한다.

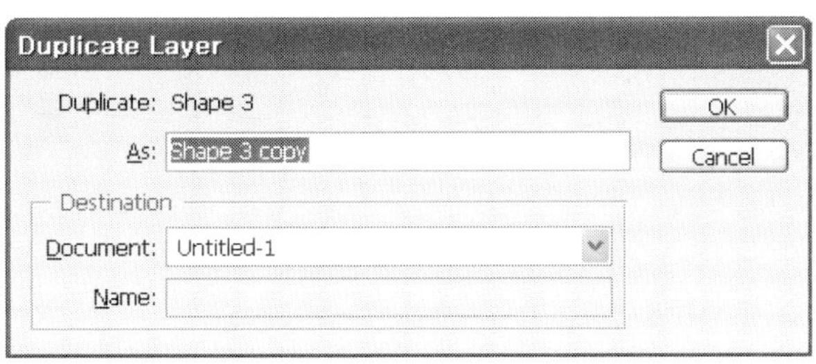

(30) Layers 팔레트에서 복제한 Layer를 클릭 선택하고 툴박스의 이동 툴을 이용하여 디자인 작업 중인 문서에서 아래쪽 방향으로 드래그 하여 이동시켜 적당한 위치에 배치를 한다.

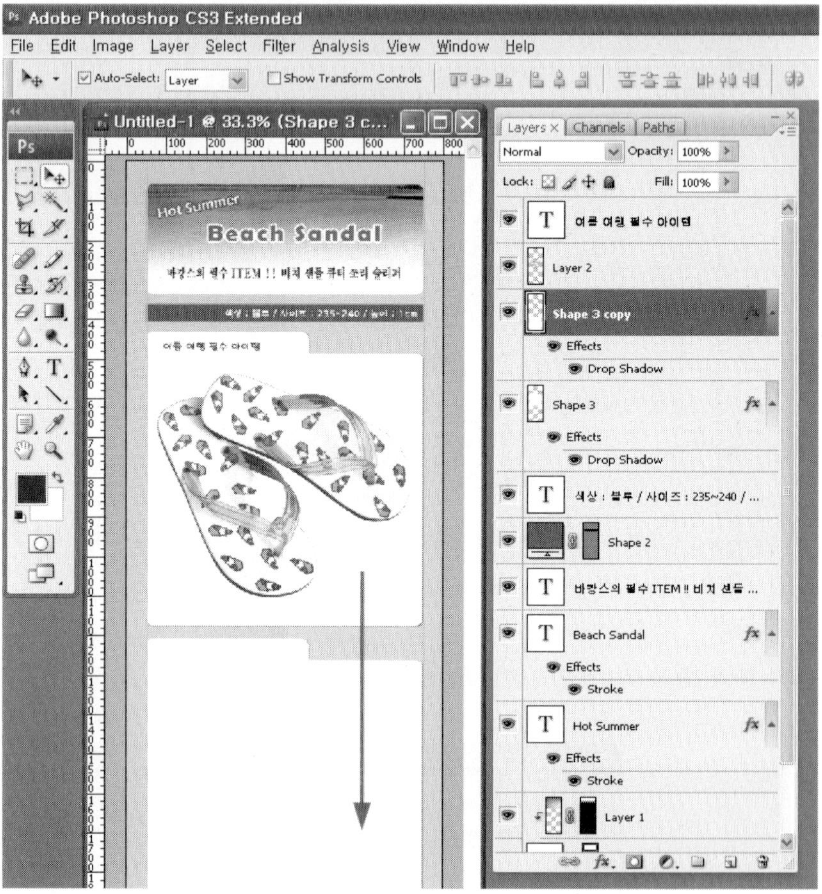

(31) 미리 촬영해둔 두 번째 제품 사진을 불러와 툴박스의 펜 툴로 제품의 가장자리를 따내어 패스로 만들어 준다.

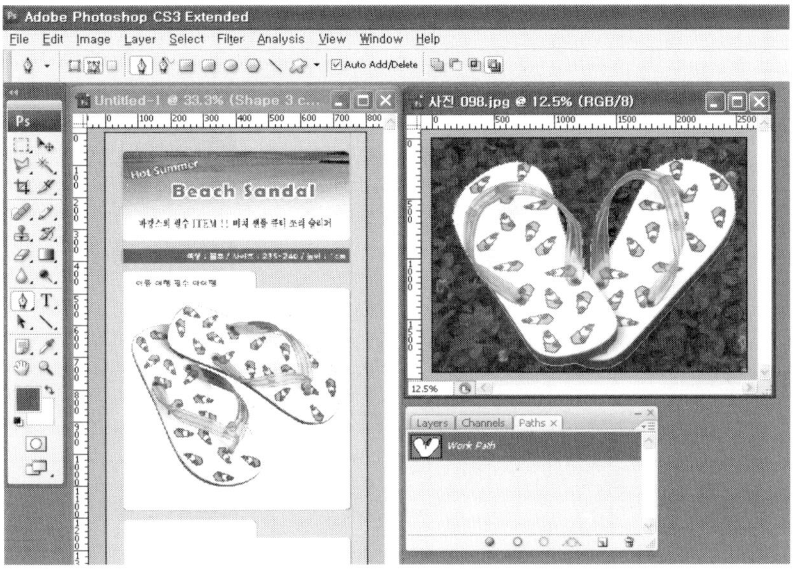

(32) Paths 팔레트에 나타나는 "Work Path"를 키보드의 Ctrl 키를 누르고 클릭하여 선택 영역으로 만들고 툴박스의 이동 툴로 디자인 작업 중인 문서로 옮긴다.

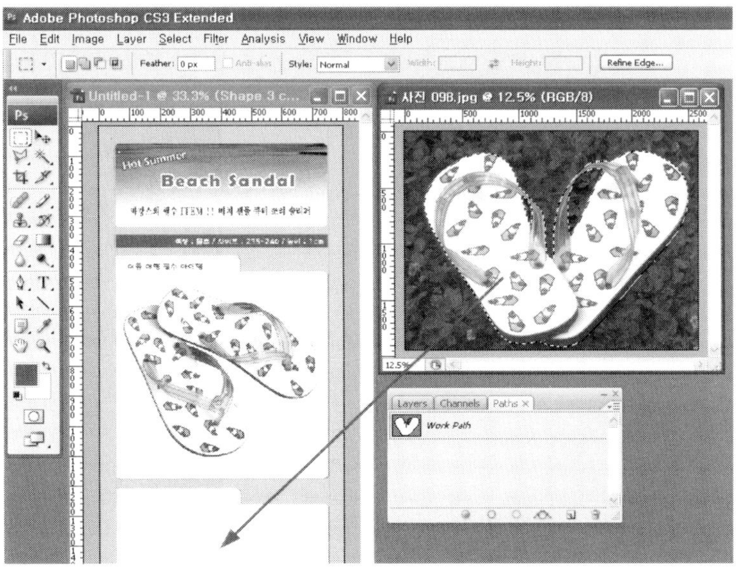

(33) 옮겨진 제품사진의 사이즈가 크기 때문에 줄여주기 위하여 Edit / Transform / Scale을 적용한다. 단축키는 Ctrl + T이다. 적당하게 크기를 조절한 후에 키보드의 Enter키나 바운딩 박스 안에서 더블 클릭을 한다. 사이즈를 줄인 제품 이미지 위쪽에 툴박스의 문자 툴로 간단한 제품 설명을 적어준다.

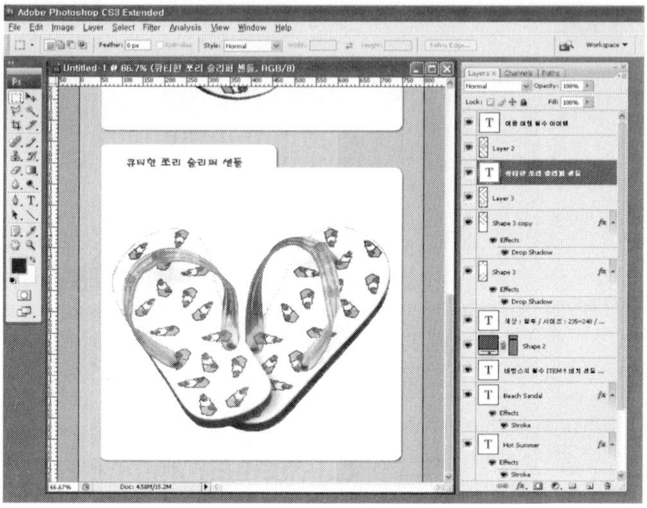

(34) 디자인 작업을 하다 보면 문서의 세로 영역이 부족할 경우가 있다. 그리고 배송안내 부분을 만들어 주기 위하여 문서의 세로 길이를 늘려주어야 한다. Image / Canvas Size...를 적용한다.

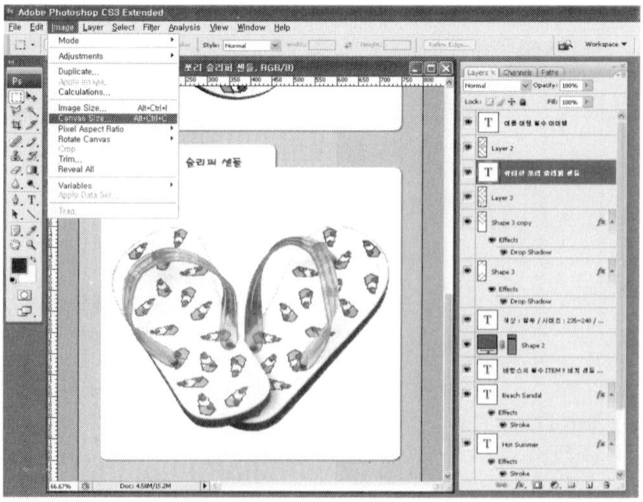

(35) 대화상자가 나타나면 디자인 작업 중인 문서의 아래쪽 방향으로 용지가 나타나야하기 때문에 용지의 위치(Anchor)를 위쪽으로 클릭하여 선택해주고 필요한 수치를 입력하고 배경(Canvas extension color) 색상을 흰색으로 정하여 OK 버튼을 클릭한다.

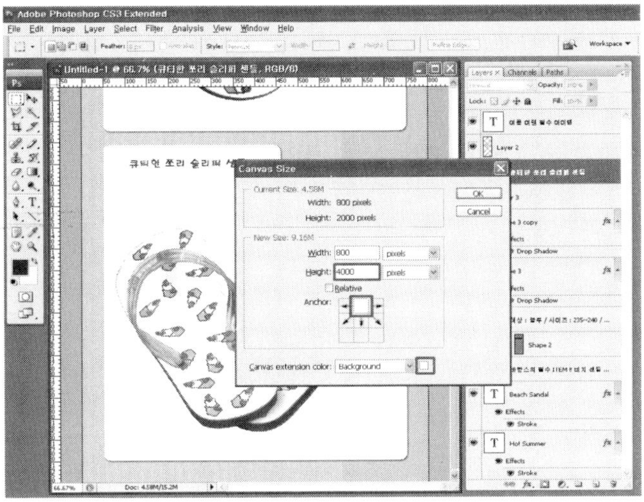

(36) 작업 용지를 세로 방향으로 늘리면 배경의 줄무늬 패턴이 잘려져 보이므로 Layers 팔레트에 Background를 선택하여 Edit / Fill...을 적용하여 직접 만들어 둔 패턴을 다시 적용해야 한다.

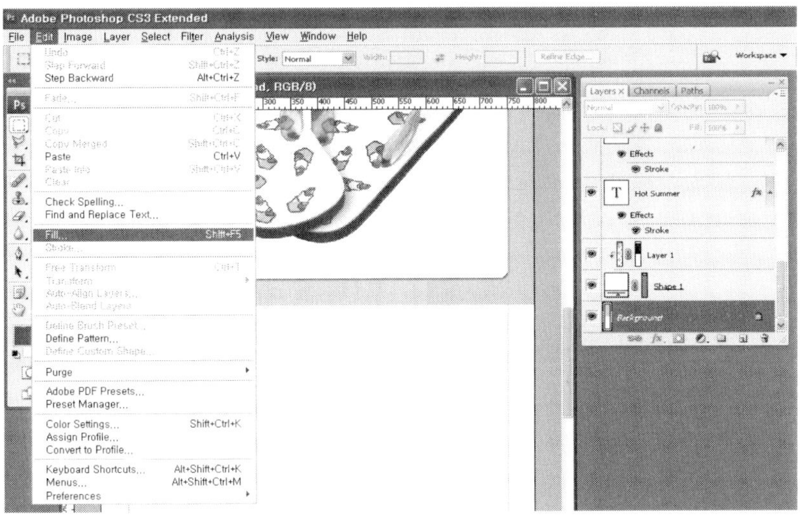

(37) 대화상자가 나타나면 Use: Pattern을 선택하고 Custom Pattern에 직접 만들어 둔 패턴을 선택해 주고 OK 버튼을 클릭한다.

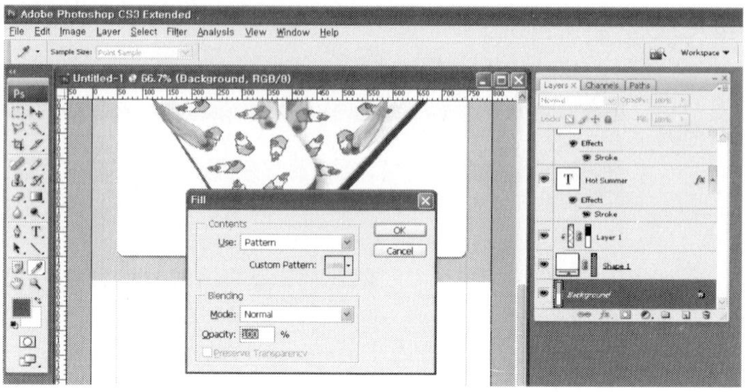

(38) 툴박스의 문자 툴을 선택하여 작업 중인 문서에 클릭하여 "배송안내" 문자를 적어준다.

참 고

특수 문자를 사용하려면 문자 툴로 배경을 클릭한 후 "ㅁ"을 입력 하고 키보드의 "한자" 키를 누르면 모니터 오른쪽 하단에 특수 문자가 나타난다. 적당한 것을 선택하여 사용한다.

(39) 입력한 글자에 돋보이는 효과를 추가하기 위하여 Layer / Layer Style / Gradient Overlay...를 적용한다.

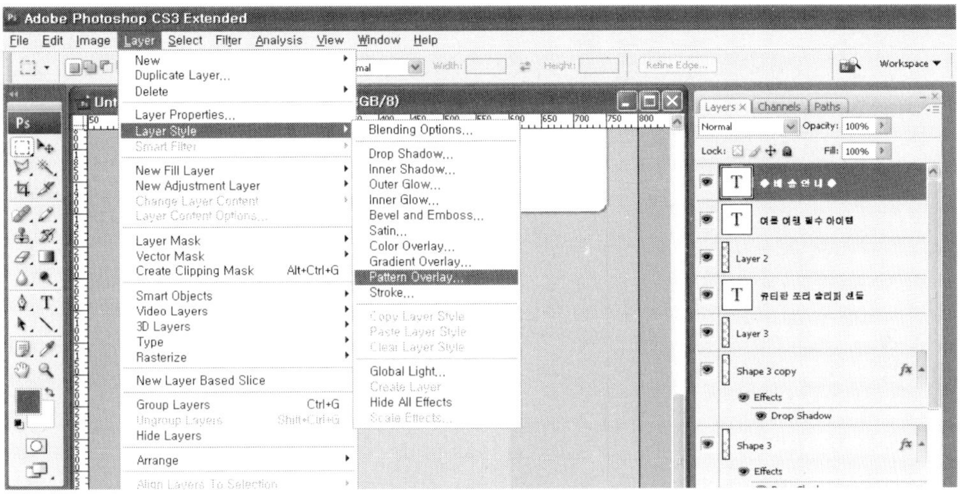

(40) 대화상자가 나타나면 Gradient의 작은 삼각형 버튼을 클릭하여 무지개 색상을 선택하고 Angle 각도를 "0"으로 정하여 주고 OK 버튼을 클릭 한다.

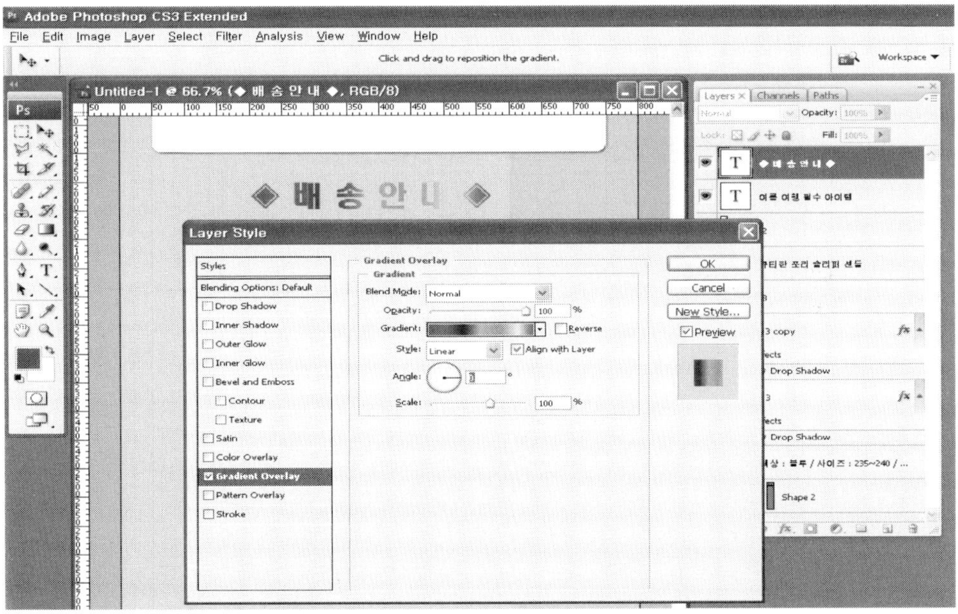

(41) 배송안내의 상세 내용을 적어주기 위한 배경 도형을 만들기 위해 툴박스의 도형툴 중에 둥근 사각형 툴을 선택하여 옵션바에 Shape layers 버튼을 체크하고 Radius: 20 px로 정해주고 색상을 정하여 작은 둥근 사각형을 그려준다.

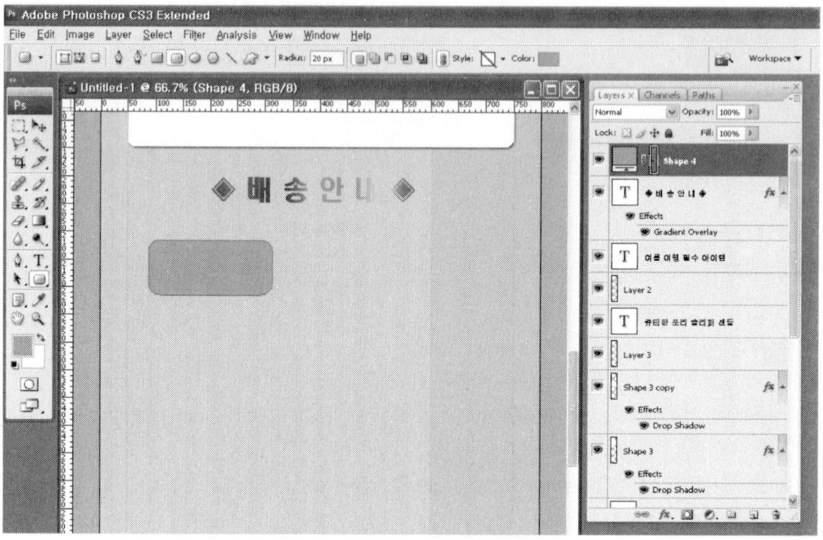

(42) 툴박스의 도형 툴로 그려둔 작은 둥근 사각형과 겹치게 아래쪽에 조금 더 크게 흰색의 둥근 사각형을 그려준다.

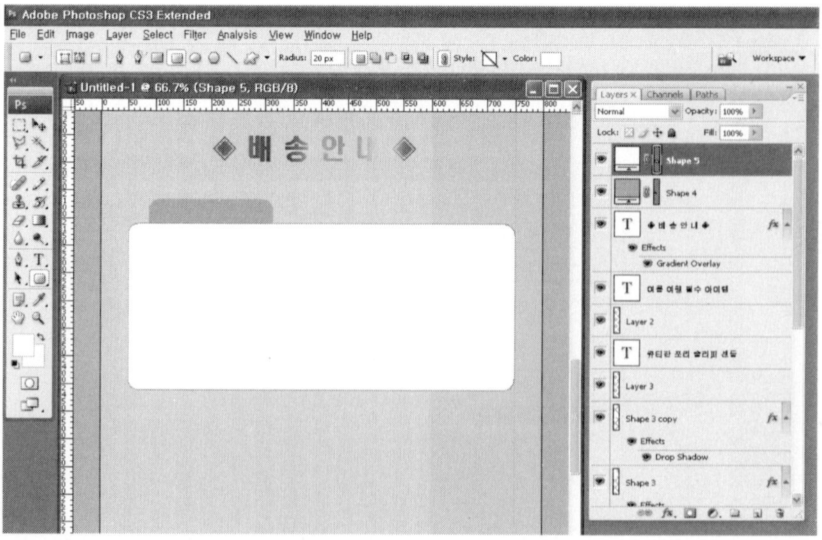

(43) 크게 그려진 흰색의 둥근 사각형에 Layer / Layer Style / Stroke...를 적용한다.

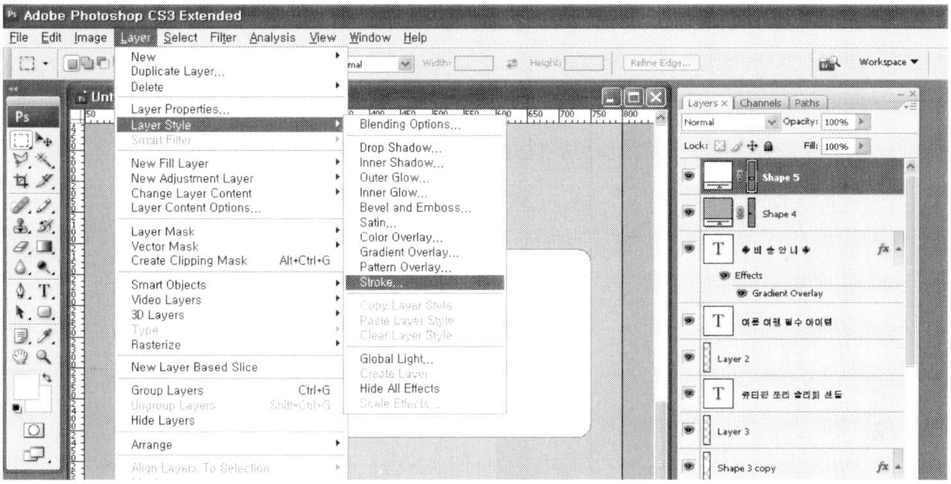

(44) 대화상자가 나타나면 Size는 3으로 정하고 Color는 사각형을 클릭하여 Select stroke color 대화상자가 나타나면 마우스 커서의 모양이 스포이드 형태로 변한다. 스포이드로 작게 그려둔 둥근 사각형의 면 색상을 클릭하여 선 색상으로 정해주고 OK 버튼을 클릭한다.

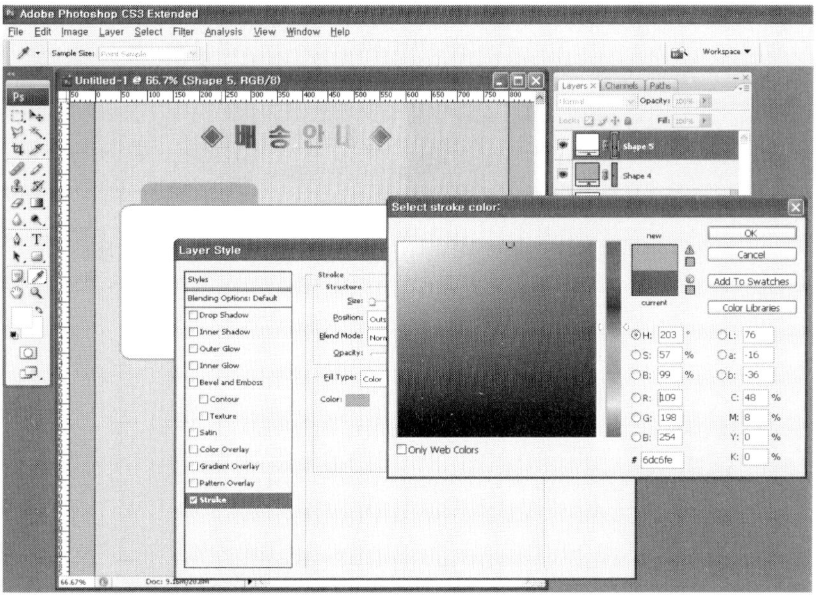

(45) 그려진 배경 도형의 윗부분에 툴박스의 문자 툴로 클릭하여 "배송안내"라는 문자를 적어준다.

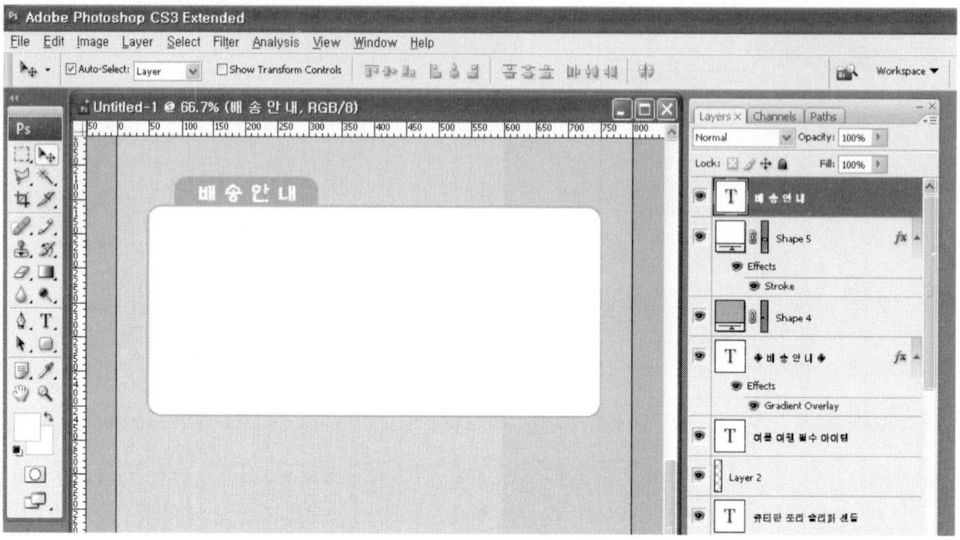

(46) Layers 팔레트에서 그려준 둥근 사각형 Layer 2개와 "배송안내" 문자 Layer를 Shift 키를 눌러 함께 선택한 후에 Layer / New / Group from Layers...를 적용한다.

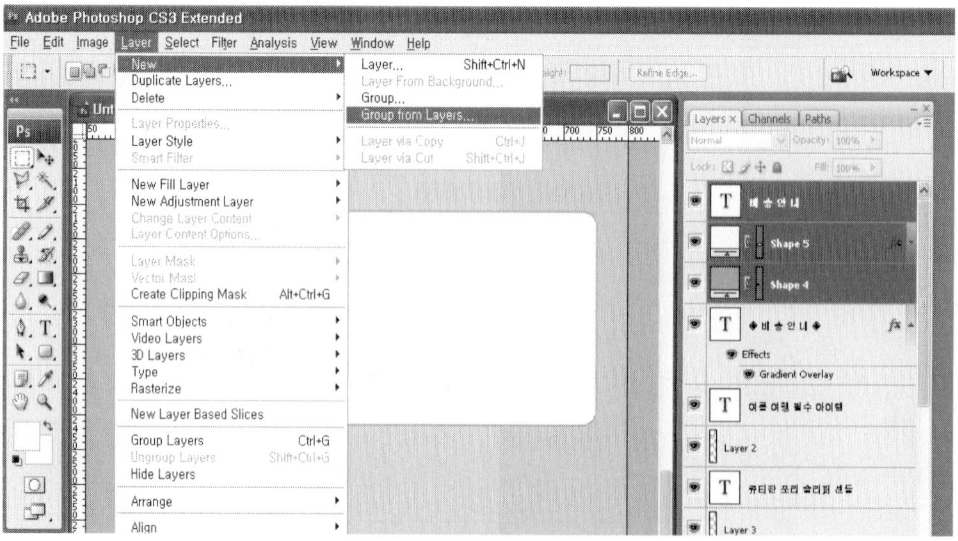

(47) 대화상자가 나타나면 “배송안내”라는 이름을 적어주고 OK 버튼을 클릭한다.

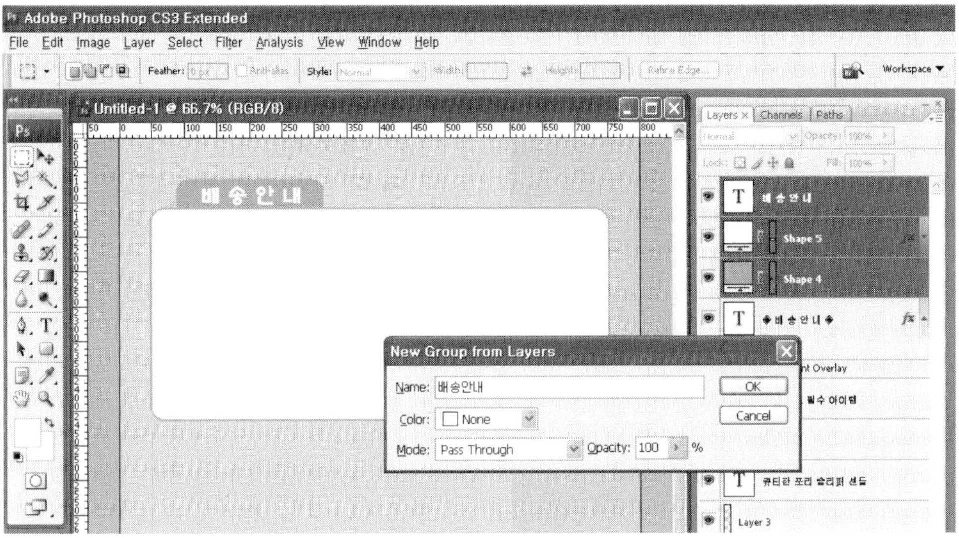

(48) Layers 팔레트에서 “배송안내” Group에 마우스 오른쪽 버튼으로 클릭하여 나타나는 Duplicate Group...메뉴를 적용하여 Group을 복제한다.

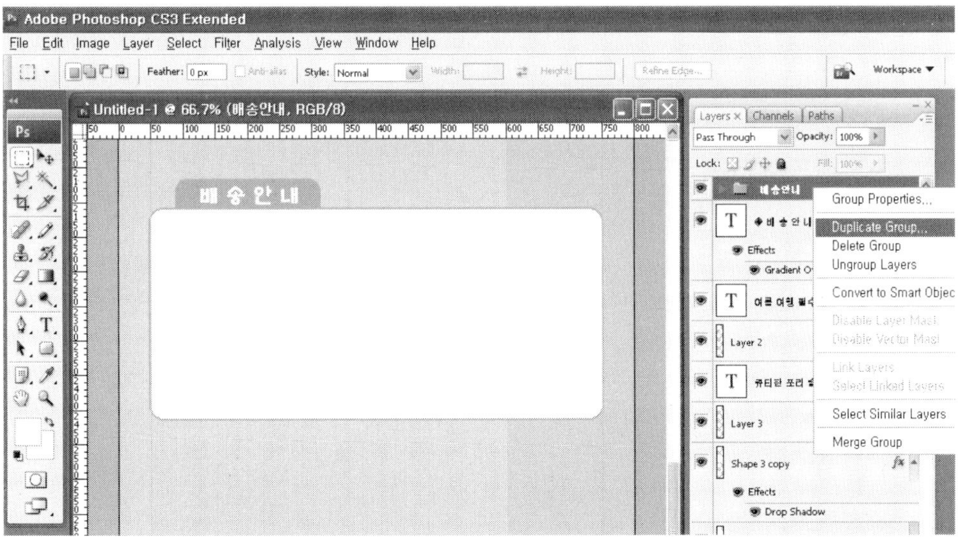

(49) 대화상자가 나타나면 이름을 "반품안내"로 정해주고 OK 버튼을 클릭한다.

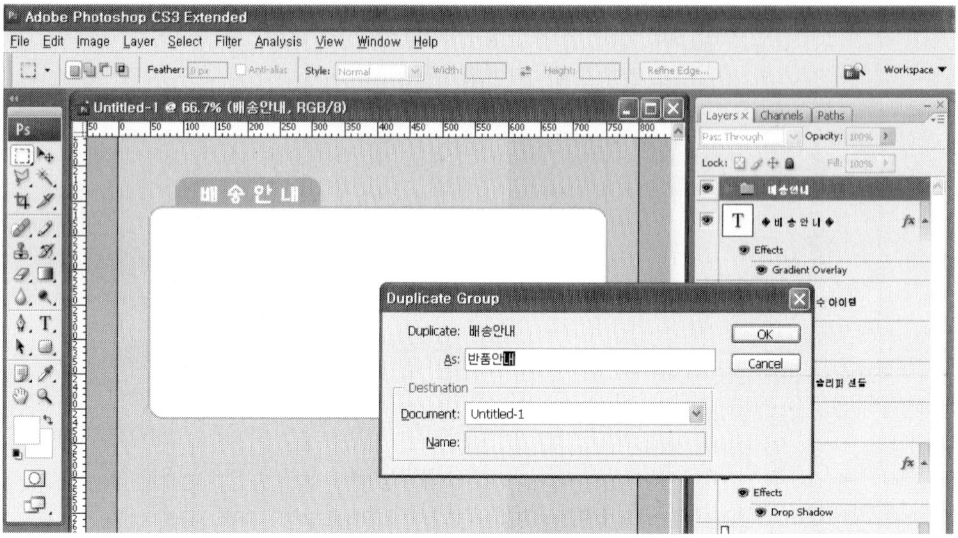

(50) 복제한 Group을 Layers 팔레트에서 클릭 선택해놓고 툴박스의 이동 툴을 선택하여 옵션바에 Auto-Select: Group에 체크하고 디자인 작업 영역에서 아래쪽으로 드래그 하여 배치하여 준다.

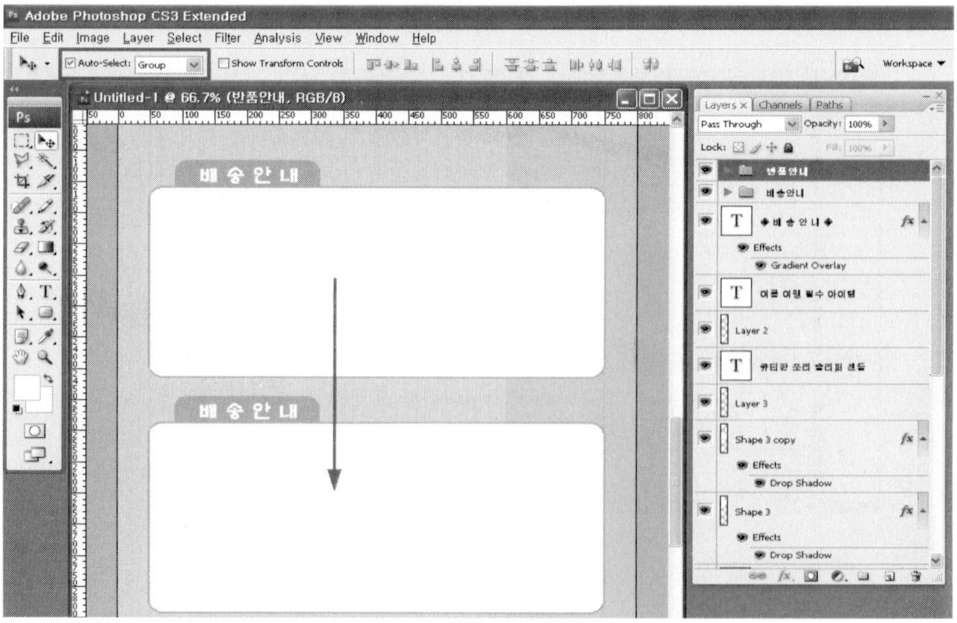

(51) Layers 팔레트에서 "반품안내" Group 앞의 작은 삼각형을 클릭하여 Group을 펼쳐 놓고 작은 둥근 사각형 Layer를 클릭 선택한 후에 툴박스의 전경색 버튼을 클릭하여 적당한 색상을 선택한 후에 키보드 Alt + Delete키를 눌러 색상을 바꾸어 준다.

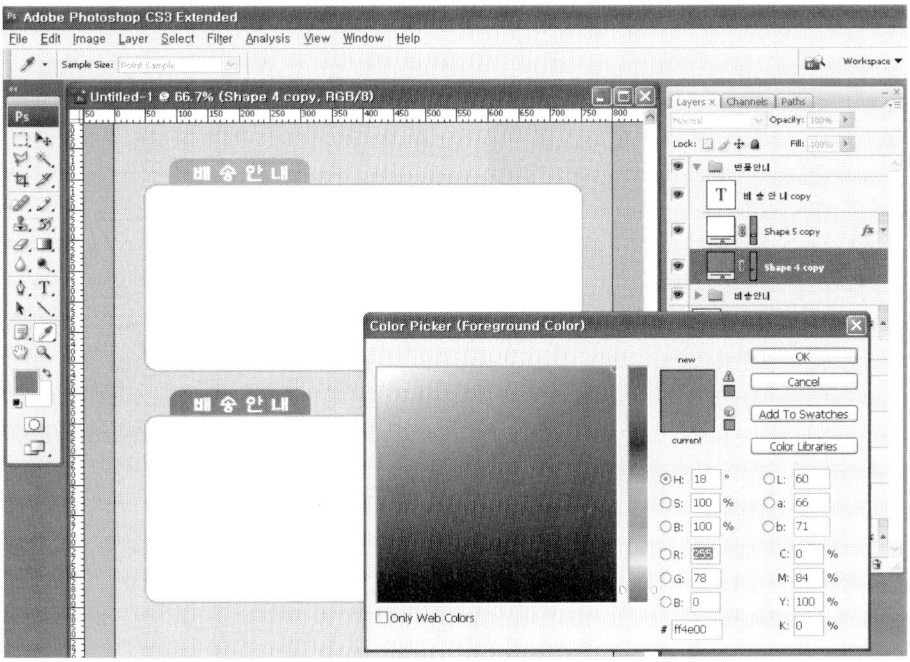

(52) "반품안내" Group안에 있는 큰 둥근 사각형 도형의 테두리 색상도 바꾸어 주어야 하는데 도형 Layer에 오른쪽에 있는 fx 삼각형 버튼을 클릭하면 Effects 아래쪽에 Stroke 라고 나타난다. 이것을 더블 클릭하여 대화창을 열어 주고 Color 옆의 사각형을 클릭하여 색상을 바꾸어 주고 Layers 팔레트의 "반품안내" Group 안의 문자 Layer도 더블 클릭하여 "배송안내"를 "반품안내"로 바꾸어준다.

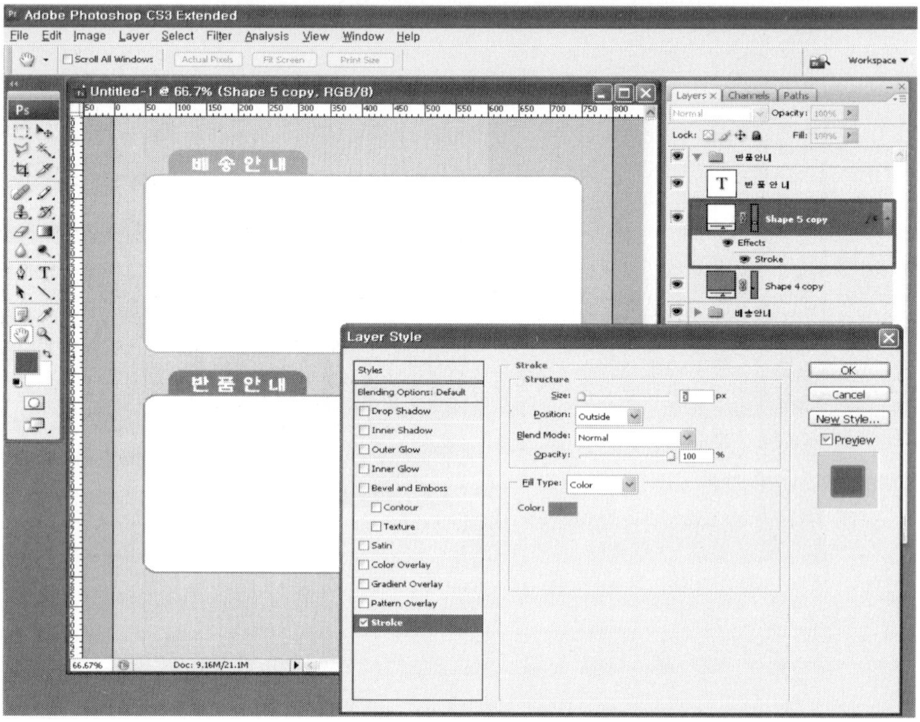

(53) 미리 메모하여 둔 "배송안내" 상세 설명을 툴박스의 문자 툴로 문서에 클릭하여 적어준다.

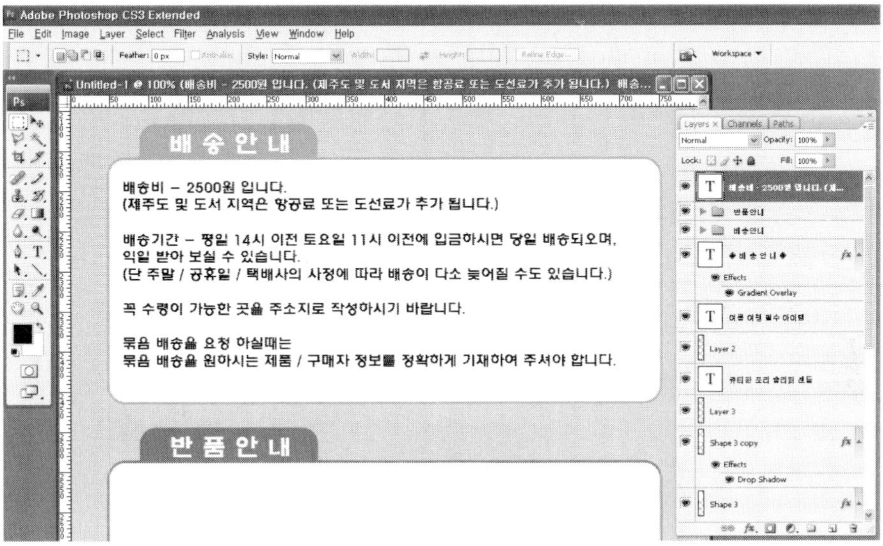

(54) "반품안내" 상세 설명을 툴박스의 문자 툴로 문서에 클릭하여 적어준다.

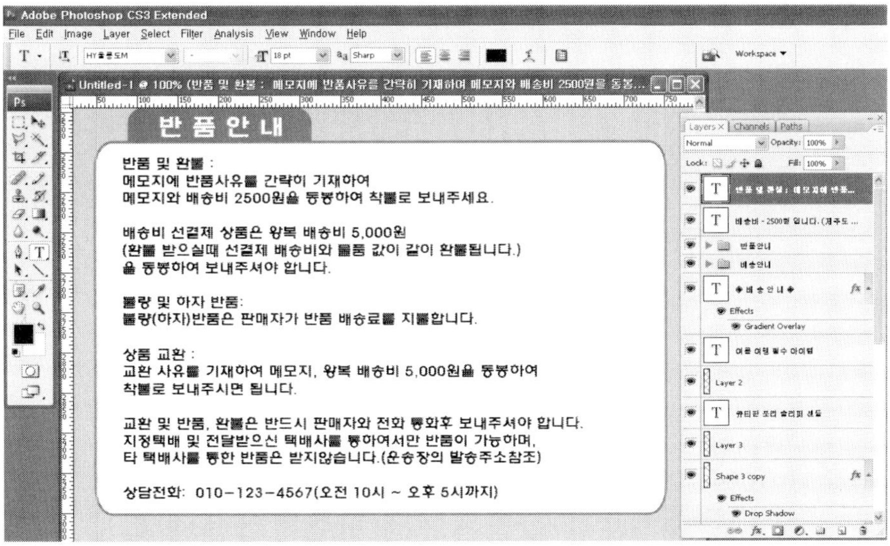

(55) 디자인 작업을 마무리 하고 문서의 남는 영역은 툴박스의 자르기 툴로 드래그 한 후에 키보드의 Enter 키를 눌러 잘라낸다.

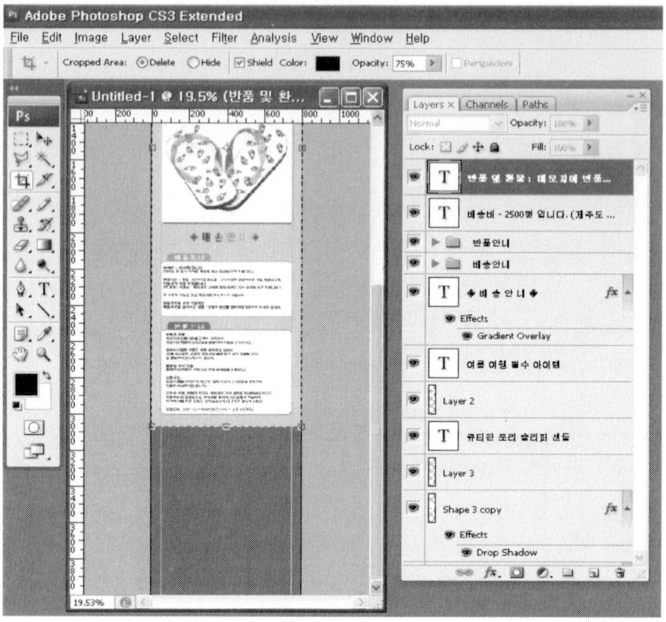

(56) File / Save로 디자인 작업 파일의 원본 저장을 해준다.

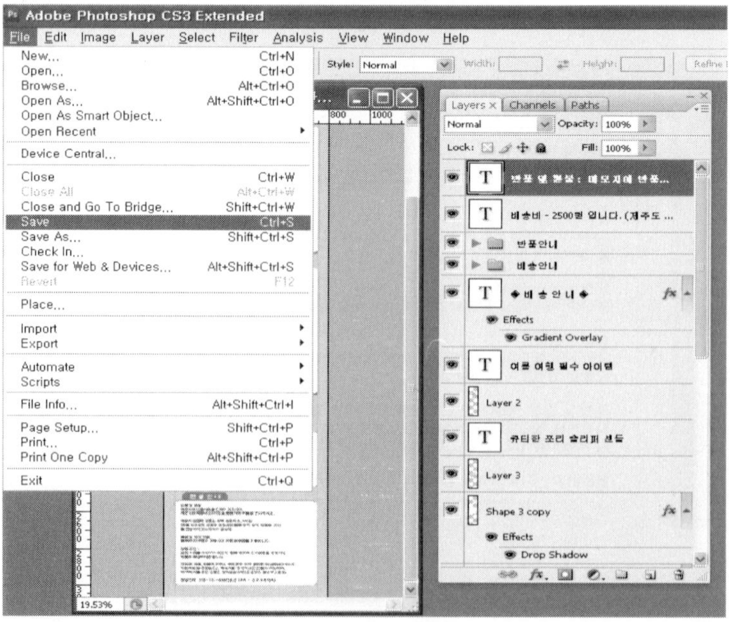

(57) 오픈 마켓에 등록하기 위한 File / Save for Web & Devices...을 적용한다.

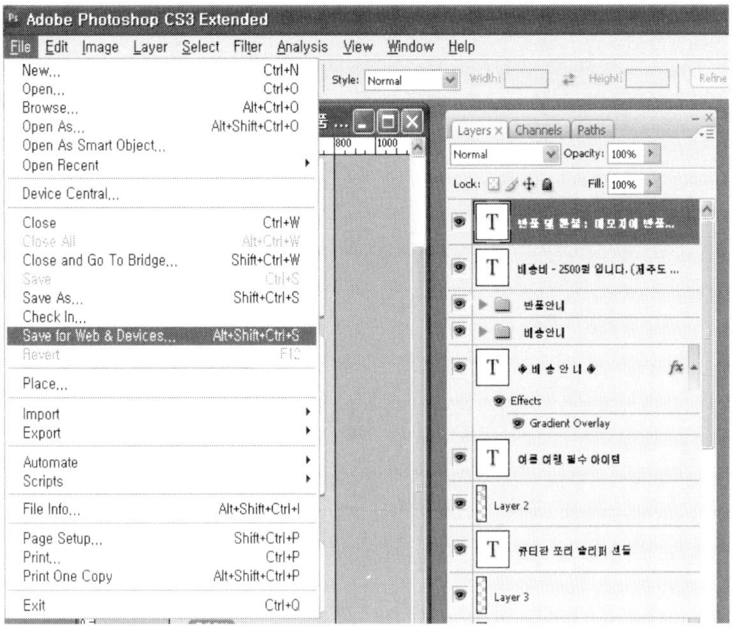

(58) 대화상자가 나타나면 확장자를 JPEG로 정하고 Quality를 정하여 저장한다.

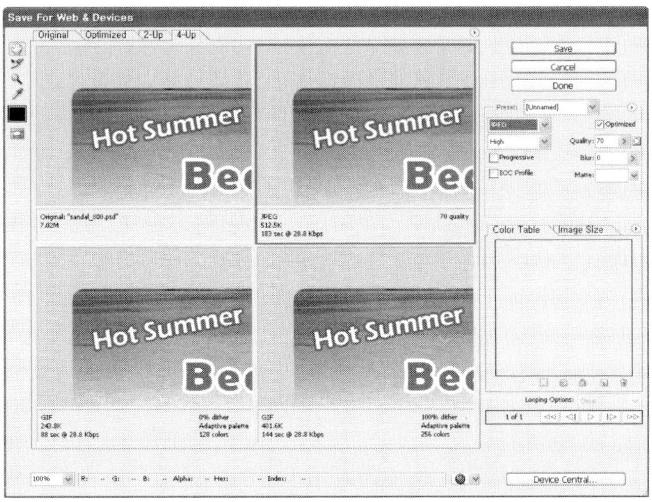

(59) 저장할 때 파일명은 영문/숫자의 조합으로 사용하는 것이 좋다. 파일명을 정하고 저장 버튼을 클릭한다.

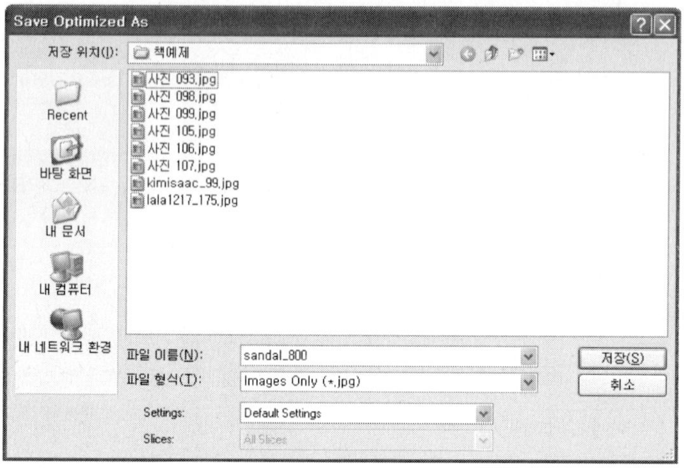

CHAPTER 08

웹 서버 계정 준비 및 판매 상품 상세설명 페이지 업로드하기

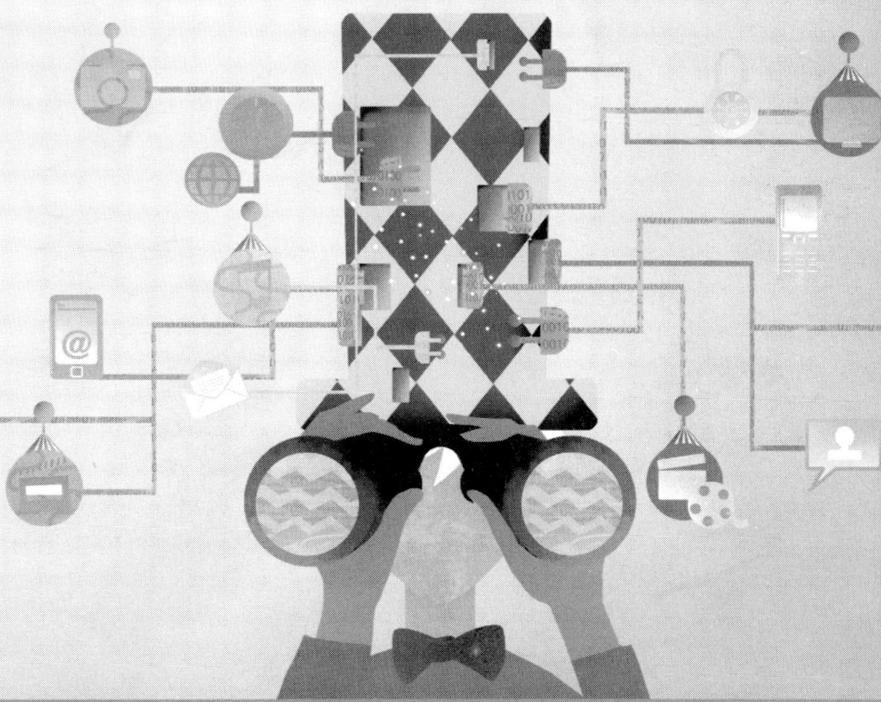

Chapter 08 웹 서버 계정 준비 및 판매 상품 상세설명 페이지 업로드하기[1)]

'트래픽(Traffic)'이란 말은 '데이터 전송량'이란 뜻이다. 이것은 어떠한 회선을 통하여 웹사이트의 내용이 전달되는 경우, 이미지 파일이나 글자 파일 등 여러 종류의 정보들이 전송되는데 하루 동안 전송되는 이러한 정보의 양을 도로 교통과 같은 개념으로 하여 전송량이라고 한다. 오픈마켓에 상품을 등록 하면 트래픽이 많이 발생되기 때문에 되도록이면 트래픽 무제한 인 곳을 선택 하는 것이 좋다. 트래픽에 제한이 걸리면 상품이미지가 안 나타나는 경우가 있기 때문이다. 무제한 트래픽 서비스를 무료로 신청하여 상품 상세 설명 페이지를 업로드하는 방법을 알아본다.

1) ESM PLUS에서 제공하는 '무료이미지 호스팅'을 이용할 수도 있다. '무료이미지 호스팅'은 10장에서 다루기로 한다.

(1) 트래픽 무제한 공간을 무료로 제공하는 사이트(http://echosting.cafe24.com)에 접속하여 "회원가입"을 한 후에 "쇼핑몰 만들기" 버튼을 클릭하여 무료 쇼핑몰을 신청한다.

참 고

오픈마켓 창업을 하는데 쇼핑몰을 만들라고? 쇼핑몰을 만든다고 당장 운영을 하지 않아도 된다. 하지만 트래픽 무제한 서버 공간을 얻으려면 쇼핑몰을 만들어야만 가능하기 때문이다.

(2) 회원가입을 하고 "쇼핑몰 만들기"를 하였다면 아이디와 비밀번호로 로그인을 하고 "쇼핑몰 관리자 바로가기"를 클릭한다.

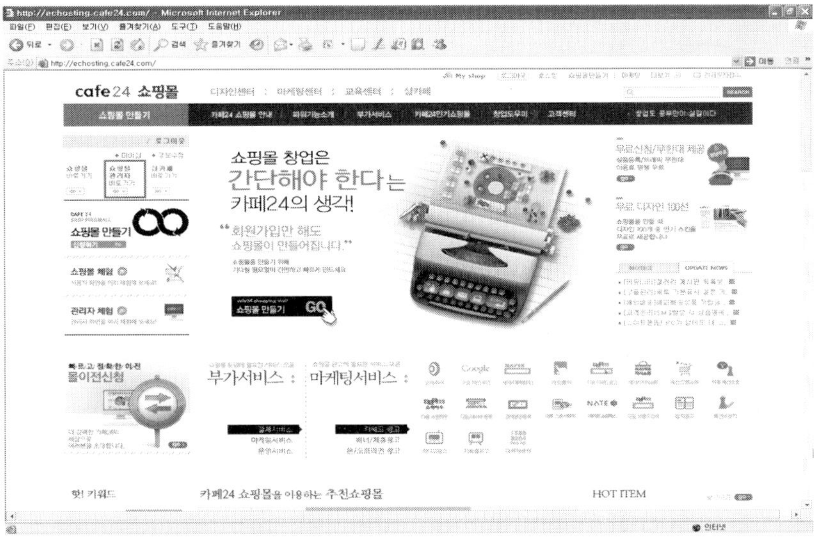

(3) 쇼핑몰 관리자 로그인 페이지가 나타난다. "상점아이디"와 "비밀번호"를 입력하고 로그인 한다.

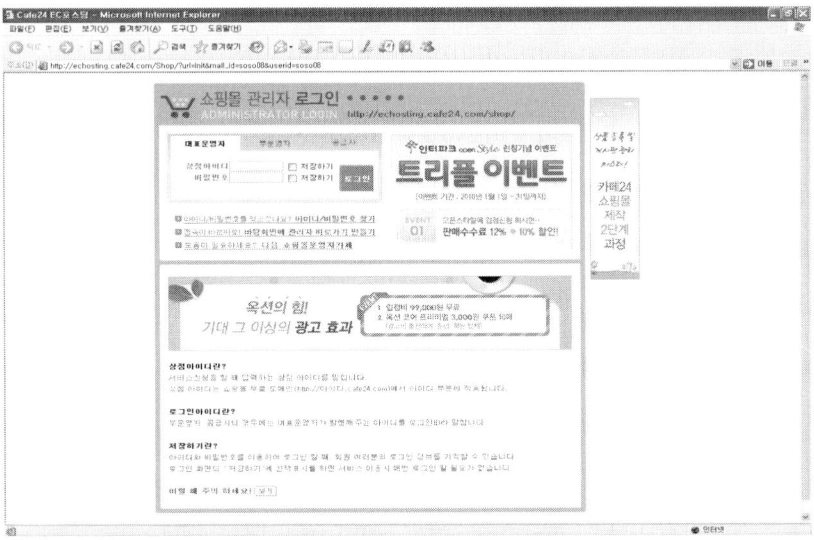

(4) 쇼핑몰 관리자 페이지의 상단에 있는 "FTP" 메뉴 버튼을 클릭한다.

(5) "FTP" 메뉴 버튼을 클릭하며 왼쪽에 "파일링크(옥션, G마켓...)"라는 메뉴가 나타난다. 클릭하여 펼치면 "파일링크(무료)" 메뉴가 나타난다. 클릭 한다.

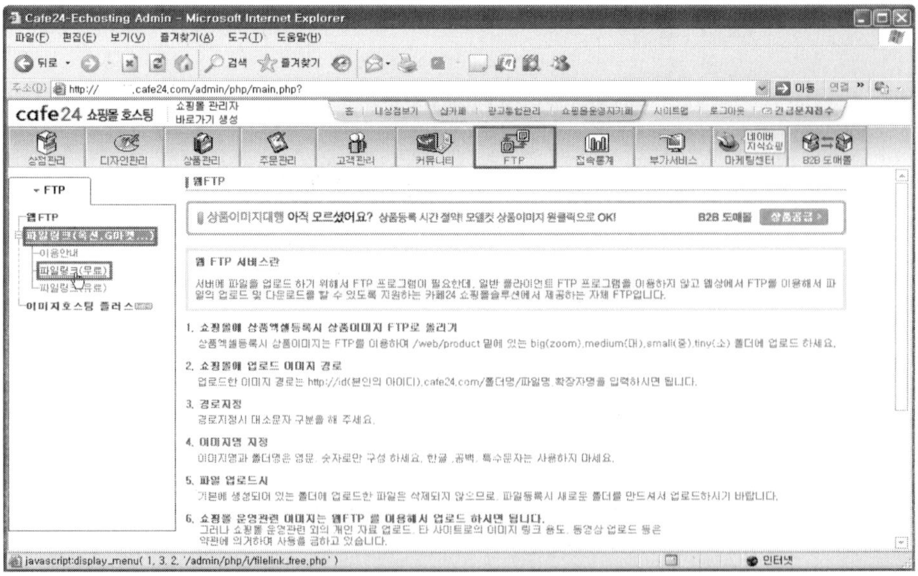

(6) "파일링크(이미지호스팅) 서비스 설명"을 읽고 이용약관에 동의를 하고 "파일링크신청(무료)"를 클릭한다.

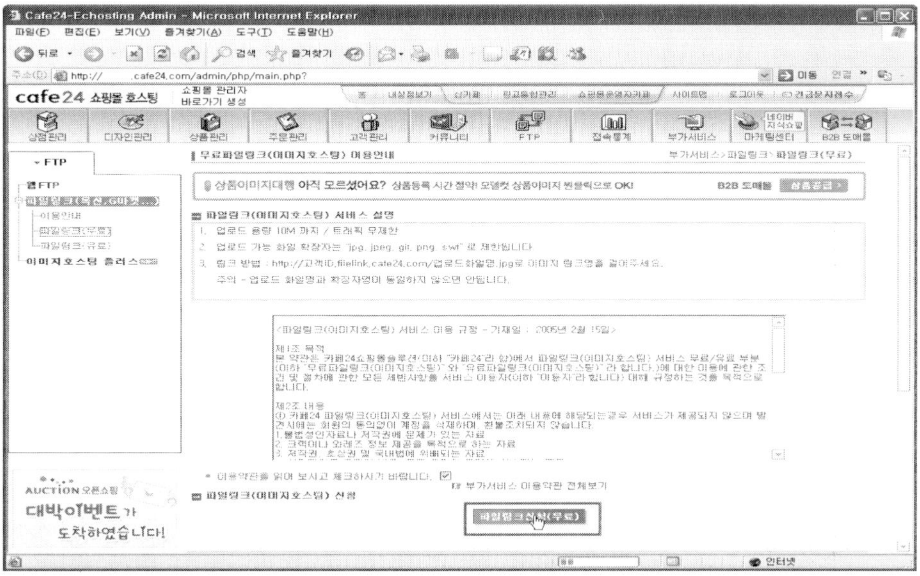

(7) "30분에 서비스 셋팅이 완료됨"이라는 창이 뜬다. 확인 버튼을 클릭하고 30분 이상 기다린 후에 사용하면 된다.

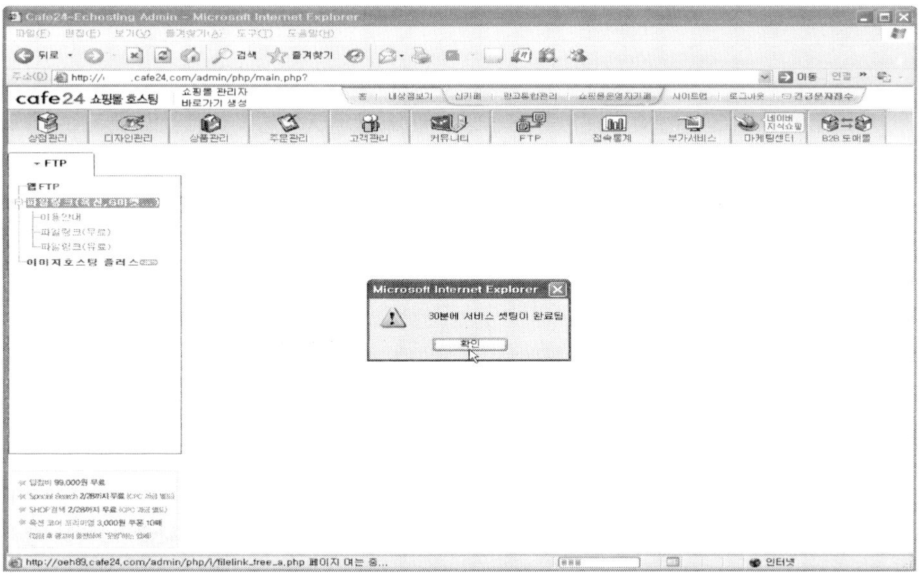

(8) 30분 후에 접속을 다시 하거나 페이지를 새로 고침을 하면 "파일링크 접속"이라는 버튼을 확인 할 수 있다. 클릭한다.

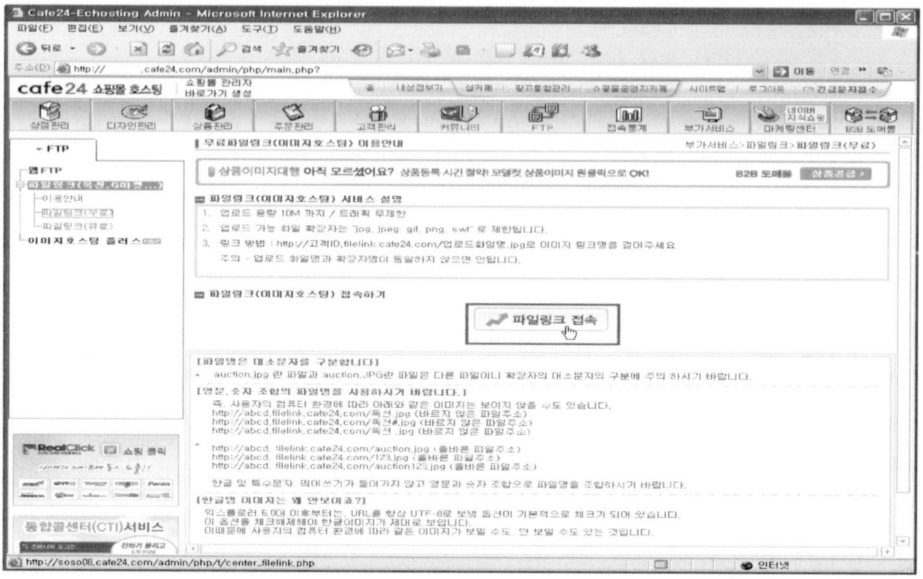

(9) "로그인(파일링크서비스)" 창이 나타나면 상점 아이디와 암호를 입력하고 로그인 한다.

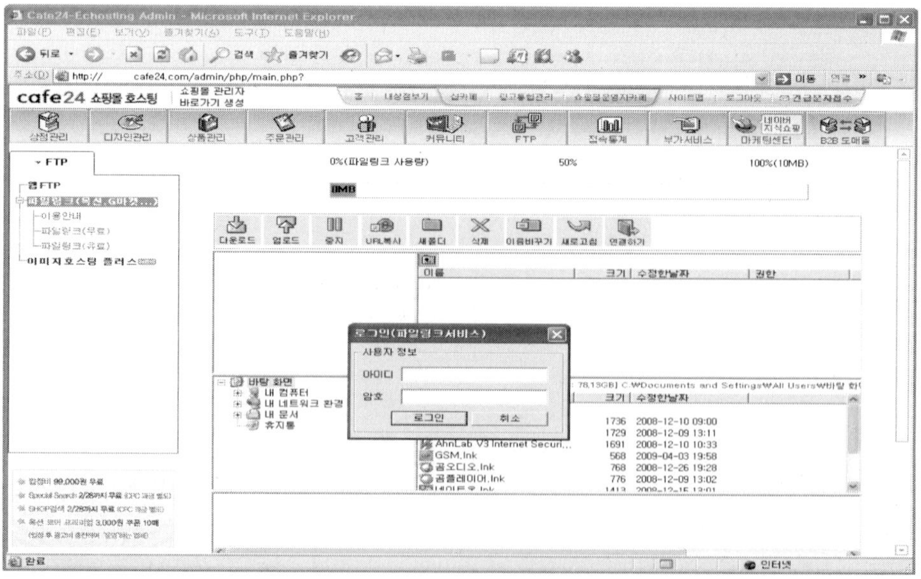

(10) 포토샵에서 디자인 작업을 해 둔 "제품 판매 상세 페이지"를 찾아서 마우스 오른쪽 버튼으로 클릭하여 "업로드"를 선택하여 서버로 업로드 한다.

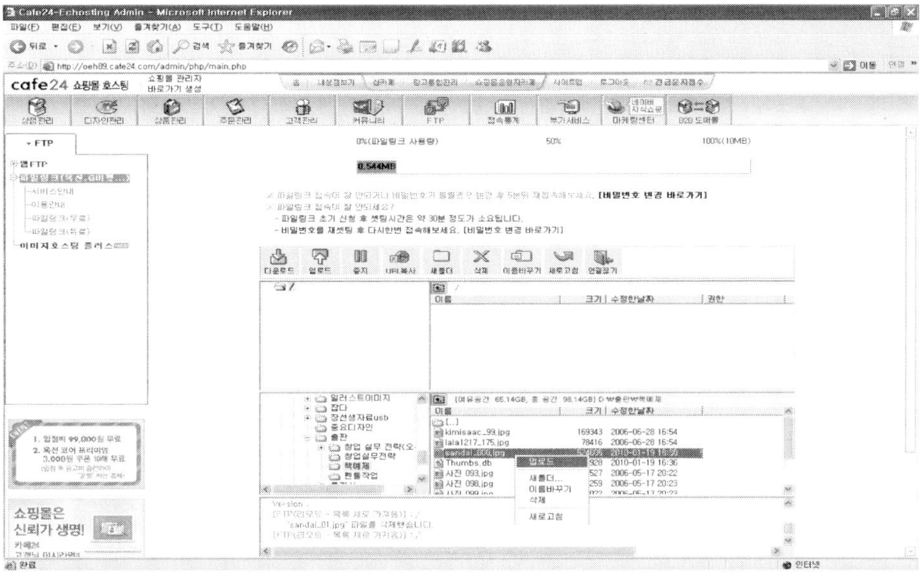

(11) 업로드 된 파일에 마우스 오른쪽 버튼으로 클릭하여 나타나는 "URL 복사"를 선택해서 오픈마켓의 상품 등록 시에 붙여 넣기 하여 사용한다.

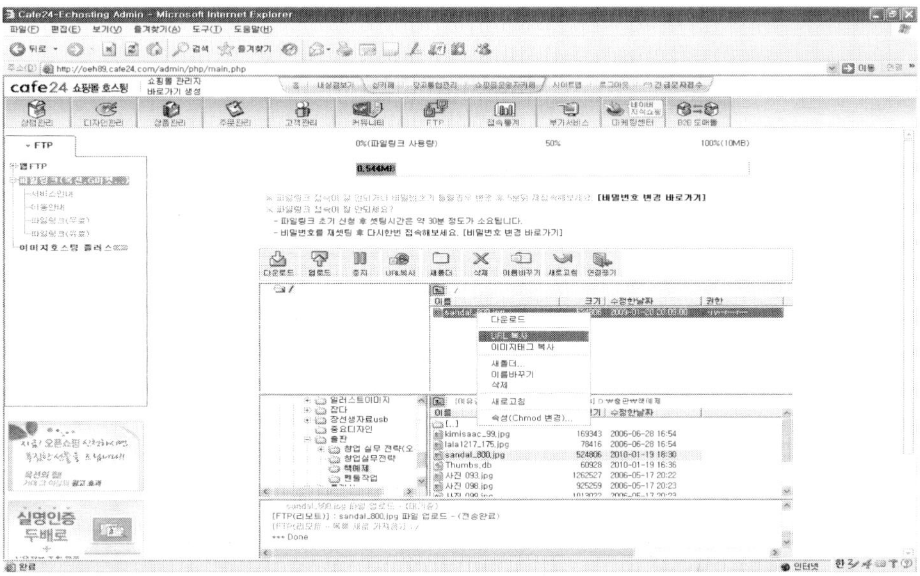

참 고

제품 판매에 도움을 주는 "판매자의 다른 물품 보기" 연결하기

① (http://www.7korea.net)로 접속한다. "오픈마켓관리" 메뉴를 찾아 클릭한다. 이곳에서 제공하는 "판매자의 다른 물품보기" 서비스는 무료이다.

② 나타나는 페이지의 왼쪽 메뉴에 "옥션이용방법" 메뉴를 클릭한다.

③ 오른쪽 화면 아래쪽에 "옥션용 태그 복사" 버튼을 클릭하여 옥션에 판매 상품 등록시에 붙여넣기 하여 사용하면 된다.

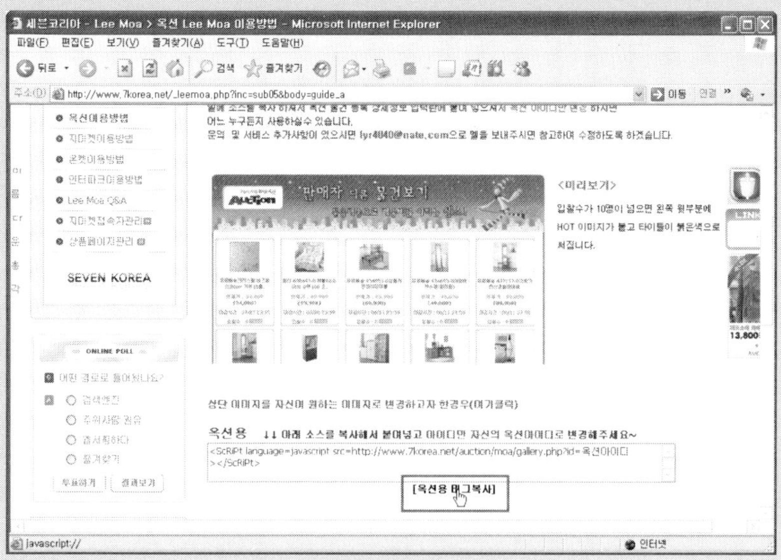

CHAPTER 09

오픈마켓 회원 가입 및 판매자로 변경하기

Chapter 09 오픈마켓 회원 가입 및 판매자로 변경하기

1 옥션 회원 가입 절차

옥션(http://www.auction.co.kr)에 접속을 하여 메인 페이지의 위쪽 메뉴 중 "회원가입"을 클릭한다. 옥션의 회원이 아닌 경우에는 "개인 판구매 회원"으로 가입을 하면 되고, 옥션에 제품 구매를 위해 미리 회원가입이 된 경우에는 "마이옥션-회원정보-회원전환"에서 회원 가입형태를 바꿀 수 있다. 사업자 등록증을 발급받은 판매자는 "사업자 판구매 회원"으로 가입을 하면 된다.

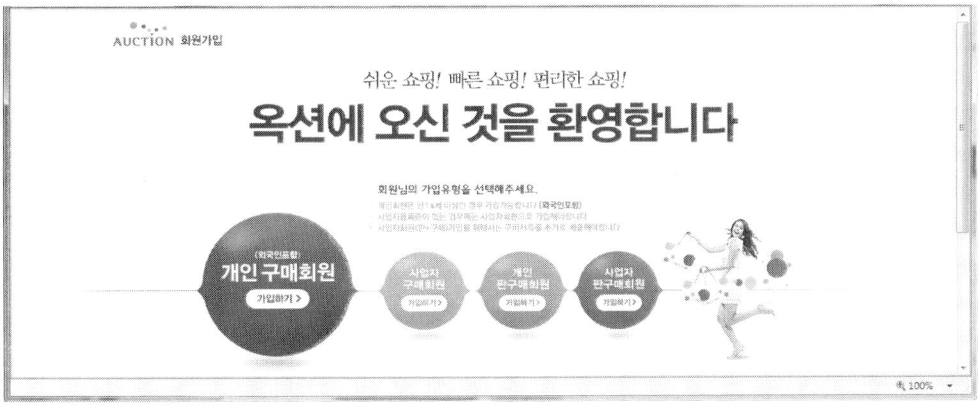

옥션에 회원 가입을 하고 난 후에 옥션의 첫 페이지의 상단에 있는 메뉴에서 "판매하기"를 선택하면 상품 판매에 도움을 주는 "내물품판매 홈"이 나타난다.

"내물품판매 홈"에는 일반 개인회원을 위한 "Sell Basic"과 전문 판매자를 위한 "ESM PLUS"가 있다. "Sell Basic"은 간단하게 개인 장터로 물품을 등록할 수 있고, "ESM PLUS"는 전문적인 판매를 목적으로 수많은 상품을 동시에 등록, 관리할 수 있다.

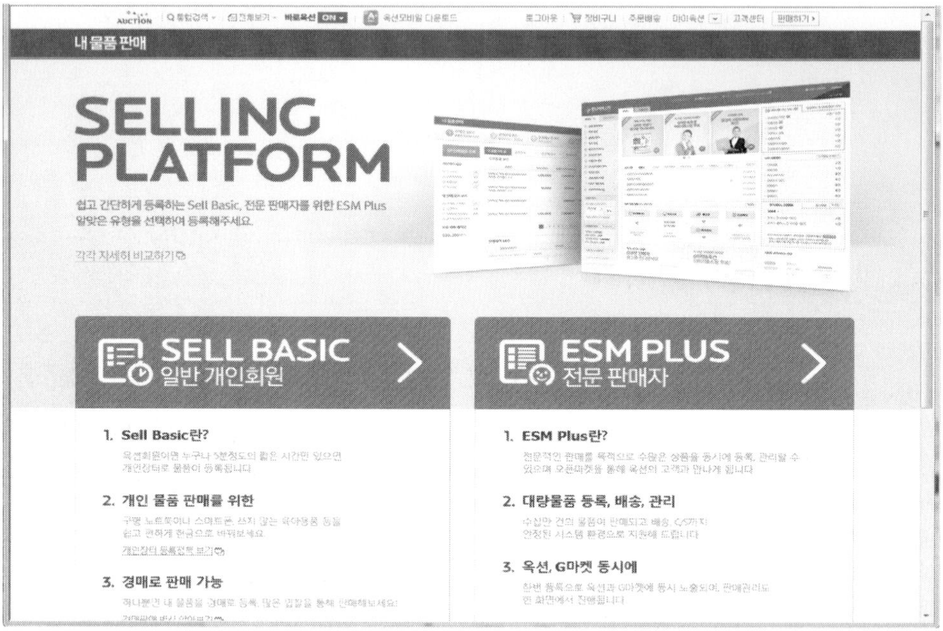

(1) 개인회원을 위한 "Sell Basic"

(2) 전문 판매자를 위한 "ESM(Ebay Sales Manager) PLUS"

ESM PLUS는 G마켓의 GSM, 옥션의 Sell plus가 하나로 통합된 '통합 판매 관리 툴' 이다. ESM PLUS의 주요 기능은 다음과 같다.

상품 관리 1

- 한번 등록으로 옥션/G마켓에 동시 등록이 가능
- 상품 수정 및 관리를 한번에

주문 관리 2

- 신규 주문 확인을 한 번에
- 발송 처리도 한 번에

클레임 관리 3

- 취소 / 반품의 현황을 단계별로 확인
- 취소 / 반품의 처리를 한 번에

정산 관리 4

- 판매 금액의 일괄 확인
- 정산 과정을 이해하기 쉽게

2 G마켓 회원 가입 절차

G마켓(http://www.gmarket.co.kr)에 접속하여 첫 화면 상단에 있는 "회원가입" 메뉴를 클릭한다. G마켓의 회원이 아닌 경우에는 "개인 이딜러 가입하기" 버튼을 클릭하여 가입을 하면 되고, G마켓에 제품 구매를 위해 미리 회원가입이 된 경우에는 "일반회원에서 이딜러 회원으로 전환하기" 버튼을 클릭하여 회원가입 형태를 바꿀 수 있다.

회원가입 후 첫 페이지의 상단에 있는 메뉴에서 "판매관리"를 선택하면 ESM(Ebay Sales Mamager) PLUS 페이지가 나타난다. ESM PLUS는 앞서 설명했듯이 G마켓의 GSM, 옥션의 Sell plus가 하나로 통합된 '통합 셀링 플렛폼' 이다.

CHAPTER 10

판매 상품 등록 및 변경

Chapter 10 판매 상품 등록 및 변경

1 판매예치금 및 송금계좌 등록

옥션 또는 G마켓에서 판매자로 로그인 한 후 ESM PLUS에 접속하거나, 'http://www.esmplus.com' 주소로 접속한 후 로그인 한다. 상품을 등록하기 위해서 판매예치금을 충전하고 송금계좌를 등록한다.

(1) 판매예치금 충전하기

ESM PLUS의 왼쪽 메뉴에서 '정산관리- 판매예치금 관리'를 선택한 후, 본 메뉴에서 '충전하기'를 선택한 다음 판매예치금을 충전한다.

(2) 송금계좌 등록하기

ESM PLUS의 왼쪽 메뉴에서 'ESM+계정(ID)관리 - 관리 계정(ID) 관리 - 판매자 계정(ID) 관리'를 선택한 후, 본 메뉴에서 '송금정보 - 계좌변경'을 선택한 다음 계좌 정보를 입력한다.

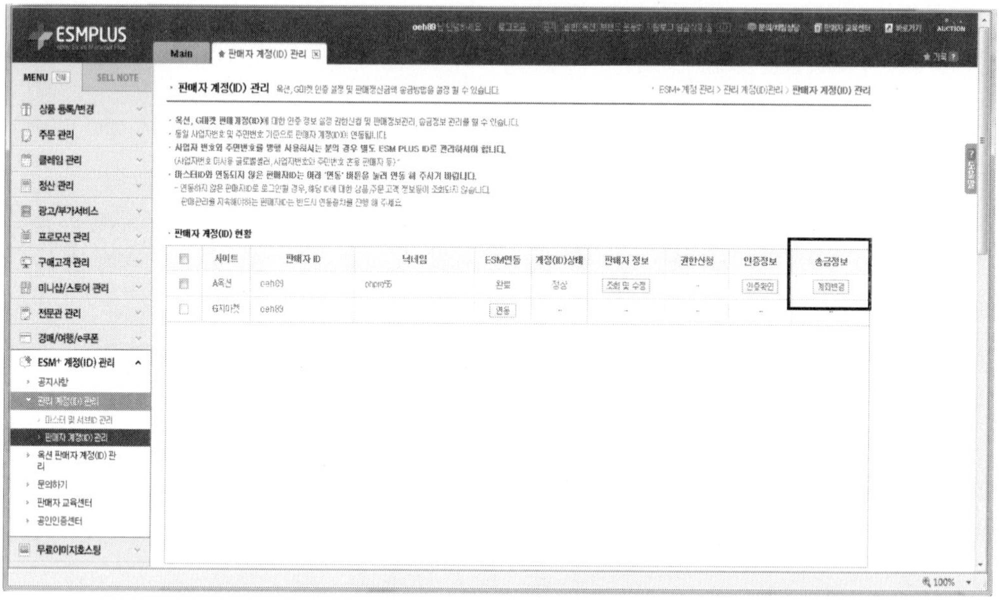

2 상품 등록 마켓과 등록 ID 선택

상품 등록 마켓과 등록 ID를 선택한다. ESM PLUS(통합 셀링 플랫폼)의 상품 등록은 3단계 진행방식으로 이루어진다.

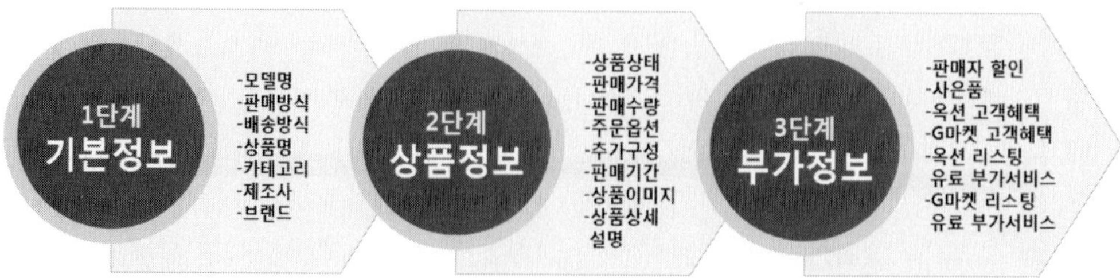

3 상품명 및 주요 상품정보 입력

모델명이 없거나, 검색결과가 없는 경우에는 카테고리와 브랜드를 직접 선택하여 입력하고, 일반적으로 사용되는 모델명이 있는 경우에는 모델명을 입력하여 검색한 후, '이 카탈로그 선택'을 클릭하여 등록한다.

ESM PLUS에서는 모델명 등록 시 연관 카테고리가 자동 추천되며 모델명에 따른 브랜드 정보가 자동 입력된다. 상품명과 홍보문구를 적절하게 입력하고, 추천 카테고리 중에서 선택하여 입력한다.

4 판매방식 및 주요 판매정보 입력

G마켓에서만 진행되었던 특가마켓 판매방식이 옥션에 도입되었다. 특가마켓이란 오픈마켓보다 저렴한 판매수수료로 등록이 가능하고, 전시 노출 비율이 비교적 우위를 차지하며, 상품 리스팅에 특가마켓 아이콘 노출로 프로모션에도 도움을 줄 수 있는 판매 방식을 말한다.

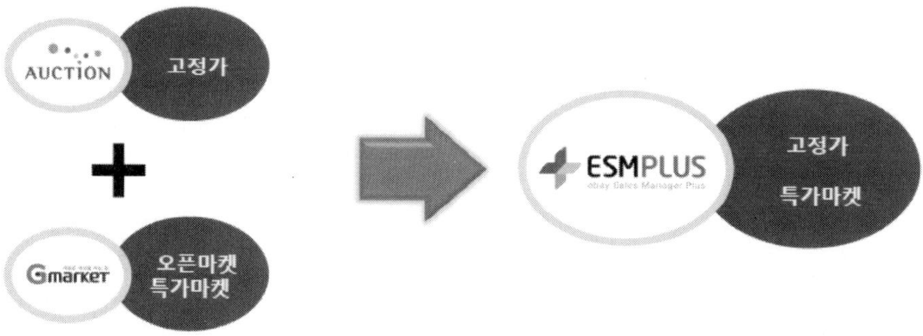

판매방식과 판매기간, 판매가격, 판매수량 등을 입력한다. 이때, 판매기간에 따라 등록 수수료가 발생할 수 있다.

5 상품이미지 등록

오픈 마켓에 등록할 수 있는 상품 사진의 기본이미지는 "600×600, 1MB이하, jpg, png" 만 가능하며, 기본이미지를 등록하면 이미지가 자동으로 리사이징되어 사이트에서 공통으로 노출된다. 600×600이상 이미지를 등록하면 상품상세페이지의 확대보기 팝업에서 확대된 이미지가 제공된다.

또한 추가이미지는 프리미엄에서 추가로 노출되며, 추가 이미지 1, 2번을 포함하여 최대 14개까지 등록 할 수 있다.

6 상품 상세설명 / 무료이미지 호스팅

(1) 왼쪽 사이드 메뉴에서 '무료이미지 호스팅(http://im.esmplus.com)'을 클릭한 후, G마켓이나 옥션의 판매자 아이디 계정으로 로그인 한다.

(2) 왼쪽의 '이미지 호스팅'을 클릭한다. 이미지호스팅 주요 기능 및 명칭은 다음과 같다.

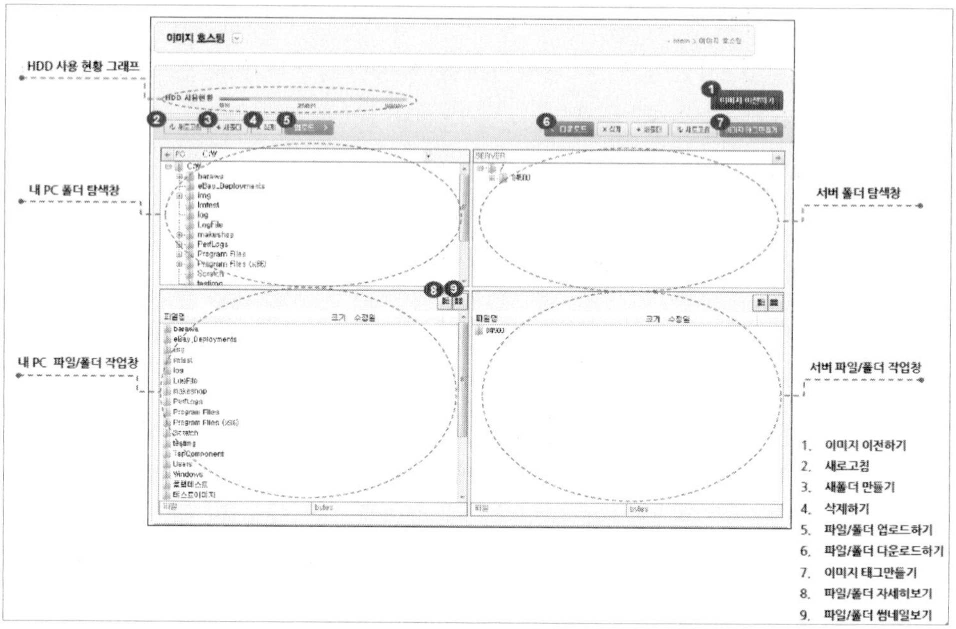

(3) 이미지 업로드하기 : 본인 PC의 C드라이브에 'img 폴더'를 만들고 업로드할 이미지를 저장해 둔다. 이미지 호스팅 페이지에서 'C드라이브 - img 폴더 - 업로드할 이미지'를 선택한 후, '업로드' - '전송시작'을 클릭한다.

(4) 이미지 URL 복사하기 : 업로드한 이미지를 선택한 후 마우스 오른쪽을 클릭하여 '이미지 URL 복사'를 선택하면 해당 이미지 파일의 URL이 클립보드에 복사된다. 해당 이미지 파일의 URL은 <http://ai.esmplus.com/oeh89/oeh.jpg> 이다.

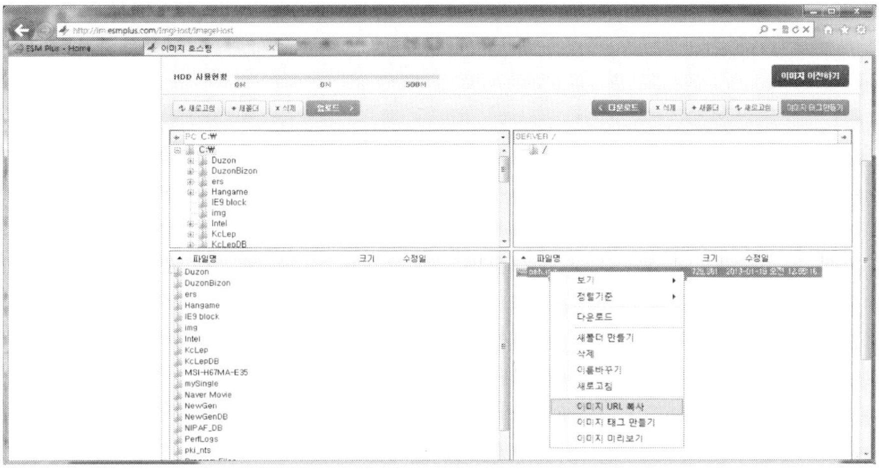

(5) 이미지 태그 만들기 : 선택한 이미지 파일로 만들어진 HTML 태그를 HTML 소스 형식으로 확인하기 위해 이미지를 선택한 후 우측 메뉴에서 '이미지 태그 만들기'를 클릭한다. '이미지' 탭을 선택하면 이미지를 미리 볼 수 있고 'HTML' 탭을 선택하면 HTML 태그를 볼 수 있다. 'HTML 복사' 버튼을 클릭하면 만들어진 HTML 태그가 클립보드로 복사된다.

(6) 상품상세설명 HTML 작성 : 상품상세설명의 HTML 작성에서 복사한 이미지 태그를 붙여넣기 위해 마우스 오른쪽 버튼을 누르고 '붙여넣기' 한다.

7 배송정보 설정

배송방법, 배송비, 반품 정보 등을 설정한다.

8 상품 정보 고시

상품 정보는 전자상거래법(제13조2항) 및 공정위 상품정보제공고시에 의거하여 판매회원이 스스로의 책임으로 입력하여야 하는 사항이다. 여러 상품(주된 상품에 부수되는 상품은 제외)을 추가선택으로 판매하는 경우에는 각 상품에 해당하는 정보를 모두 입력하여야 하며, 제공되는 입력란의 공간이 부족한 경우에는 광고화면에 직접 입력해도 무방하다.

9 리스팅 부가서비스 & 광고프로모션

(1) 옥션 부가서비스 : 유료부가서비스는 프리미엄등록, 주목점수, 상품명 굵게, 시선집중, 포토포커스, 프리미엄플러스 6가지가 있다. 모든 유료부가서비스는 판매기간을 초과할 수 없으며, 포토포커스/프리미엄 플러스는 패키지 상품이므로 다른 모든 유료 부가 서비스와 전시기간이 중복될 수 없다.

(2) G마켓 부가서비스 : 유료부가서비스는 포커스, 포커스플러스, 특가플러스 3가지이다. 특가플러스는 판매방식을 특가마켓으로 선택하였을 경우만 설정 가능하다. 포커스와 포커스 플러스는 판매기간과 무관하여 설정가능하며, 다만 포커스 플러스는 포커스 기간을 초과할 수 없고 특가플러스의 경우 특가마켓 기간을 초과할 수 없다.

10 광고프로모션

(1) 카테고리 스마트상품 : 구매 전환율이 높은 목적구매자들이 방문하는 카테고리 페이지로 대, 중, 소분류 카테고리 페이지에 최대 5개 고정 노출되며, 중·소분류 카테고리는 "판매자명" 탭이 추가 노출된다.

(2) 카테고리 파워 상품 : 중, 소분류 카테고리 페이지에 최대 10개 고정 노출되며 상품정보, 배송, 판매자 등 다양한 정보의 고정노출을 통해 구매를 극대화할 수 있고, 광고비 대비 그 효과가 뛰어나다.

(3) BEST 100 스마트 상품 : 100 스마트상품은 옥션의 인기상품만을 보여주는 페이지 베스트 100이 메인과 중·소분류 카테고리 페이지에 최대 4개 고정 노출되기 때문에 광고비 대비 최고의 효과를 기대할 수 있다.

(4) 상품상세 찬스상품 : 중·소분류 카테고리 페이지에 최대 3개 고정 노출 되며, 선택한 상품과 유사한 찬스상품으로 노출되기 때문에 구매직전의 고객에게 가장 매력적으로 어필할 수 있는 광고상품이다.

11 상품관리

'상품 등록/변경 – 상품관리' 메뉴를 클릭하면 아래와 같이 등록된 상품정보를 확인할 수 있으며, 수정·관리가 가능하다. 등록된 상품을 확인해 보려면 상품번호 옆에 이동 아이콘을 클릭한다.

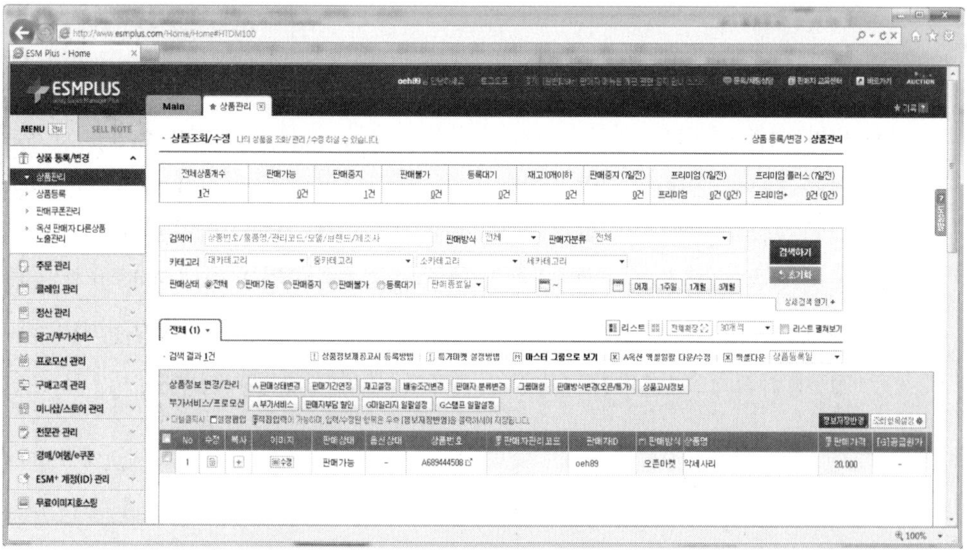

CHAPTER 11

주문 및 클레임 관리

Chapter 11 주문 및 클레임 관리

ESM PLUS에 접속하면 주문관리, 클레임 관리, 정산 관리, 광고/부가서비스, 프로모션 관리, 구매고객 관리, 미니샵/스토어 관리 등 다양한 서비스를 받을 수 있다.

ESM PLUS에서는 옥션/G마켓의 주문관리 처리 단계가 5단계로 되어있다.

1단계 입금확인중 → 2단계 신규주문 → 3단계 발송처리 → 4단계 배송중 → 5단계 구매결정

1 주문자 정보 수정

ESM PLUS에서는 G마켓에서만 가능한 주문자 정보의 수정이 옥션에서도 가능해졌다. 신규 주문건에서 마우스 오른쪽 클릭 후 팝업에서 쉽게 수정할 수 있다.

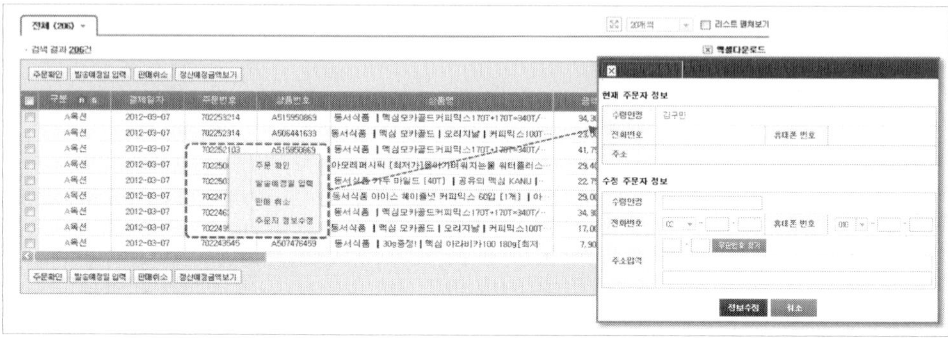

2 택배사 선택

(1) 빠른 배송은 기본이다.

판매자의 정확하고 빠른 배송은 '구매 만족'으로 화답해 준다. 배송에 관하여 조금이라도 좋은 평가를 받기 위해서는 우선적으로 상품 페이지에 배송 안내에 대한 문구를 작성해두면 좋을 것이다. 상품을 빠르게 배송 받기 위해서는 언제까지 입금해야 되는지에 대한 구체적인 문구를 아래와 같이 작성하면 좋다.

> "오후 2시 이전까지 입금 확인이 이루어지면 당일 배송해드립니다. 오후 2시 이후 입금 시에는 다음 날 배송해 드립니다."

위와 같은 문구와 함께 입금 확인 관련 이미지와 빠른 배송에 만족하는 고객들의 고객평이 담긴 이미지를 함께 상품 상세 설명 페이지에 포함시킨다면 판매자가 할 수 있는 최선의 노력을 다했다고 할 수 있다.

(2) 택배사의 집하 시간을 체크하라

배송에 있어서 결정적인 문제는 택배사와의 관계이다. 앞서 설명한 빠른 배송과 관련된 문구를 작성해 놓고 실제로는 택배사의 늦장 배송이 진행된다면 무더기 반품 사례가 발생할 수도 있다. 그렇기 때문에 택배사와의 관계는 매우 중요하다고 할 수 있다. 택배사와 계약할 때 당일 배송을 해주는지, 익일배송을 해주는지 체크해야 된다. 실제로 많은 초보 판매자들은 건당 택배비를 할인 받는 데만 치중하는 경우가 있는데, 택배의 생명은 택배비가 아니라 정확성과 신속성이 더 중요하다는 것을 잊어서는 안된다.

택배사를 선택할 때 택배사가 판매자가 있는 곳으로 집하를 언제 하러 올 수 있는지도 매우 중요하다. 보통 택배 집하는 크게 3가지로 오전 집하, 오후 2~3시, 5시 집하가 있다. 그 중에서 5시 집하를 택배사와 계약했을 경우에는 4시 40분에 입금 또는 결제 완료한 고객까지는 당일 배송이 가능해진다(포장시간 20분 소요 예상). 4시 40분에 입금 또는 결제 완료하고 다음날 받아 본다면 그 고객은 24시간 안에 받아보게 되는 것이다. 이런 고객들은 아마도 대부분 물품을 받은 후 상품에 '너무 빠른 배송에 감사드려요^^', '배송이 너무 빠르네요.'와 비슷한 평을 하게 될 것이다.

(3) 배송사를 올바로 선택하라

택배사 선택 시 집하 시간 못지않게 중요한 사항이 택배비이다. 오픈 마켓의 상품들을 분석해 보면 최저가 판매 사례가 다른 어떤 곳보다도 많은 것을 알 수 있다. 택배비는 구매자가 부담할 수 있고, 판매자가 부담할 수도 있다. 택배비가 구매자가 부담해야 된다면 구매자는 상품 값과 배송비를 합한 금액이 최종 구입비가 된다. 그렇기 때문에 무료 배송이 아니라면 가능하면 택배비는 저렴하게 책정하는 것이 좋다. 물론 택배비를 이용한 판매 마케팅 전략을 세울 수도 있을 것이다.

배송사는 크게 택배 서비스, 퀵서비스, 지하철 택배, 국제 택배, 우체국 택배 등이 있다. 또한 오픈 마켓마다 계약된 택배 시스템이 있다. 옥션은 굿스플로 서비스, G마켓은 통합택배 서비스 등이 있다. 판매자들이 가장 많이 이용하는 배송은 택배 서비스이다. 택배는 보통 1일 또는 한 달 발송량에 따라 건당 가격이 결정된다. 처음부터 많은 수량을 배송할 수 없는 초보 판매자들이 가장 애로를 겪는 사항이기도 하다. 왜냐하면, 처음에는 배송 수량이 많지 않기 때문에 택배비를 비싸게 지불할 수 밖에 없기 때문이다. 보통 하루 10~20건 정도만 된다면 이용 요금은 건당 2,500원 전후로 조정할 수 있다.

3 판매자 직접 반품/교환 신청

ESM PLUS에서는 배송중 주문건에 대하여 판매자가 간편하게 반품/교환 처리를 할 수 있다.

<판매자 직접 반품신청> <판매자 직접 교환신청>

(1) 취소 관리

옥션/G마켓의 취소건을 한번에 쉽게 관리 할 수 있다.

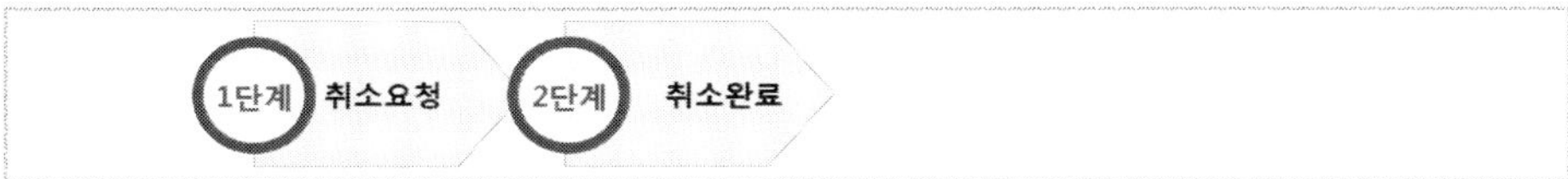

(2) 반품 관리

옥션/G마켓의 반품건을 한번에 쉽게 관리 할 수 있다.

(3) 교환 관리

옥션/G마켓의 교환건을 한번에 쉽게 관리 할 수 있다.

4 반품 대비 전략

오프라인 매장, 즉 상품을 직접 보고 확인한 다음 구매한 소비자들도 불량품 및 소비자의 변심으로 반품을 한다. 인터넷 쇼핑몰은 상품을 직접 보고 구매한 것이 아니기 때문에 더욱더 반품의 가능성이 많은 것이 사실이다. 이 반품을 줄여야 매출을 올릴 수 있다.

(1) 반품 원칙

어떤 경우에 반품을 허용하고, 어떤 경우에 반품을 허용하지 않을 것인지 원칙을 정하고, 소비자가 구매하기 전에 볼 수 있도록 상품 안내 페이지에 반품 내용을 설명한다. 일반적으로 고객 변심에 의한 교환 및 반품의 경우에는 배송비는 소비자 부담이다. 상품 이상에 의한 교환 및 반품인 경우의 배송비는 판매자 부담이다.

(2) 반품된 상품의 처리 방법

반품된 상품은 소비자가 포장을 개봉한 후 반송하기 때문에 대부분 새 물건과 차이가 있다. 이 물건을 다시 판매하면 판매자의 이미지를 추락시킬 수 있다. 그러므로 반품된 상품은 따로 모아서 이를 처리하는 것이 바람직하다. 물론, 상품에 문제가 있다면 상품 공급처에 문의하여 교환하거나 환불받아야 할 것이다. 의류인 경우, 반품들을 모았다가 계절 특가 세일을 진행하거나 1천원 경매 등의 이벤트에 사용할 수도 있다.

(3) 반송 요금의 결정

상품의 결함을 제외하고 대부분의 경우 반송 요금은 소비자가 부담한다. 상품을 배송한 택배 업체와 일정 계약을 맺어두면 반송 상품의 택배 비용에 대해서 일정 부분 할인을 받을 수 있다. 보통 배송된 상품의 5% 정도가 반송된다고 보고, 이에 대해서 택배 회사와 계약하게 된다.

5 반품을 줄이는 노하우

반품된 상품은 다시 판매하기 어려운 경우가 대부분이며, 택배 처리비도 많이 들어가기 때문에 반품을 줄이는 노력이 필요하다.

(1) 상세한 상품 정보

상품에 대한 상세한 정보는 기본이기도 하지만, 반품을 줄이는 중요한 요소이다. 소비자가 원하는 상품이 맞는지 정확하게 알 수 있게 도와주어야 한다. 상품에 대한 사진을 많이 찍어서 올리면 올릴수록 매출도 늘어나고, 반송도 줄일 수 있다.

사진뿐만 아니라, 사용 후기를 볼 수 있게 하는 것도 도움이 된다. 특히 의류 상품의 경우에는 질감이나 바느질 상태를 볼 수 있게끔 접사 촬영하여 소비자들에게 자세히 안내해 주어야 한다.

(2) 상품의 단점 경고

상품 판매자 입장에서는 장점을 부각시켜 물건을 판매하는 것도 중요하지만, 단점도 확실히 알릴 필요가 있다. 단점을 알리지 않으면 구매자로부터 신뢰를 잃어 재구매를 유도할 수 없을 뿐만 아니라, 많은 반품으로 운영이 힘들게 된다. 단점이 있다면 정직하고 과장없이 소개할 필요가 있다.

(3) 사진과 실제 상품의 차이 경고

사진과 실제 상품의 사진이 다르기 때문에 반품을 요청하는 구매자들이 많이 있다. 상품의 이미지를 위해 각종 효과 및 포토샵 작업을 통해 상품의 사진을 고급스럽고 멋지게 올려놓기 마련이다. 사진은 상품과 어떻게 다를 수 있는지를 설명하거나 최소한 '본 이미지는 실제 상품 이미지와 다를 수 있습니다' 정도의 알림 문구라도 상품 설명에 올려 줄 필요가 있다. 사진과 실제 상품과의 차이 때문에 가장 많은 반품이 발생하는 것은 의류와 액세서리이다. 이 상품들의 경우, 상품의 색상이 구매 결정에 매우 중요한 요소로 작용하기 때문에 사진과 상품의 차이가 크면 클수록 반품이 많이 생긴다.

(4) 정성이 담긴 포장

정성이 담긴 포장은 소비자의 구매 만족도를 높여준다. 상품이 포장이 지저분하거나 이미 개봉한 후 다시 포장한 흔적이 있으면 구매자의 기분을 상하게 할 수 있다. 그렇기 때문에 배송 상자는 깨끗한 것을 사용하여야 한다. 제품이 작은 액세서리이거나 이미지가 중요한 상품이라면 재포장을 하는 것도 고객의 기분을 좋게 만들어서 반품을 줄일 수 있다. 작은 액세서리를 포장한다면 1차로 액세서리 전용 플라스틱이나 나무 상자에 넣고, 일반 배송 상자에 완충재와 함께 다시 포장하여 상품의 품격을 높여 발송하면 제품을 받은 고객의 만족도가 증가해서 반품 빈도를 줄일 수 있다.

(5) 빠른 배송 및 배송 정보 공개

배송이 늦어지면 상품을 개봉하지도 않고 반송시키는 구매자들도 많이 있다. 그 만큼 배송 기간은 중요하다. 빠른 배송을 위해 매일 오후에 익일배송이 가능한 시스템을 구축해 놓는 것이 좋다. 당일 주문한 상품을 오후에 배송한다면 같은 지역의 경우, 익일 소비자의 손에 도착하기 때문에 고객 만족도가 매우 높아진다. 빠른 배송이 가장 중요하지만, 상품의 입고 지연이나 및 배송 상의 문제로 배송이 늦어진다면 소비자에게 현재 상품의 위치를 알 수 있는 정보를 공개하여야 한다. 배송이 늦어진 사유나 현재 위치를 고객에게 전화 혹은 이메일을 통해서 알리지 않고 늦게 배송한다면 소비자는 기분이 상하고, 반품율도 높아진다.

6 정산관리

(1) 판매예치금

G마켓은 G캐시, 옥션은 판매예치금으로 각각 구분되던 사이버머니 명칭이 판매예치금 이라는 명칭으로 동일하게 변경되었으며, 그로 인해 통합 관리 및 전환이 가능해졌다.

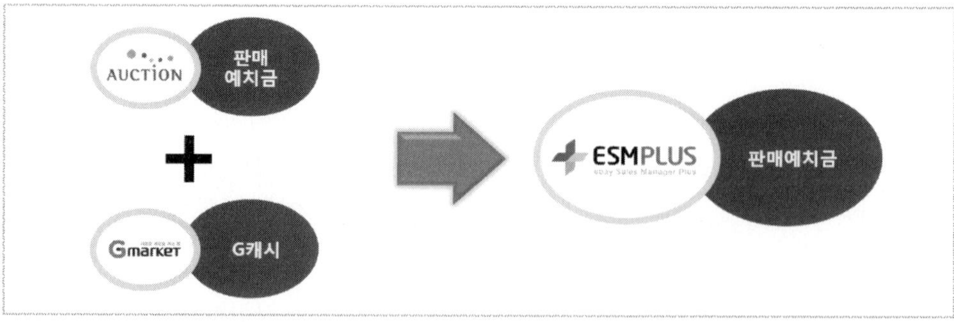

① 판매예치금 전환

ESM PLUS에서는 계정별로 구분하여 이용 가능한 판매예치금 전환 기능이 도입 되었다(단, 현금 성 판매예치금에 대해서만 전환 가능).

② 판매예치금 자동 충전

ESM PLUS에서는 자동충전 설정이 가능하며, 적용기간은 설정된 기간 동안 만 적용되고, 기간 종료 시 제외된다(단, 판매예치금 잔액이 설정 금액 이하 일 경우 자동으로 충전되도록 함).

(2) 구매 결정 및 정산기준

ESM PLUS에서는 옥션의 구매결정 제도가 G마켓에 도입 되었으며 옥션/지마켓 정산 기준이 통일 되어 구매자의 구매결정 후 다음날 송금된다.

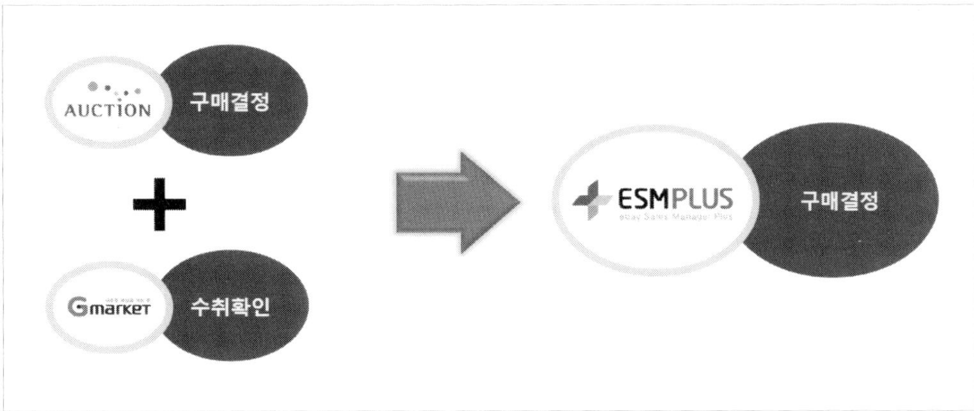

CHAPTER 12

고객 관리

Chapter

12 고객 관리

1 고객 응대 통합

G마켓, 옥션 각각의 판매관리에서 별도 관리하던 고객문의 관리 기능이 ESM PLUS에서는 통합되어 한번에 관리가 가능하다. 양사의 고객문의 현황 및 긴급 알리미, 게시판 처리내역을 확인 할 수 있다.

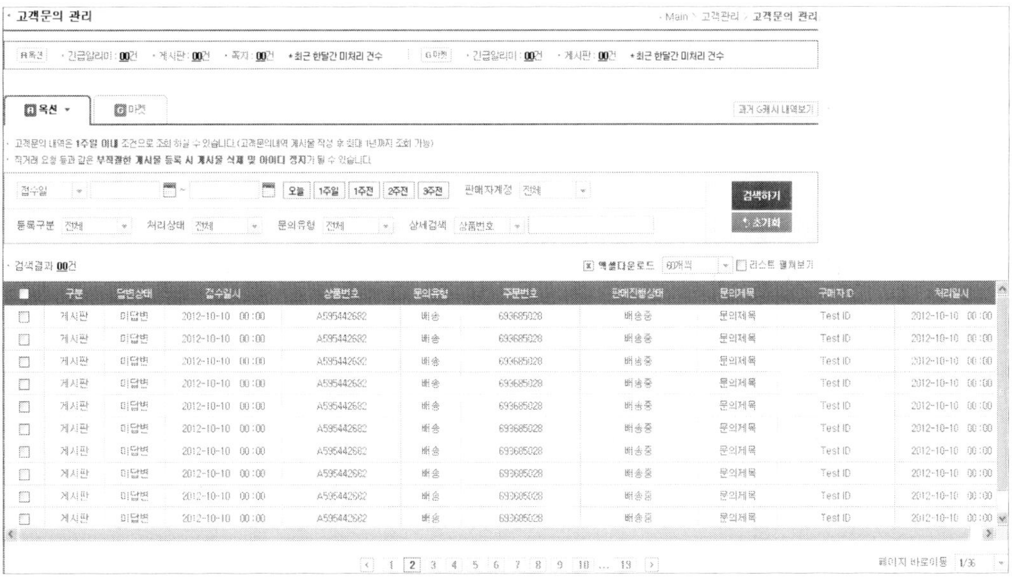

2 고객 리스트 관리 및 제공

ESM PLUS에서는 옥션/G마켓의 모든 구매자 주문내역을 조회 할 수 있다. 즉, 구매자 ID, 구매자 이름, 수령인 이름, 상품번호, 주문번호, 기간으로 설정하여 조회가 가능하다. 그리고 최근 1년간의 정보 조회가 가능하며 주문관리 페이지에 직접 가지 않고도 주문/클레임 내역 조회가 가능하다.

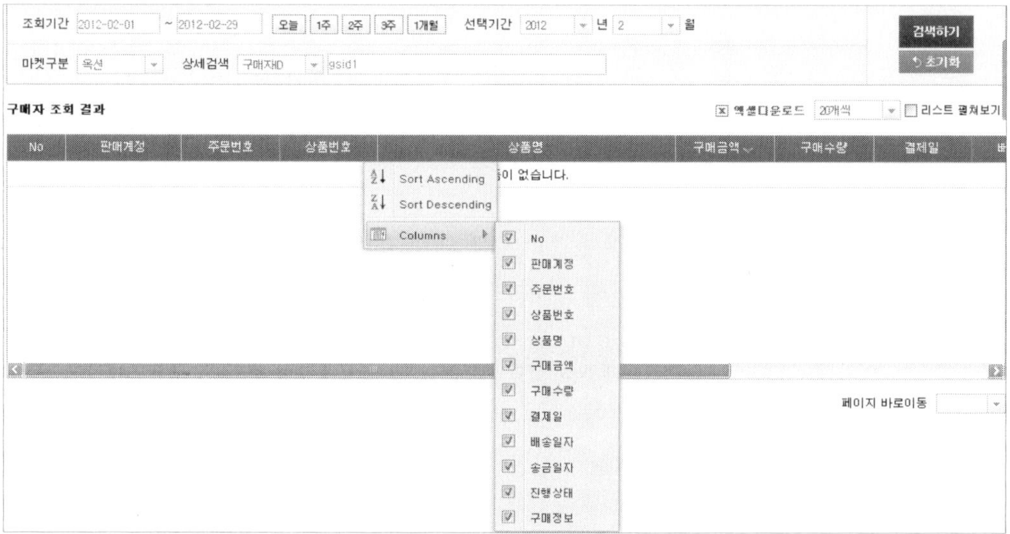

3 판매 방해 ID 관리

ESM PLUS에서는 경쟁판매자의 고의적인 판매 방해와 구매자의 상습적인 구매거부, 언어폭력 등으로 인한 판매자의 일방적인 피해 방지를 위하여 특정 아이디의 구매 제한 기능을 제공한다. 해당 기능은 사이트/계정 별로 분리하여 관리 할 수 있다.

4 고객 관리 전략

한 번도 방문하지 않은 손님들을 불러 모으는 것도 마케팅의 한 방법이지만, 한 번 방문한 손님 또는 한 번 구매한 손님을 계속 우리 고객으로 만드는 것이 더욱 중요한 마케팅 방법이라고 할 수 있다. 즉, 한 번 구매한 소비자를 단골 고객으로 만들기 위해 고객 관리가 필요하다.

고객 관계 관리(CRM; Customer Relationship Management)란, 고객과 관련된 기업의 내·외부 자료를 분석, 통합하여 고객 특성에 기초한 마케팅 활동을 계획하고, 지원하며, 평가하는 과정을 말한다. CRM은 고객 수익성을 우선하여 콜센터, 캠페인 관리 도구와의 결합을 통해 고객 정보를 적극적으로 활용하여, 기업 내 사고를 바꾸자는 내용이 내포되어 있다. 기업의 고객과 관련된 내·외부 자료를 이용하자는 측면은 데이터베이스 마케팅과 성격이 같다고 할 수 있지만, CRM의 경우 고객의 정보를 취할 수 있는 방법, 즉 고객 접점이 데이터베이스 마케팅에 비해 훨씬 더 다양하고, 이 다양한 정보의 취득을 전사적으로 행한다는 차이가 있다.

CRM은 고객 데이터의 세분화를 실시하여 신규 고객 획득, 우수 고객 유치, 고객 가치 증진, 잠재 고객 활성화, 평생 고객화와 같은 사이클을 통하여 고객을 적극적으로 관리하고, 유도하며, 고객의 가치를 극대화시킬 수 있는 전략을 통하여 마케팅을 실시하게 되는 것이다.

(1) 고객 DB 구축하기

고객의 개인 정보 등을 데이터베이스 작성하여 CRM의 대상을 확정할 수 있다. 고객 데이터베이스의 가장 기본적인 구성은 이름, 주민등록번호, 아이디, 전화번호, 주소, 이메일 주소, 회원 주문 리스트(이력), 고객의 문의 메일이나 코멘트 기록 등으로 이루어진다. 이에 덧붙여 포인트 내역이나 생일날짜도 데이터베이스에 포함시킬 수 있다.

(2) 고객의 수요 예측하여 메일 보내기

신상품이 입고되었거나 기획/이벤트가 있다면 회원 리스트의 이메일을 활용하여 타겟 마케팅의 자료로서 활용 할 수 있다. 이왕 사려고 맘먹었다면 소비자들은 혜택을 받으려고 할 것이므로 쇼핑몰을 방문할 수 있는 확률도 높아진다.

(3) 적립금 및 포인트 적립

고객의 구매에 따라 일정 비율의 적립금을 주고 이를 다음 구매에 사용할 수 있게 하면 고객들은 적립금을 사용하여 알뜰 쇼핑을 하기위해 다시 방문하게 된다. 또한 상품 구매시 상품명을 쓸 경우, 추가 포인트를 주는 것도 좋은 방법이다. 이러한 활동들은 고객의 참여와 활동을 유발시키고 고객 충성도를 향상시킬 수 있다.

(4) 할인/보너스 쿠폰 발행

특정 상품에 할인/보너스 쿠폰을 발행하거나, 단골 고객에게 할인/보너스 쿠폰을 발행함으로써 상품 구매를 유도할 수 있다. 할인/보너스 쿠폰을 발행하면 자사 및 자사 상품의 홍보도 되면서 매출을 높일 수 있다.

(5) 사은품 제공

사은품은 추첨으로 증정하는 비교적 고가의 사은품과 모든 구매 고객에게 배송시 일괄적으로 보내줄 수 있는 비교적 저가의 사은품이 있다. 또한 사은품은 판매 상품의 이미지에 어울리는 것을 준비해야 더욱 효과를 높일 수 있다. 예를 들어 패션 아이템이라면 액세서리를, 캐릭터 상품이라면 캐릭터 스티커를, 전자제품 이라면 먼지 제거기 등을 사은품으로 제공한다면 저가의 자그마한 사은품이지만 고객에 만족도를 높일 수 있을 것이다.

CHAPTER 13

사업자등록 및 통신판매업 신고

Chapter 13 사업자등록 및 통신판매업 신고

1 사업자[1)]

부가가치세법상의 사업자는 납세의무를 진다. 그러므로 납세의무가 없는 면세 사업자를 제외한 사업자, 즉 과세사업자만이 부가가치세법상의 사업자이다. 과세 사업자는 업종과 매출규모에 따라 일반과세자와 간이과세자로 구분한다. 일반 과세자와 간이 과세자는 소득세의 계산에서는 차이가 없지만, 부가가치세에 있어서는 세금 계산 방식, 세금 계산서 발행 의무 등 여러 가지 차이가 있다.

---

1) 오픈 마켓에서 상품을 판매하는 사업자의 경우 사업자 회원으로 활동하지 않고 개인 회원으로 판매활동을 하는 경우가 있다. 세법에서는 사업체와 관련된 활동을 하면서 지출될 경비가 5만원 이상일 경우 증빙자료를 수취해야 하는데, 만약 개인 회원으로 판매 활동을 할 경우 이와 관련된 증빙자료를 수취할 수 없게 되고 사업상 필요 경비로 인정받기 어렵게 된다. 뿐만 아니라 세금 계산서를 발급받지 못하는 경우 관련 매입 세액을 공제하지 못하게 되므로 매입 세액에 해당하는 금액만큼 부가가치세로 지불해야 한다.
사업자등록을 한 경우, 발생한 비용에 대해서는 세금을 낼 때 혜택을 받을 수 있으므로 수익 발생이 확실치 않아도 비용이 많이 발생하는 시점이라면 사업자등록을 하는 것이 유리하다. 세금이란 기본적으로 매출에서 비용을 뺀 수익의 일부를 납부하는 것이므로 비용이 크다면 수익이 적기 때문에 세금을 적게 내는 것이다.

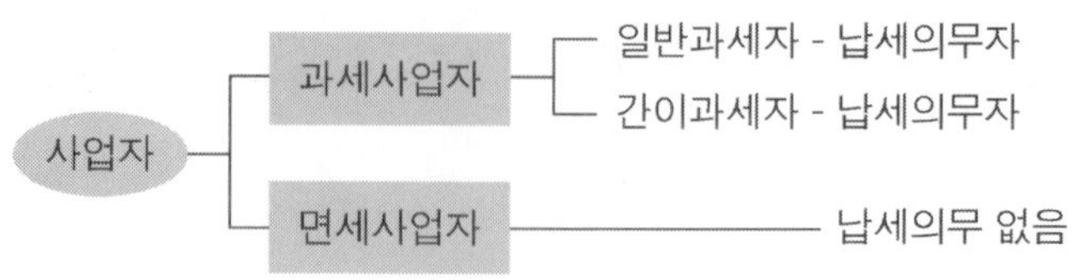

(1) 일반 과세자

법인은 모두 일반 과세자에 해당하며 개인의 경우는 간이 과세 기준에 해당하지 않는 경우, 즉 매출액이 4,800만원 이상이 되는 경우와 업종 및 지역 등이 간이 과세 기준에 해당하지 않는 경우에는 반드시 일반 과세자로 사업자등록을 해야 한다.

(2) 간이 과세자

간이 과세자는 업종별로 주로 소매 등 최종 소비자를 상대로 하는 경우로, 매출 규모가 크지 않은 소규모 사업자에 해당된다. 소규모 사업자들이기 때문에 체계적인 자료의 관리, 사업 실적의 관리 등이 이루어지지 않는 경우가 많고, 납세의무를 이행하는데 따라 비용의 부담이 상대적으로 크기 때문에 법령에서는 간편한 방식으로 의무를 이행할 수 있도록 편의를 제공하고 있다.

간이과세자는 직전 1역년의 공급대가의 합계액이 4,800만원에 미달하는 개인사업자로 공급대가의 수준에 관계없이 광업, 제조업 등 일정한 사업은 간이과세적용이 배제된다. 납부세액은 "공급대가×당해 업종의 부가가치율×10%"로 계산되며, 세금계산서를 교부할 수 없고 영수증만을 교부한다. 또한 당해 과세기간(6개월)에 대한 공급대가가 1,200만원 미만인 경우에는 납부세액을 납부할 의무를 면제하며, 예정신고 의무가 없으며 예정고지도 생략한다.

간이 사업자 중에서 연간 매출액이 2,400만원(6개월간 1,200만원) 미만인 사업자는 부가세를 면제받게 된다. 그러므로 간이 사업자 중에서 부가세를 내는 사업자는 연간 매출액이 2,400~4,800만원 미만인 판매자들이다. 간이 과세자 중 연간 매출액이 4,800만원 이상일 경우에는 자동으로 일반 과세자로 변경된다.

구 분	일반과세자	간이과세자
대상 사업자	간이 과세자가 아닌 모든 과세사업자	1년간 매출액 4,800만원 미만이고 간이과세가 배제되는 사업 및 지역에 해당되지 않는 경우의 개인사업자
과세표준	부가가치세가 포함되지 않은 공급가액	부가가치세가 포함된 공급대가
세율	10%	10%×업종별 부가가치율
거래징수	세액을 별도로 거래 징수	대가에 포함하여 영수
세금 계산서	세금계산서 교부	세금계산서 교부가 불가능하고 영수증 교부만 가능
납부 세액	매출세액－공제 대상 매입세액	공급대가×업종별 부가가치율×10%－매입 세금 계산서 등의 매입 세액×업종별 부가가치율
예정신고 의무	예정신고 있으며, 개인 사업자는 고지납부(예정고지액이 10만원 이하일 경우 고지 생략)	예정신고 없이 확정신고 함
세액 공제 및 환급	매출 세액을 초과하는 매입 세액은 환급	납부 세액을 초과하는 매입 세액 공제액은 환급하지 않음
납부의무 면제	없음	1과세 기간(6개월)의 공급대가가 1,200만원 미만인 경우 부가세 신고는 하되, 부가세 납부 의무가 면제됨
가산세	부가가치세법상 모든 가산세 적용	미등록 가산세 0.5%
기장 의무	장부 비치·기장의무 있음	영수 보관의 의무

일반사업자와 간이사업자 중에 어떤 것이 유리할까?

일반과세자와 간이과세자는 세금의 계산방법, 세금계산서 발행 등에 차이가 있다. 일반적으로 소규모이면서 세금계산서를 발행하지 않아도 되는 경우에는 간이사업자가 유리하다. 간이과세자는 1.5~4%의 낮은 세율이 적용되지만 세금계산서를 발행할 수 없다. 단, 아래의 간이과세 배제기준에 해당되는 사업자는 소규모라 하더라도 간이사업자로 등록할 수 없다.

>>> 간이과세 배제기준

1. 광업, 제조업(과자점, 떡방앗간, 도정·제분업, 양복·양장·양화점은 가능)
2. 도매업(소매업 겸업시 도·소매업 전체), 부동산매매업
3. 시 이상 지역의 과세유흥장소
4. 전문직사업자(변호사, 심판변론인, 변리사, 법무사, 공인회계사, 세무사, 경영지도사, 기술지도자, 감정평가사, 손해사정인, 관세사, 기술사, 건축사, 도선사, 측량사 등)
5. 사업장 소재지, 사업의 종류·규모 등을 감안하여 국세청장이 정한 간이과세배제 기준에 해당 되는 사업자
   → **국세청장이 정한 간이과세 배제기준**
6. 일반과세 적용을 받는 다른 사업장이 있는 경우
   (다만, 개인택시·용달차운송업, 이·미용업 등은 간이과세 계속 적용됨)
7. 일반과세자로부터 포괄양수 받은 사업

일반과세자는 10%의 세율이 적용되지만 물건 등을 구입하면서 받은 매입세금계산서상 부가가치세액을 전액 공제받을 수 있고 세금계산서를 발행할 수 있다.

일반과세자 또는 간이과세자로 등록했더라고 그 유형은 변할 수 있다. 간이과세자로 사업자등록 했지만 1년(1.1－12.31) 동안의 매출액이 4,800만원 이상이 되면 일반과세자로 전환되게 되어 있다. 반대로 위의 간이과세 배제기준에 해당되지 않는 일반사업자의 경우 1년 동안의 매출액이 4,800만원 미만이 되면 간이과세자로 전환된다. 하지만 세금계산서를 계속 발행해야 하는 사업을 영위하는 경우, 간이과세포기신고를 하게 되면 매출액이 저조하더라도 계속 일반사업자를 유지할 수 있다(단, 간이과세 포기이후 3년 동안은 간이과세를 적용 받을 수 없다).

[출처] 국세청 블로그(http://blog.naver.com/ntscafe), 2009.

(3) 면세 사업자

면세란 일정한 재화 또는 용역의 공급과 재화의 수입에 대하여는 부가가치세의 납세의무를 면제하는 제도를 말하며, 주로 최종소비자에게 부가가치세의 부담을 경감시키기 위하여 이 면세제도를 활용하고 있다. 면세는 면세대상거래의 매출에서 산출하는 매출세액만을 면제하는 것이므로 전 단계에서 부담한 매입세액은 공제 또는 환급하지 않는다. 면세는 다음과 같은 것을 포함한다.

① 기초생활필수품

- 미가공식료품[1](식용에 공하는 농산물, 축산물, 수산물과 임산물을 포함) 및 우리나라에서 생산된 식용에 공하지 아니하는 미가공 농산물, 축산물, 수산물과 임산물
- 수돗물
- 연탄과 무연탄(유연탄, 갈탄, 착화탄은 과세)
- 여성용 생리처리위생용품
- 영유아용 기저귀와 분유

② 국민후생관련 재화와 용역

- 의료보건용역(수의사의 용역포함)과 혈액(약사가 의약품을 판매하는 것은 과세)
- 교육용역(주무관청의 인가, 허가를 받지 않은 학원, 강습소 등에서 지식, 기술 등을 가르치는 것은 과세)
- 여객운송용역(항공기, 고속버스, 전세버스, 택시, 특수자동차, 특종선박 또는 고속철도에 의한 여객운송 용역은 과세)
- 우표, 인지, 증지, 복권과 공중전화(수집용 우표는 과세)
- 판매가격이 200원 이하인 제조담배와 특수제조용 담배
- 주택과 이에 부수되는 토지의 임대용역

---

1) 미가공식료품이란 농, 축, 수, 임산물과 소금(공업용 소금과 기계정제염 제외)으로서 가공되지 아니하거나 기타 원생산물의 본래의 성질이 변하지 아니하는 정도의 1차가공(탈곡, 정미, 제분, 정육, 건조, 냉동, 염장, 포장 등)을 거쳐 식용에 공하는 것을 말한다. 미가공식료품은 국산, 외국산을 불문하고 면세한다.
면세 ex) 김치, 김, 젓갈류, 간장, 된장 고추장, 단무지, 장아찌, 두부, 메주 등 단순가공식품
과세 ex) 맛김, 바나나우유, 딸기우유, 생크림 등

③ 문화관련 재화와 용역
- 예술창작품, 예술행사, 문화행사와 비직업 운동경기(골동품, 모조품은 과세)
- 도서(도서대여용역 포함), 신문, 잡지, 관보, 뉴스통신 및 방송(광고는 과세)
- 도서관, 과학관, 박물관, 미술관, 동물원 또는 식물원에의 입장

④ 부가가치 구성요소
- 토지의 공급
- 저술가, 작곡가 기타 일정한 자가 직업상 제공하는 인적 용역
- 금융, 보험용역

⑤ 기타의 재화와 용역
- 종교, 자선, 학술, 구호 기타 공익을 목적으로 하는 단체가 공급하는 재화 또는 용역 등
- 국가, 지방자치단체 또는 지방자치단체조합이 공급하는 재화 또는 용역
- 국가, 지방자치단체, 지방자치단체조합 또는 공익단체에 무상으로 공급하는 재화 또는 용역 등

면세포기란 면세되는 재화, 용역을 공급하는 사업자가 면세를 포기하고 과세로 전환하는 것을 말하는데 다음 2가지 경우에 한하여 면세포기를 인정하고 있다.

▸ 영세율이 적용되는 재화 또는 용역
▸ 학술연구단체 또는 기술연구단체가 공급하는 재화 또는 용역

면세를 포기하고자 하는 사업자는 관할세무서장에게 포기신고를 하고 지체없이 사업자등록을 하여야 한다. 이러한 면세포기는 언제든지 가능하며, 관할관청의 승인을 요하지 않는다. 한편, 면세포기를 한 사업자는 신고한 날로부터 3년간은 부가가치세의 면제를 받지 못하며 그 후 다시 면세를 적용받고자 하는 경우에는 면세적용신고와 함께 사업자등록증을 제출하여야 한다. 면세적용신고를 하지 않은 경우에는 계속하여 면세를 포기한 것으로 본다.

2 사업자등록

(1) 사업자등록[1)]

사업자등록이란 납세의무가 있는 사업자를 관할세무서의 대장에 등록하는 것을 말하며, 이로 인하여 관세관청은 납세의무자를 파악할 수 있고 사업자는 고유의 등록번호를 부여받아 거래시에 이를 활용하게 된다. 신규로 사업을 개시하는 자는 사업장[2)]마다 사업개시일로부터 20일 이내에 "사업자등록신청서"를 작성하고 다음의 서류를 첨부하여 사업장 관할세무서장에게 등록하여야한다.

그리고 간이과세자가 되려면 간이과세 적용신고도 함께 해야 한다. 간이과세 적용신고는 사업자등록신청서의 해당란에 표시하면 된다.

- ▸ 사업자등록 신청서 1부(세무서 민원봉사실에 비치)
- ▸ 사업허가증사본 1부(허가를 받아야 하는 사업의 경우)
- ▸ 사업허가 전에 등록을 하고자 하는 경우에는 사업허가신청서 사본이나 사업계획서
- ▸ 법인설립등기 전 또는 사업허가 전에 등록을 하고자 하는 경우에는 법인설립을 위한 발기인의 주민등록등본 또는 사업허가신청서사본이나 사업계획서를 첨부
- ▸ 2인 이상이 공동으로 사업을 하는 경우 공동사업자 전원의 주민등록등본과 공동 사업 사실을 증명할 수 있는 서류(동업계약서 등)
- ▸ 임대차계약서(임대차계약서 원본에 1만원의 수입인지 첨부·소인한 후 복사)[3)]

---

1) 사업자미등록: 사업개시일로부터 20일 이내에 사업자등록을 하지 아니하거나 타인명의(배우자 제외)로 허위 등록한 경우를 말하며, 사업자미등록의 경우 매입세액 공제를 받을 수 없으며, 공급가액의 1%를 가산세로 징수하여야 한다.

2) 사업장이라 함은 사업자 또는 그 사용인이 상시 주재하여 거래의 전부 또는 일부를 행하는 장소를 말한다. 법인의 경우 법인의 본점, 지점 모두 사업자등록을 하여야 하고, 개인도 사업장이 2개 이상 있는 때에는 사업장마다 사업자등록을 하여야 하며 직매장도 사업자등록을 하여야 한다. 단, 보관 관리시설만 갖춘 하치장을 설치하고, 그 날로부터 10일 이내에 하치장 관할 세무서에 하치장 설치 신고서를 제출한 경우나, 기존사업장이 있는 사업자가 각종 경기대회, 박람회, 국제회의 등이 개최되는 장소에 임시사업장을 개설하는 경우나 임시로 기존사업장과는 다른 장소에 단기간 판매장을 개설하는 경우로서 사업 개시일 20일전에 임시사업장 관할 세무서에 임시사업장 개설 신고서를 제출한 경우는 사업자등록을 하지 않아도 된다.

3) 임차인이 임차보증금에 대하여 법의 보호를 받기 위해서는 사업자등록을 반드시 해야 하며

신규로 사업을 개시하고자 하는 자는 사업개시일 전이라도 등록할 수 있다. 사업자가 사업을 개시하기 전에 상품을 구입하거나 시설투자를 하고자 하는 경우 상품 매입시 부담한 부가가치세를 환급 받으려면 사업을 개시하기 전에 사업자등록을 하여 매입 계산서를 교부받는 것이 유리하다. 이때에는 사업을 개시한 것이 객관적으로 확인되어야 사업자등록증이 교부된다.

여러 가지 사업을 겸업할 때 즉, 과세사업과 부가가치세가 면세되는 사업을 겸업할 때에는 부가가치세법에 의한 사업자등록만을 하면 된다. 부가가치세가 면세되는 사업만을 하는 경우 소득세법(법인의 경우 법인세법)에 의한 사업자등록을 하여야 한다. 2인 이상의 사업자가 공동으로 사업을 하는 경우 사업자등록신청은 공동사업자중 1인을 대표자로 하고 공동사업자 전원의 주민등록등본을 붙여 대표자 명의로 신청하여야 한다. 이 경우에는 공동으로 사업을 하는 사실을 증명할 수 있는 동업계약서 등의 서류(공동계약서 등)를 함께 제출하여야 한다.

(2) 사업자등록증의 교부

사업자등록 신청을 받은 사업장 관할세무서장은 사업자의 인적사항과 기타 필요한 사항을 기재한 사업자등록증을 신청일부터 3일 내에 신청자에게 교부하여야 한다. 다만, 사업장시설이나 사업현황을 확인하기 위하여 국세청장이 필요하다고 인정하는 경우에는 교부기한을 5일에 한하여 연장하고 조사한 사실에 따라 사업자등록증을 교부할 수 있다.

(3) 사업자등록증의 사후관리

▸ 사업자등록의 정정 : 사업자의 등록사항에 다음의 변동사항이 발생한 때에는 지체없이 사업장 관할세무서장에게 신고하여야 하며, 신고를 받은 세무서장은 다음의 기한내에 정정내용을 확인하고 사업자등록증의 기재사항을 정정하여 등록증을 재교부하여야 한다.

사업자등록시 관할세무서에서 확정일자를 받아야 한다. 확정일자란 건물소재지 관할 세무서장이 임대차계약서의 존재사실을 인정하여 임대차계약서에 기입한 날짜를 말한다. 건물을 임차하고 사업자등록을 한 사업자가 확정일자를 받으면 등기를 한 것과 같은 효력을 가지므로 임차한 건물이 경매나 공매로 넘어갈 때 확정일자를 기준으로 보증금을 우선변제 받을 수 있다.

사업자등록 정정사유	재발급기한
① 상호를 변경하는 때 ② 사이버몰에 인적사항 등의 정보를 등록하고 재화나 용역을 공급하는 사업자(통신판매업자)가 사이버몰의 명칭 또는 인터넷 도메인 이름을 변경하는 때	신청일 당일
③ 법인의 대표자를 변경하는 때 ④ 사업의 종류에 변경이 있는 때 ⑤ 사업장을 이전하는 때 ⑥ 상속으로 인하여 사업자의 명의가 변경되는 때 ⑦ 공동사업자의 구성원 또는 출자지분의 변경이 있는 때 ⑧ 상가건물임대차보호법을 적용받는 경우에 임대인, 임대차 목적물이나 그 면적, 보증금, 차임 또는 임대차기간의 변경이 있거나 새로이 상가건물을 임차한 때 ⑨ 사업자단위과세사업자가 사업자단위과세적용사업장을 변경하는 때 ⑩ 사업자단위과세사업자가 종된 사업장을 신설·이전·휴업·폐업하는 때	신청일 부터 3일 내

▶ 휴·폐업신고 : 등록한 사업자가 휴업 또는 폐업하거나 사업개시 전에 등록한 자가 사실상 사업을 개시하지 아니하게 되는 때에는 지체없이 사업장 관할세무서장에게 "휴업(폐업)신고서"에 사업자등록증과 폐업신고확인서(법령에 의하여 허가를 받거나 등록 또는 신고를 하여야 하는 사업에 한하며, 폐업신고를 한 사실을 확인할 수 있는 서류의 사본을 말한다)를 첨부하여 관할세무서장에게 제출하여야 한다. 다만, 사업자가 부가가치세 확정신고서에 폐업연월일 및 사유를 기재하고 사업자등록증과 폐업신고 확인서를 첨부하여 제출하는 경우에는 폐업신고서를 제출한 것으로 본다. 사업장 관할세무서장은 사업자가 폐업한 때에는 지체없이 그 등록을 말소하여야 한다. 그리고, 폐업 일로부터 25일 안에 폐업 일까지의 사업실적에 대한 부가가치세 확정 신고 납부를 하여야 한다. 또한 사업자가 팔고 남은 상품이나 제품 그리고 물건이나 기계장치에 대해서도 부가가치세가 과세된다는 점을 유의해야 한다. 이때 상품이나 제품은 시가로, 건물이나 기계장치와 같은 감가상각자산은 세법에서 정한 평가방법으로 값을 평가하여 과세하게 된다.

의심스러운 거래처, 정상 사업자인지 확인하는 방법은?

> 왕성실 씨는 모든 일을 규정대로 처리하는 사람으로, 물건을 구입할 때도 세금계산서를 철저히 받고 있다. 그런 그가 며칠 전 세무서로부터 1년 전 부가가치세를 신고할 때 공제 받은 매입세액 중 1백만원은 폐업자로부터 받은 세금계산서이기 때문에 공제 받을 수 없으니 이를 해명하라는 「과세자료 소명 안내문」을 받았다. 왕성실 씨는 그럴 리가 없다고 생각하여 내용을 확인해 보니, 지난해 평소 거래관계가 없던 사람으로부터 시가보다 싼 가격에 물건을 한 번 구입했던 것이 문제가 된 것이다. 그러나 이제 와서 달리 해명할 방법이 없어 꼼짝없이 세금을 낼 수밖에 없는 처지가 되었다.

이와 같이 거래상대방이 정상사업자인지 여부가 의심스러울 땐 어떻게 해야 될까?

사업을 하다 보면 평소 거래를 하지 않던 사람으로부터 시세보다 싸게 물품을 대 줄 테니 사겠냐는 제의를 받아 이를 구입하는 경우가 있다. 이런 경우에는 거래상대방이 정상사업자인지, 세금계산서는 정당한 세금계산서인지 여부를 우선 확인해 봐야 한다. 왜냐하면 거래상대방이 폐업자이거나, 세금계산서가 다른 사업자 명의로 발행된 때에는 실제 거래를 하였더라도 매입세액을 공제 받을 수 없기 때문이다. 그러므로 거래상대방이 의심스러우면 세금계산서를 받을 때 다음 사항을 반드시 확인해 보는 것이 좋다.

첫째, 물건을 판 사업자가 발행하는 세금계산서인지를 확인해봐야 한다.

최근에는 물건을 판매하는 사람이 자신의 매출을 숨기기 위해 다른 사람 명의로 세금계산서를 발행하는 경우가 많은데, 이런 세금계산서를 "위장세금계산서"라 한다. 위장세금계산서를 받은 경우에는 매입세액을 공제 받을 수 없다.

둘째, 세금계산서 발행이 가능한 정상사업자인지를 확인해야 한다.

폐업자나 간이과세자, 면세사업자는 세금계산서를 발행할 수 없기 때문에 이들이 발행한 세금계산서는 세금계산서로서의 효력이 없어 매입세액을 공제 받을 수 없다. 특히, 폐업자가 폐업신고를 하고 난 후 재고품을 처리하는 과정에서 종전의 사업자등록번호로 세금계산서를 발행하는 경우가 종종 있으므로, 거래상대방이 의심스러울 때는 반드시 확인해 보는 것이 좋다.

거래상대방이 일반과세자인지, 폐업자인지 알고 싶을 때는 '국세청 홈페이지 과세유형 및 휴·폐업 여부 조회(http://www.nts.go.kr/cal/cal_check_02.asp)'에서 확인해 볼 수 있다.

홈택스에서도 서비스를 하고 있으며, 홈택스에서는 국세청 홈페이지와 달리 로그인을 해야 하지만 매일 업데이트를 하고 있어, 국세청 홈페이지보다 7일 정도 최신의 자료를 제공하고 있다. 즉 국세청 홈페이지의 휴폐업 조회는 실제와 최대 7일의 차이가 발생한다는 사실과 거래증빙으로 사용할 수 없다는 점은 명심하여야 한다.

[출처] 국세청 블로그(http://blog.naver.com/ntscafe), 2009.

■ 부가가치세법 시행규칙 [별지 제3호서식] <개정 2012.2.28>

홈택스(www.hometax.go.kr)에서도 신청할 수 있습니다.

사업자등록신청서(개인사업자용)
(법인이 아닌 단체의 고유번호 신청서)

※ 귀하의 사업자등록 신청내용은 영구히 관리되며, 납세성실도를 검증하는 기초자료로 활용됩니다.
아래 해당 사항을 사실대로 작성하시기 바라며, 신청서에 본인이 자필로 서명하여 주시기 바랍니다.

※ [ ]에는 해당되는 곳에 √표를 합니다.

(앞쪽)

접수번호		처리기간	3일(보정기간은 불산입)

1. 인적사항

상 호(단 체 명)		전 화 번 호	(사 업 장)
			(자 택)
성 명(대 표 자)			(휴대전화)
주민등록번호		FAX번 호	
사업장(단 체) 소재지			

2. 사업장 현황

업 종	주업태		주종목		주업종 코드	개업일	종업원 수
	부업태		부종목		부업종 코드		

사이버몰 명칭		사이버몰 도메인	

사업장구분	자가 면적	타가 면적	사업장을 빌려준 사람 (임 대 인)			임대차 명세		
			성 명 (법인명)	사업자 등록 번호	주민(법인) 등록번호	임대차 계약기간	(전세) 보증금	월 세
	㎡	㎡				. . . ~ . . .	원	원

허 가 등 사업 여부	[ ]신고 [ ]등록 [ ]허가 [ ]해당없음	주류면허	면허번호	면허신청
				[ ]여 [ ]부

개별소비세 해 당 여 부	[ ]제조 [ ]판매 [ ]입장 [ ]유흥

사업자금 명세 (전세보증금 포함)	자기자금	원	타인자금	원
사업자단위과세 적용 신고 여부	[ ]여 [ ]부		간이과세 적용 신고 여부	[ ]여 [ ]부

전자 세금 계산서 (e세로)	회원가입 신청 여부	[ ]여 [ ]부	사용자 아이디(ID)	(영어 또는 영어·숫자의 조합, 6~20자) * 온라인 신청 회원과 ID 중복방지를 위해 기재하신 ID앞에 영문이 첨부되어 등록됩니다. qt[xxxxx] : 세무서 신청, qh[xxxxx] : 홈택스 신청
	전용메일 이용 동의	[ ]동의함 [ ]동의하지않음	* e세로 회원가입을 신청한 경우에 한해 전용메일 이용 동의 여부 선택이 가능하며 동의한 경우 사업자등록증에 전용메일 주소가 표시됩니다. * 아래 전자우편주소로 초기 비밀번호가 발송되니 전자우편주소를 반드시 정확하게 적어야 합니다.	

전자우편주소		국세청이 제공하는 국세정보 수신동의 여부	[ ]동의함 [ ]동의하지않음

그 밖의 신청사항	확정일자 신청 여부	공동사업자 신청 여부	사업장소 외 송달장소 신청 여부	양도자의 사업자등록번호 (사업양수의 경우에 한정함)
	[ ]여 [ ]부	[ ]여 [ ]부	[ ]여 [ ]부	

210㎜×297㎜[백상지 80g/㎡ 또는 중질지 80g/㎡]

(뒤 쪽)

3. 사업자등록 신청 및 사업 시 유의사항 (아래 사항을 반드시 읽고 확인하시기 바랍니다)

가. 귀하가 다른 사람에게 사업자명의를 빌려주는 경우 사업과 관련된 각종 세금이 명의를 빌려준 귀하에게 나오게 되어 다음과 같은 불이익이 있을 수 있습니다.
  1) 조세의 회피 및 강제집행의 면탈을 목적으로 자신의 성명을 사용하여 타인에게 사업자등록을 할 것을 허락한 사람은 「조세범 처벌법」 제11조제2항에 따라 1년 이하의 징역 또는 1천만원 이하의 벌금에 처해집니다.
  2) 소득이 늘어나 국민연금 및 건강보험료를 더 낼 수 있습니다.
  3) 명의를 빌려간 사람이 세금을 못내게 되면 체납자가 되어 소유재산의 압류・공매처분, 체납명세의 금융회사 등 통보, 출국규제 등의 불이익을 받을 수 있습니다.

나. 귀하가 다른 사람의 명의로 사업자등록을 하고 실제 사업을 하는 것으로 확인되는 경우 다음과 같은 불이익이 있습니다.
  1) 조세의 회피 또는 강제집행의 면탈을 목적으로 타인의 성명을 사용하여 사업자등록을 한 사람은 「조세범 처벌법」 제11조제1항에 따라 2년 이하의 징역 또는 2천만원 이하의 벌금에 처해집니다.
  2) 「부가가치세법」 제22조제1항제2호에 따라 사업개시일부터 실제 사업을 하는 것으로 확인되는 날의 직전일까지의 공급가액에 대하여 100분의 1에 해당하는 금액을 납부세액에 가산하여 납부하여야 합니다.
  3) 「주민등록법」 제37조제10호에 따라 다른 사람의 주민등록번호를 부정사용한 자는 3년 이하의 징역 또는 1천만원 이하의 벌금에 처해집니다.

다. 귀하가 실물거래 없이 세금계산서 또는 계산서를 발급하거나 발급받은 경우 또는 이와 같은 행위를 알선・중개한 경우에는 「조세범 처벌법」 제10조제3항 또는 제4항에 따라 해당 법인 및 대표자 또는 관련인은 3년 이하의 징역이나 공급가액 및 그 부가가치세액의 3배 이하에 상당하는 벌금에 처해집니다.

라. 신용카드 가맹 및 이용은 반드시 사업자 본인명의로 하여야 하며 사업상 결제목적 외의 용도로 신용카드를 이용할 경우 「여신전문금융업법」 제70조제2항에 따라 3년 이하의 징역이나 2천만원 이하의 벌금에 처해집니다.

대리인이 사업자등록신청을 하는 경우에는 아래의 **위임장을 작성하시기 바랍니다.**

위 임 장	본인은 사업자등록 신청과 관련한 모든 사항을 아래의 대리인에게 위임합니다. 본 인: (서명 또는 인)		
대리인 인적사항	성명	주민등록번호	전화번호	신청인과의 관계

위에서 작성한 내용과 실제 사업자 및 사업내용 등이 일치함을 확인하며, 「부가가치세법」 제5조제1항・제25조제3항, 같은 법 시행령 제7조제1항・제74조제4항, 같은 법 시행규칙 제2조제1항 및 「상가건물 임대차보호법」 제5조제2항에 따라 사업자등록 [[ ]일반과세자[ ]간이과세자[ ]면세사업자[ ]그 밖의 단체] 및 확정일자를 신청합니다.

년 월 일

신청인: (서명)

위 대리인: (서명)

세 무 서 장 귀하

신고인 제출서류	1. 사업허가증 사본, 사업등록증 사본 또는 신고필증 사본 중 1부(법령에 따라 허가를 받거나 등록 또는 신고를 하여야 하는 사업의 경우만 해당합니다) 2. 임대차계약서 사본(사업장을 임차한 경우만 해당합니다) 1부 3. 「상가건물 임대차보호법」이 적용되는 상가건물의 일부분을 임차한 경우에는 해당 부분의 도면 1부 4. 자금출처명세서(금지금 도・소매업 및 과세유흥장소에의 영업을 하려는 경우만 해당합니다) 1부	수수료 없음

※ 사업자등록 신청 시 다음과 같은 사유에 해당하는 경우 붙임의 서식 부표에 추가로 적습니다.
① 공동사업자에 해당하는 경우
② 종업원을 1명 이상 고용한 경우
③ 사업장 외의 장소에서 서류를 송달받으려는 경우
④ 사업자단위과세 적용을 신청한 경우(2010년 이후부터 적용)

3 통신판매업 신고

인터넷 쇼핑몰을 시작하면 사업자등록과 함께 통신판매업 신고 및 부가통신 사업자 신고를 해야 한다.

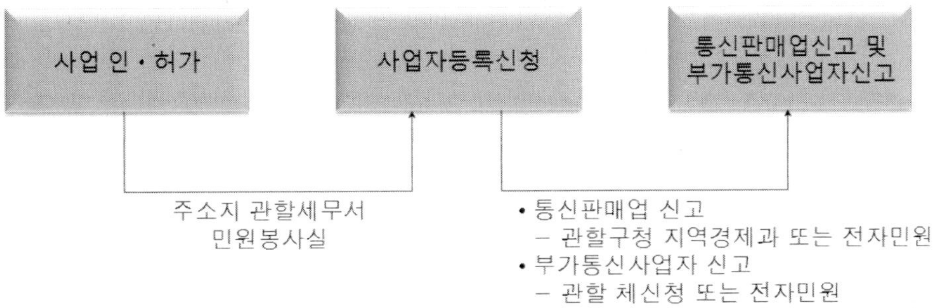

통신판매업 신고란, 실제 매장에서 소비자에게 물건을 판매하는 것이 아니라 방문 및 온라인을 통해서 물건을 판매하기 때문에 발생할 수 있는 문제들에 대해서 정부가 관리 감독하기 위해서 생긴 제도이다.

옥션이나 G마켓 등의 오픈마켓은 판매자와 소비자를 연결하는 시스템만을 제공하고 판매 및 구매에 관한 책임은 판매자와 소비자가 주체가 되는 쇼핑몰 개념이다. 따라서 사업자등록을 내고 사업을 하는 회사는 오픈마켓에서 물건을 팔기 위해서는 통신판매신고가 필수적으로 필요하다.

통신판매업 신고를 하지 않고 인터넷 쇼핑몰을 장기간 운영하게 되면 1년 이하의 징역이나 3,000만원 이하의 벌금을 물어야 한다. 하지만, 간이 과세자인 경우 통신판매업 신고를 하지 않고 운영이 가능하기도 하므로, 관할관청에서 확인해야 한다. 이 경우 홈페이지에 간이 사업자이기 때문에 통신판매업 신고를 하지 않았고, 따라서 통신판매업 신고 번호가 없다는 내용을 공지하여야 한다.

통신판매업 신고는 각 지역 구청의 지역경제과에서 담당하므로 자세한 사항은 구청의 민원실을 통해 문의 가능하다. 사업장이 위치하고 있는 관할구청 지역경제과에 통신판매업의 면허세와 지방국고채를 납부하고 통신판매업 신고서를 작성한 후 통신판매 신고를 신청한다. 신청 후 1주일에서 10일 정도 후에 특별한 사유가 없는 한 통신판매업 신고 번호와 신고증을 발급받을 수 있다. 통신판매업 신고서를 작성하기 위해서는 사업자등록증과 대표자 도장, 신분증 그리고 쇼핑몰 관련 정보를 준비해야 한다. 여기서 쇼핑몰 관련 정보란, 인터넷 쇼핑몰의 인터넷 주소, 관리자 이메일 그리고 서버가 위치하고 있는 주소를 말한다. 통신판매업 신고서를 작성하기 위한 준비 서류는 다음과 같다.

① 사업자등록증사본(신고증의 교부일부터 30일 이내에 제출가능)

② 법인등기부등본(법인의 설립 등기 전에 신고를 하는 때에는 법인설립을 위한 발기인의 주민등록표등본)

③ 도장(신고서에 미리 날인 시 필요없음)

④ 신분증(방문하시는 분)

4 부가통신사업자 신고

부가통신서비스의 일반적인 의미는 전송이라는 기본적인 통신서비스에 컴퓨터의 기능을 결합하여 향상된 부가가치의 통신서비스를 제공하는 것을 말하며, 부가통신사업자란 부가통신사업을 영위하기 위해서 전기통신사업법에 의거 방송통신위원회(관할 체신청)에 신고한 자를 말한다.

전자상거래는 부가통신망서비스에 해당되므로 전기통신사업법에 의거 쇼핑몰의 사업자등록시 세무서에서 부가통신사업자 신고를 요구하는 경우에는 방송통신위원회(www.ekcc.go.kr) 사이트상에서 '민원신청 > 부가/별정 통신 > 부가통신사업 신고'를 해야 된다.

온라인상에서 상품의 홍보 및 판매가 이루어지는 경우(결제까지 이루어짐) 통신판매업 신고 및 부가통신사업자 신고를 모두 해야 하며, 온라인에서 홍보만 하고 실 주문 및 결제는 방문이나 유선통화 등을 이용하는 경우 통신판매업 신고만 필요하다.

【쇼핑몰을 하는 경우 신고사항】

구 분	사업자등록증	통신판매업신고	부가통신업사업신고
신고 관련 법률	부가가치세법	소비자보호에 관한 법률	전기통신사업법
신고목적	납세 의무	소비자 보호	소비자 보호
소관부서	국세청	공정거래위원회	방송통신위원회
신고기관	관할 세무서	관할 구청	관할 체신청
미신고시	가산세 부과 매입세액불공제	통신판매법 보호대상에서 제외, 벌금/과태료 부과	벌금/과태료 부과

통신판매업자가 그 영업을 휴업 또는 폐지하거나 휴업 후 영업을 재개하는 경우, 온라인 신청(http://www.egov.go.kr/)이 가능하다.

[별지 제1호서식]

<table>
<tr><td colspan="5" rowspan="2">통신판매업신고서</td><td>처리기간</td></tr>
<tr><td>3일</td></tr>
<tr><td rowspan="10">신
고
인</td><td colspan="2">법인명 (상호)</td><td colspan="3"></td></tr>
<tr><td colspan="2">소 재 지</td><td colspan="3">(전화번호 :)</td></tr>
<tr><td colspan="2">대표자 (성명)</td><td>서명(인)</td><td>주민등록번호</td><td></td></tr>
<tr><td colspan="2">주 소</td><td colspan="3">(전화번호 :)</td></tr>
<tr><td colspan="2">전자우편주소</td><td colspan="3"></td></tr>
<tr><td colspan="2">인터넷도메인이름</td><td colspan="3"></td></tr>
<tr><td colspan="2">호스트서버소재지</td><td colspan="3"></td></tr>
<tr><td rowspan="2">참고
사항</td><td>판매방식</td><td colspan="3">TV홈쇼핑( ), 인터넷( ), 카다로그( ), 신문잡지( ), 기타( )</td></tr>
<tr><td>취급품목</td><td colspan="3">종합몰( ), 교육/도서/완구/오락( ), 가전( ), 컴퓨터/사무용품( ), 가구/수납용품( ), 의류/패션/잡화/뷰티( ), 레져/여행/공연( ), 건강/식품( ), 성인/성인용품( ), 자동차/자동차용품( ), 상품권( ), 기타( )</td></tr>
<tr><td colspan="6">전자상거래등에서의소비자보호에관한법률 제12조제1항, 동법시행령 제13조 및 동법시행규칙 제8조제1항의 규정에 의하여 위와 같이 신고합니다.

년 월 일

제출인 : (서명 또는 인)
※ 위 신고인과 동일인이 아닐 경우에만 기재합니다.

시장·군수·구청장 귀하</td></tr>
<tr><td colspan="5" rowspan="3">※ 구비서류
1. 사업자등록증 사본 1부(신규로 통신판매업 신고를 하는 경우에는 신고증 교부일부터 30일 이내에 제출합니다)
2. 법인등기부등본 1부(법인인 경우에 한합니다. 다만, 법인의 설립등기 전에 신고를 하는 경우에는 발기인의 주민등록표등본 1부를 제출합니다)</td><td>수수료</td></tr>
<tr><td>없음</td></tr>
<tr><td></td></tr>
</table>

210mm 297mm(신문용지 54g/㎡(재활용품)

CHAPTER 14

세금과 신고

Chapter 14 세금과 신고

1 사업자가 내야 할 세금[1)]

사업을 하는 사람이 내야 하는 세금은 상품의 거래나 서비스의 제공에 대하여 내는 부가가치세와 사업을 해서 얻는 소득에 대하여 내는 소득세로 크게 구분이 된다.

(1) 부가가치세

① 일반과세자의 부가가치세

부가가치세(value added tax)란 재화나 용역의 생산 또는 유통단계에서 발생되는 부가가치에 대해 부과되는 조세이다. 여기서 부가가치란 생산 또는 유통단계의 사업자가 독자적으로 새로이 창출한 가치이다. 부가가치세는 부가가치에 일정한 세율(10%)을 곱하여 계산한다. 즉, 일정기간의 매출액에 세율을 곱하여 매출세액을 계산하고 매입액에 세율을 곱하여 매입세액을 계산한 다음, 매출세액에서 매입세액을 공제하여 부가가치세를 계산한다.

부가가치세 = 매출세액 − 매입세액
(매출액×세율) (매입액×세율)

1) 세금과 관련해서 궁금한 내용은 국세청(http://www.nts.go.kr)이나 관할 세무서에 전화해서 물어보면 친절히 안내해 준다. 또한 국세청 홈페이지의 FAQ란을 보면 일반적으로 가장 많이 물어보는 내용들을 정리해서 안내하고 있다. 또한 특별한 사항이나 개별적인 질문은 개별민원란을 통해 문의를 접수하면 몇 일 내에 답변을 받을 수 있다.

② 간이과세자의 부가가치세

간이과세자의 부가가치세는 업종별 부가가치율을 적용한 매출세액에서 업종별 부가가치율을 적용한 매입세액을 차감해 계산한다.

부가가치세 = 매출액 × 업종별 부가가치율 × 10% − 공제세액
※ 공제세액 = (세금계산서상 매입세액 × 업종별부가가치율)

【간이과세자에 적용되는 업종별 부가가치율】

업 종	부가가치율
• 전기·가스·증기 및 수도사업	5%
• 소매업, 재생용재료수집 및 판매업, 음식점업	10%
• 제조업, 농·임·어업, 숙박업, 운수 및 통신업	20%
• 건설업, 부동산임대업, 기타서비스업	30%

사업을 하는 경우에는 기초생활필수품의 판매나 의료·교육 문화 관련 용역의 제공 등 면세를 제외하고, 원칙적으로 상품(재화)의 거래나 서비스의 제공에 대하여 부가가치세를 내야 한다.

사업자에 대한 부가가치세의 과세기간은 다음과 같다.

과 세 기 간		신 고 납 부 기 한			
구 분	대상기간	구 분	신고대상기간	신고납부기한	신고대상자
제1기	1.1 ~ 6.30	예정신고	1.1 ~ 3.31	4.1 ~ 4.25	법인사업자
		확정신고	4.1 ~ 6.30	7.1 ~ 7.25	법인·개인사업자
제2기	7.1 ~ 12.31	예정신고	7.1 ~ 9.30	10.1 ~ 10.25	법인사업자
		확정신고	10.1 ~ 12.31	익년 1.1 ~ 1.25	법인·개인사업자

• **신규사업개시자** : 신규로 사업을 개시하는 자에 대한 최초의 과세기간은 사업개시일부터 그 날이 속하는 과세기간의 종료일까지로 한다.

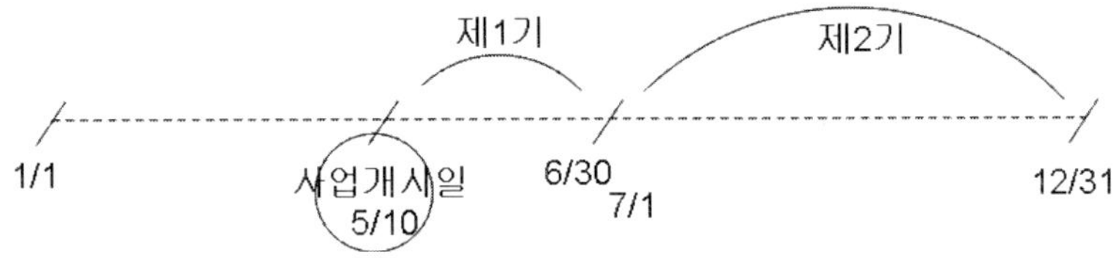

다만, 사업개시 전에 사업자등록을 한 경우에는 그 등록일로부터 그 날이 속하는 과세기간의 종료일까지로 한다.

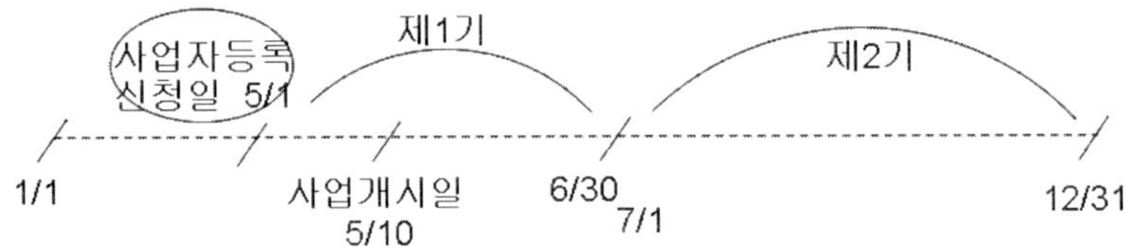

• **폐업자** : 사업자가 폐업하는 경우의 과세기간은 폐업일이 속하는 과세기간의 개시일로부터 폐업일까지로 한다.

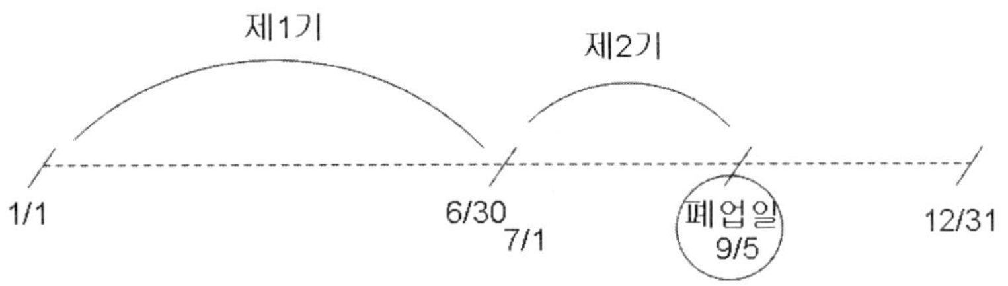

(2) 소득세

소득세란 소득에 대해서 내는 세금을 말하며, 개인이 벌어들인 전체 소득에 대해 계산됨으로 종합소득세라고 불린다. 소득세는 1년간 벌어들인 수익에서 비용을 뺀 나머지(이익)에 대해서 세금을 내는 것이다. 즉, 어떤 사업을 진행해서 번 돈뿐만 아니라, 자신이 가지고 있는 부동산 때문에 생긴 수익, 이자 수익, 배당 수익 등 개인이 1년 동안 벌어들인 수익을 모두 합산하여 종합소득세를 계산하게 된다. 개인사업자는 사업을 해서 얻은 소득에 대하여 1년에 한번 소득세를 신고·납부하여야 한다. 종합소득세의 신고기간은 한해(1월1일~12월31일)의 소득에 대한 소득세를 다음해 5월 1일~5월31일까지 주소지 관할세무서에 신고、납부하여야 한다.

종합 소득세는 자진 신고 및 자진 납부하는 세금이므로 운영자 스스로 장부를 기장하거나 혹은 세무사의 도움을 받아 세무서에 신고한다. 이렇게 자진해서 신고하게 되면 자진 신고를 장려하는 측면에서 기본 공제, 추가 공제, 특별 공제와 같은 혜택이 주어진다. 그러나 제때 신고하지 않게 되면 이런 감면 혜택을 받을 수 없을 뿐만 아니라, 가산세를 납부하게 된다.

종합 소득세는 세무서 양식의 '종합소득세 농어촌 특별세 주민세 과세 표준 확정 신고 및 자진 납부 계산서'의 표에 해당 사항을 적어가면서 표의 안내문을 따르면 납부 금액이 계산되어 나온다. 소득세 계산시 기본 공제, 추가 공제, 기부금 공제 등을 통해 세금을 줄일 수 있다. 기본 공제와 추가 공제는 부양가족이 있으면 부양 가족의 수에 따라 소득의 일정 부분을 공제해 주는 제도이다. 공제 비율과 조건은 자주 바뀌므로 자세한 사항은 국세청 홈페이지를 참고한다. 기부금 공제는 사업과 무관하게 종교 단체 등에 낸 기부금을 공제하고 세금을 계산하는 것을 말한다.

(3) 법인세

개인의 경우와 달리 법인은 소득세를 법인세라고 부른다. 법인사업자는 사업을 해서 얻은 소득에 대하여 1년에 한번 법인세를 신고·납부하여야 한다. 법인세의 신고기간은 사업연도(정관상에 기재된 사업연도 또는 관할 세무서에 신고한 사업연도)의 소득에 대한 법인세를 사업연도 종료 후 3월 이내에 신고·납부하여야 한다.

(4) 개별소비세

다음의 사업을 하는 사업자는 개별소비세를 별도로 납부하여야 한다. 그리고 개별소비세 신고는 부가가치세 신고와 별도로 매월 신고를 하여야 한다.

- 카바레, 나이트클럽, 요정, 살롱, 디스코클럽 등 과세유흥업소
- 보석 및 귀금속 판매, 고급가구, 모피의류 등의 제조

처음 사업을 시작해 매출은 없고 시설투자 등을 한 경우 부가가치세 신고를 해야 할까?

사업을 신규로 개시하는 경우 사업개시 전에 미리 사업자등록을 할 수 있다. 사업자등록을 하기 전에 부담한 매입세액은 원칙적으로 공제(환급)받을 수 없다. 다만, 사업자등록 신청일부터 역산해 20일 이내의 것으로서 세금계산서를 주민등록번호로 교부받은 것에 한해 매입세액으로 공제(환급)받을 수 있다. 따라서 사업을 시작하려면 사전준비의 기간이 필요하고 그 준비기간에 부담한 부가가치세를 공제(환급)받으려면 미리 사업자등록신청을 하는 것이 좋다. 매입세액을 공제(환급) 받으려면 거래를 하고 세금계산서를 교부받아야 한다.

사업 준비기간에 부담한 부가가치세는 부가가치세 신고서를 제출함으로써 환급받을 수 있다. 아울러 사업에 사용할 건물이나 비품 등 장기간 사용할 자산을 취득하면서 세금계산서를 교부받은 경우에는 조기 환급 신고를 통해 보다 빠르게 환급받을 수 있다. 사업자등록 후에는 매출액이나 매입액이 없는 경우에도 실지대로 부가가치세신고서를 제출해야 한다.

[출처] 국세청 블로그(http://blog.naver.com/ntscafe), 2009.

2 증빙자료의 종류

(1) 세금계산서

세금계산서는 상품을 판매한 사업자가 구매자로부터 부가가치세를 징수함을 증명하기 위해서 교부하는 세금 영수증이다. 단, 간이 과세자는 세금계산서를 교부할 수 없다. 세금계산서는 공급하는 사업자가 공급자 보관용(매출세금계산서), 공급받는자 보관용(매입세금계산서)으로 각 2매를 발행하여 1매를 교부한다. 공급자는 매출처별 세금계산서합계표를 정부에 제출하고, 공급받는자는 매입처별 세금계산서합계표를 정부에 제출한다. 세금계산서의 교부의무자는 납세의무자로 등록한 과세사업자이다. 면세사업자는 납세의무가 없으므로 세금계산서를 교부할 수 없다.

구 분	내 용	비 고
필요적 기재사항	(1) 공급하는 사업자의 등록번호와 성명 또는 명칭 (2) 공급받는 자의 등록번호 (3) 공급가액과 부가가치세액 (4) 작성연월일	그 전부 또는 일부가 기재되지 않았거나 그 내용이 사실과 다른 경우에는 세금계산서로서의 효력이 인정되지 않는다.
임의적 기재사항	(1) 공급하는 자의 주소 (2) 공급받는 자의 상호, 성명, 주소 (3) 단가와 수량 (4) 공급연월일 등	세금계산서의 효력에는 아무런 영향을 미치지 않는 사항들이다.

세금계산서를 교부한 후 그 기재사항에 관하여 착오 또는 정정사유가 발생한 경우에는 세금계산서를 수정하여 교부하여야 한다.

- ▶ 당초 공급한 재화가 환입된 경우 : 재화가 환입된 날을 작성일자로 기재하여 교부(비고란에 당초 세금계산서 작성일자를 부기한 후 붉은색 글씨로 쓰거나 부(負)의 표시)
- ▶ 계약의 해지로 인하여 재화, 용역이 공급되지 않은 경우 : 계약이 해지된 때에 그 작성일자는 당초 세금계산서 작성일자를 기재(비고란에 계약 해지일을 부기한 후 붉은색 글씨로 쓰거나 부(負)의 표시)
- ▶ 공급가액의 증감이 발생한 경우 : 증감사유가 발생한 날을 작성일로 기재하여 교부(추가되는 금액은 검은 글씨로 쓰고 차감되는 금액은 붉은색 글씨로 쓰거나 부(負)의 표시)
- ▶ 필요적 기재사항 등이 착오로 잘못 기재된 경우 : 정정하여 통지하기 전까지 작성하여 교부(당초에 교부한 세금계산서의 내용대로 세금계산서를 붉은색 글씨로 작성하고, 수정하여 교부하는 세금계산서는 검은색 글씨로 작성)

(2) 전자세금계산서

① 발급의무

법인사업자와 직전연도의 사업장별 재화 및 용역의 공급가액의 합계액이 10억원 이상인 개인사업자는 전자적 방법으로 세금계산서(이하 "전자세금계산서"라 함)를 발급하여야 한다.

② 발급기간

전자세금계산서 의무발급 개인사업자가 전자세금계산서를 발급하여야 하는 기간은 사업장별 재화 및 용역의 공급가액의 합계액이 10억원 이상인 해의 다음해 제2기 과세기간과 그 다음해 제1기 과세기간으로 한다. 다만, 2010년도 사업장별 재화 및 용역의 공급가액의 합계액이 10억원 이상인 개인사업자가 전자세금계산서를 발급하여야 하는 기간은 2012년 제1기 과세기간으로 한다.

③ 발급명세 전송의무

전자세금계산서를 발급하였을 때에는 그 발급일이 속하는 달의 다음달 15일까지 전자세금계산서 발급명세를 국세청장에게 전송하여야 한다(전송의무 불이행시 가산세를 부과함). 한편, 전자세금계산서를 발급하여야하는 사업자가 아닌 사업자도 전자세금계산서를 발급 전송할 수 있다. 이처럼 전자세금계산서 발급명세를 전송한 경우에는 매출·매입처별세금계산서합계표를 제출하지 않아도 되며, 5년간 세금계산서를 보존하는 의무가 면제된다.

④ 세액공제 특례

사업자가 전자세금계산서를 발급하고(세금계산서 발급명세를 국세청장에게 전송한 경우에 한함) 예정신고 및 확정신고를 할 때 "전자세금계산서 발급세액공제신고서"를 제출한 경우에는 발급 건당 100원(공제한도는 연간 100만원)을 해당 과세기간의 부가가치세 납부세액에서 공제할 수 있다(2013년 12월 31일까지).

(3) 계산서

계산서는 일반 과세자뿐만 아니라 간이 과세자도 발행할 수 있다. 단, 부가가치세가 면세되는 거래를 할 경우에 해당된다.

(4) 신용카드 매출전표

신용카드 매출 전표를 발행하면 공급자는 신용카드 매출 전표에 의한 매출액에 대해 세액 공제를 받을 수 있고, 매입하는 경우에는 매입 세액의 공제를 받을 수 있다. 단, 오픈 마켓의 경우에는 신용카드 전표는 판매자 본인의 명의로 발행되지 않기 때문에, 세액 공제를 받을 수 없다.

(5) 현금영수증

소비자가 현금영수증 가맹점에서 5,000원 이상 현금 결제시 현금과 함께 신용카드, 적립식카드, 핸드폰번호, 주민등록번호 등을 제시하면 가맹점은 현금영수증을 발급하고 현금결제 내역은 국세청에 통보되는 제도로 2005. 1. 1부터 시행하였다.

현금영수증 발급 사업자는 다음과 같은 혜택이 있다.

◆ 현금영수증 발급에 따른 수수료 부담이 없다.

◆ 부가가치세 등 세액공제를 받을 수 있다.

▷ 가맹점이 현금영수증을 발급한 경우 발급금액의 100분의 1에 상당하는 금액을 신용카드매출전표 발행금액과 합산하여 연간 500만원의 한도 내에서 부가가치세 세액공제 혜택을 받을 수 있다.

▷ 간이과세자 중 음식·숙박업자의 경우에는 현금영수증 발급금액의 1.5%를 부가가치세 세액공제(부가가치세법 제32조의2)

▷ 매출액이 전년보다도 130% 초과한 현금영수증 가맹점에게는 다음과 같은 특별한 혜택이 있다.

- 증가된 수입금액에 대해 부가가치세 소득세 등 세액공제를 받을 수 있다.
- 간편장부대상자는 기장세액공제율을 20%로 적용받을 수 있다.
- 부가세·소득세 등에 대하여 세무조사가 면제된다.

현금영수증을 수취한 소비자는 다음과 같은 혜택이 있다.

◆ 사업과 관련하여 현금으로 물건 구매시 현금영수증을 수취하면 부가가치세 매입세액 공제를 받으며, 소득세 필요경비 계산시 증빙자료로 인정된다.

◆ 소비자가 현금영수증을 받으면 근로소득연말정산시 소득공제를 받을 수 있으며, 매월 추첨을 통하여 1등 1천만원 등의 보상금을 지급받을 수 있다.

(6) 영수증

영수증이란 간이과세자 또는 다음과 같이 최종소비자에게 재화나 용역을 공급하는 사업자가 교부하는 것으로 공급받는자의 등록번호와 부가가치세를 따로 기재하지 않은 세금계산서를 말한다. 교부하거나 교부받은 영수증에 대하여는 그 합계표를 제출할 필요가 없다.

- ▶ 소매업
- ▶ 음식점업(다과점업을 포함)
- ▶ 숙박업
- ▶ 목욕, 이발, 미용업
- ▶ 여객운송업
- ▶ 입장권을 발행하여 영위하는 사업
- ▶ 변호사업, 공인회계사업, 세무사업 등 기타 이와 유사한 사업서비스업(사업자에게 공급하는 것은 제외)
- ▶ 우정사업조직이 소포우편물을 방문접수하여 배달하는 용역을 공급하는 사업
- ▶ 주로 사업자가 아닌 소비자에게 재화 또는 용역을 공급하는 사업으로서 세금계산서 교부가 불가능하거나 현저히 곤란한 사업 등

영수증교부대상거래라 하더라도 공급받는 사업자가 사업자등록증을 제시하고 세금계산서의 교부를 요구하는 때에는 세금계산서를 교부하여야 한다. 이 경우 신용카드매출전표 등에 부가가치세액을 별도로 기재(이면확인 절차 없이도 매입세액공제 가능)하여 교부한 경우에는 세금계산서를 교부하지 아니한다. 또한, 목욕, 이발, 미용업, 여객운송업(전세버스운송업은 제외), 입장권을 발행하여 영위하는 사업의 경우에는 공급받는자가 요구하더라도 세금계산서를 교부하지 않는다. 다만, 이러한 사업의 경우에도 사업자가 감가상각자산을 공급하는 때에는 공급받는자가 요구하면 세금계산서를 교부하여야 한다.

(7) 매입자발행(self-billing)세금계산서 제도(2007.7.1 이후 적용)

① 발행 대상 사업자(매출사업자)

세금계산서 교부의무가 있는 일반과세자로서 세금계산서를 발행할 수 없는 간이과세자는 제외

② 발행할 수 있는 사업자

매입자발행세금계산서를 발행할 수 있는 자는 면세사업자를 포함한 모든 사업자(과세사업자+면세사업자)이다. 면세사업자는 매입자발행세금계산서를 발행하여 지출증빙으로 사용가능하므로 발행대상에서 면세사업자를 제외할 경우 지출증빙미수취가산세를 추징당하므로 이를 해소하기 위함

③ 대상 거래

사업자별로 거래건당 10만원이상 500만원이하의 거래(매출자가 아닌 매입자가 세금계산서를 발행하는 제도는 처음으로 도입하는 제도이므로 시행 초기에는 과세관청의 세무행정력을 감안하여 대상거래의 범위를 결정)

④ 확인 신청 및 확인 방법

매입자가 재화, 용역의 공급시기 이후 15일 이내에 관할 세무서에 서면으로 "거래사실확인신청서"와 거래증빙서류를 함께 제출하면, 관할세무서장은 신고일로부터 익월말까지 거래사실을 확인하여 매입자에게 통보함

못 받은 세금계산서, 어디서 받을 수 있나요?

사업을 하면서 세금계산서를 제 때 받아두는 일은 정말 중요하다. 세금계산서를 제 때 받지 않아 손해를 본 방문일씨의 사연을 보자.

방문일 씨는 건축업자와 공사비 11억원에 상가건물을 신축하기로 계약한 다음 건축을 완료해 2009년 4월에 준공검사까지 마쳤으나, 자금사정이 여의치 않아 2009년 8월에야 공사비를 지급하고 이 때 세금계산서도 교부받았다. 그 후 방문일 씨는 부가가치세를 환급 받기 위해 1억원의 환급신고를 했으나, 세무서에서는 사실과 다른 세금계산서라며 환급을 거절하고, 오히려 가산세 2천만원까지 부과다.

방문일 씨가 부가가치세를 환급 받지 못한 이유는 무엇일까?

세금계산서는 사업자가 재화나 용역을 공급하고 거래상대방으로부터 부가가치세를 징수하였음을 증명하는 증빙자료로서, 송장 및 세금영수증의 기능을 하고 있는 중요한 서류다. 그렇기 때문에 부가가치세법에서는 재화 또는 용역의 공급시기에 세금계산서를 주고받도록 규정하고 있으며, 이를 어길 때에는 다음과 같은 불이익을 주고 있다.

공급시기가 속한 과세기간 내에 교부받는 경우

예를 들어 4월에 물품을 구매하고 세금계산서는 6월에 받는 경우, 이런 경우에는 동일과세기간(1.1~6.30)내에 세금계산서를 발행해 교부했으므로, 판매자나 매입자 모두에게 공급가액의 1%의 가산세가 부과되고 매입자에게 매입세액을 공제해 준다.

공급시기를 지나서 다른 과세기간에 교부받는 경우

예를 들어 4월에 물품을 구매하고 세금계산서는 동일과세기간(1.1~6.30)을 지나 7월에 교부받는 경우, 이런 경우에는 다음과세기간(7.1~12.31)에 세금계산서를 발행해 교부했으므로 판매자에게는 공급가액의 1%의 가산세를 물리고 매입자에게는 매입세액을 공제해 주지 않는다.

만약 매입자가 매입세액을 공제 받을 수 없는 데도 매입세액을 공제해 신고하면, 매입세액의 10%에 해당하는 과소신고가산세 및 공급가액의 1%에 상당하는 매입처별세금계산서합계표 불성실가산세가 부과된다.

그렇다면 방문일씨가 부가가치세를 환급받으려면 어떻게 했어야 할까?

위 사례의 경우, 건물을 신축하는 경우에는 준공검사를 마치면 용역의 제공이 완료된 것으로 보므로, 방문일 씨는 준공검사를 마친 2009년 4월에 세금계산서를 교부받았어야 했다. 그런데, 방문일 씨는 과세기간이 다른 2009년 8월에 세금계산서를 교부받았기 때문에 매입세액 공제를 받지 못한 것이다. 또한, 매입세액을 공제 받을 수 없는 데도 이를 공제해 환급신청을 했으므로 초과환급신고가산세 1천만원과 매입처별세금계산서합계표 불성실가산세 1천만원까지 부과된 것이다.

세금계산서는 반드시 재화 또는 용역의 공급시기에 주고 받아야 불이익을 받지 않는다!

설령 재화 또는 용역의 공급시기에 대금을 지급하지 못하더라도 세금계산서는 제때에 주고 받아야 한다!

그렇다면 공급자가 세금계산서를 발행해 주지 않을 때는 어떻게 해야 할까?

이번에는 의류 소매업을 하는 최성실씨의 사연을 보자.

의류 소매업을 하고 있는 최성실씨는 다른 업자보다 좀 더 싼 가격으로 판매한다는 의류 도매업자 강배짱 씨로부터 330만원(부가가치세 포함)의 의류를 구입하고 세금계산서 발행을 요구하였지만 거절당했다. 그래서 최성실씨는 세금계산서를 교부받지 못했고, 매입세액을 공제받지 못하게 되었다.

이 경우 매입세액 공제를 받을 수 있는 방법은 없을까?

매입세액을 공제받을 수 있는 방법이 있다!! 2007. 7. 1부터 시행하고 있는 매입자발행세금계산서 제도를 활용하면 된다.

⋙ 매입자발행세금계산서 제도

세금계산서 교부의무가 있는 사업자(일반과세자)가 재화 또는 용역을 공급하고 그에 대한 세금계산서를 발행하지 않는 경우, 재화 또는 용역을 공급받은 사업자(매입자)가 관할세무서장의 확인을 받아 세금계산서를 발행할 수 있는 제도이다. 경제적으로 우월한 지위에 있는 재화 또는 용역의 공급자가 과세표준이 노출되지 않도록 하기 위해 세금계산서를 발행하지 않는 사례를 방지하기 위한 제도이다.

그렇다면 매입자발행세금계산서를 발행할 수 있는 사업자는 누구일까?

일반과세자로부터 재화나 용역을 공급받은 모든 사업자(면세사업자를 포함)는 매입자발행세금계산서를 발행할 수 있다.

매입자발행세금계산서 발행절차는?

1. 재화 또는 용역을 공급하는 일반과세자가 세금계산서를 발행하지 않는 경우 매입자(신청인)는 거래시기로 부터 15일 이내에 거래사실확인 신청서에 대금결제 등 거래사실 입증자료를 첨부해 신청인의 관할 세무서장에게 거래사실의 확인을 신청해야 하다. 거래사실 입증책임은 매입자에게 있으므로 대금 결제 등 증빙자료(영수증, 거래명세표, 거래사실 확인서 등)를 확보해야 한다.

의류 소매업을 하고 있는 최성실씨는 다른 업자보다 좀 더 싼 가격으로 판매한다는 의류 도매업자 강배짱 씨로부터 330만원(부가가치세 포함)의 의류를 구입하고 세금계산서 발행을 요구하였지만 거절당했다. 그래서 최성실씨는 세금계산서를 교부받지 못했고, 매입세액을 공제받지 못하게 되었다.

이 경우 매입세액 공제를 받을 수 있는 방법은 없을까?

매입세액을 공제받을 수 있는 방법이 있다!! 2007. 7. 1부터 시행하고 있는 매입자발행세금계산서 제도를 활용하면 된다.

≫ 매입자발행세금계산서 제도

세금계산서 교부의무가 있는 사업자(일반과세자)가 재화 또는 용역을 공급하고 그에 대한 세금계산서를 발행하지 않는 경우, 재화 또는 용역을 공급받은 사업자(매입자)가 관할세무서장의 확인을 받아 세금계산서를 발행할 수 있는 제도이다. 경제적으로 우월한 지위에 있는 재화 또는 용역의 공급자가 과세표준이 노출되지 않도록 하기 위해 세금계산서를 발행하지 않는 사례를 방지하기 위한 제도이다.

그렇다면 매입자발행세금계산서를 발행할 수 있는 사업자는 누구일까?

일반과세자로부터 재화나 용역을 공급받은 모든 사업자(면세사업자를 포함)는 매입자발행세금계산서를 발행할 수 있다.

매입자발행세금계산서 발행절차는?

1. 재화 또는 용역을 공급하는 일반과세자가 세금계산서를 발행하지 않는 경우 매입자(신청인)는 거래시기로 부터 15일 이내에 거래사실확인 신청서에 대금결제 등 거래사실 입증자료를 첨부해 신청인의 관할 세무서장에게 거래사실의 확인을 신청해야 하다. 거래사실 입증책임은 매입자에게 있으므로 대금 결제 등 증빙자료(영수증, 거래명세표, 거래사실 확인서 등)를 확보해야 한다.

2. 신청인 관할세무서장은 신청인이 제출한 자료를 공급자 관할세무서장에게 통보한다.
3. 공급자 관할세무서장은 신청일의 다음달 말일까지 공급자의 거래사실여부를 확인하고 그 결과를 공급자와 신청인 관할세무서장에게 통보한다.
4. 공급자 관할세무서장으로부터 거래사실확인 통지를 받은 신청인 관할세무서장은 즉시 신청인에게 그 결과를 통지하고, 그 통지를 받은 신청인은 매입자발행세금계산서를 발행해 공급자에게 교부해야 한다. 다만, 신청인 및 공급자가 관할세무서장으로부터 거래사실 확인통지를 받은 경우에는 매입자발행세금계산서를 교부한 것으로 본다.
5. 신청인이 부가가치세 신고 또는 경정청구 시 매입자발행세금계산서 합계표를 제출한 경우, 매입자발행세금계산서에 기재된 매입세액을 공제받을 수 있다.

그렇다면 거래사실확인신청에 대한 건수 및 금액에 제한이 있을까?

매입자가 세금계산서를 발행하기 위해 세무서장에게 거래사실 확인 신청하는 경우에는 다음과 같은 제한이 있다.

- 거래건당 공급대가가 10만원이상 500만원이하
- 거래사실의 확인신청은 월별로 2건의 거래만 가능(2건을 초과한 거래에 대하여는 그 거래사실의 확인이

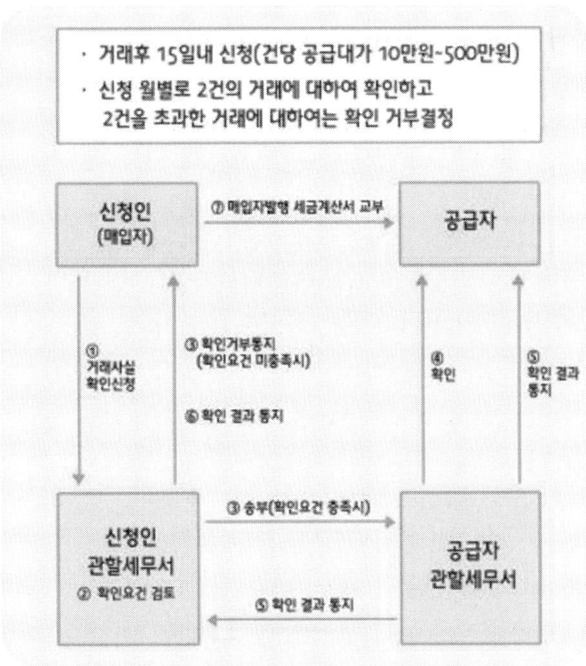

[출처] 국세청 블로그(http://blog.naver.com/ntscafe), 2009.

3 간편장부

(1) 간편장부는 어떤 장부인가?

소규모 사업자를 위하여 국세청에서 특별히 고안한 장부를 말한다. 수입과 비용을 가계부 작성하듯이 회계지식이 없는 사람이라도 쉽고 간편하게 작성할 수 있다. 간편장부를 기장한 영세 사업자는 소득세를 신고할 때 간편장부에 의해 소득세를 계산할 수 있다.

(2) 간편장부 작성대상자는 누구인가?

간편장부는 누구나 사용할 수 있는 것은 아니고 당해년도에 새로 사업을 시작했거나 직전년도 수입금액이 아래에 해당하는 사업자만 사용할 수 있다(단, 아래에 규정하는 전문직 사업자 제외).

업종구분	간편장부대상자	복식부기의무자
▸ 농업, 임업, 어업, 광업, 도매업, 소매업, 부동산매매업, 기타 아래에 해당하지 않는 업	3억원 미만	3억원 이상
▸ 제조업, 숙박 및 음식점업, 전기·가스·수도사업, 건설업, 운수업, 통신업, 금융·보험업	1억5천만원 미만	1억5천만원 이상
▸ 부동산임대업, 사업서비스업, 교육서비스업, 보건 및 사회복지사업, 오락·문화 및 운동관련 서비스업과 기타 공공수리 및 개인서비스업, 가사서비스업	7천5백만원 미만	7천5백만원 이상

단, 아래의 전문직사업자 범위에 속하는 사업자는 2007. 1. 1. 이후 발생하는 소득부터 복식부기 의무가 부여된다.[1)]

① 부가가치세 간이과세배제 대상 사업서비스

– 변호사, 심판변론인, 변리사, 법무사, 공인회계사, 세무사, 경영지도사, 기술지도사, 감정평가사, 손해사정인, 관세사, 기술사, 건축사, 도선사, 측량사

1) 복식부기의무자가가 간편장부 또는 추계에 따라 신고하는 경우 확정신고를 하지 않은 것으로 보아 산출세액의 20%와 수입 금액의 7/10,000 중 큰 금액을 무신고가산세로 부담하여야 하고, 전문직사업자는 2008귀속분부터 단순경비율 적용 배제

② 의료 · 보건용역을 제공하는 자
- 의사, 치과의사, 한의사, 수의사, (한)약사

(3) 간편장부를 기장하면 어떤 혜택이 있는가?

① 간편장부를 기장하면 이런 혜택이 있다.

▸ 스스로 기장한 실제소득에 따라 소득세를 계산하므로 적자(결손)가 발생한 경우 10년간 소득금액에서 공제(부동산 임대소득에서 발생한 이월결손금은 해당 부동산임대소득에서만 공제) 할 수 있다.

▸ 장부를 기장하지 않는 경우보다 소득세 부담을 최고 30%까지 줄일 수 있다.
- 기장세액공제(10%) 적용(연간 100만원 한도), 무기장가산세(20%) 적용배제
- 간편장부대상자가 복식부기로 기장·신고하는 경우: '07귀속분 15%, '08 귀속분 20% 공제

▸ 특별한 사유가 없는 한 일정기간 세무조사를 받지 않는다.

② 간편장부를 기장하지 않으면 이렇게 손해를 본다.

▸ 실제소득에 따라 소득세를 계산할 수 없어 적자(결손)가 발생한 경우에는 그 사실을 인정받지 못한다.

▸ 장부를 기장하는 경우보다 소득세를 최고 30% 더 부담하게 된다.
- 기장세액공제(10%) 혜택이 없고, 무기장가산세(20%)를 추가부담

▸ 소득탈루 목적의 무기장자인 경우 세무조사 대상선정 등 세무간섭을 받을 수 있다.

(4) 간편장부를 어떻게 작성하는가?

거래가 발생한 날짜 순서대로 매출액 등 수입에 관한 사항, 매입액 등 비용 지출에 관한 사항, 고정자산의 증감에 관한 사항을 기록하면 된다.

【간편장부 양식】

①날짜	②거래내용	③거래처	④수입(매출)		⑤비용(원가 관련매입 포함)		⑥고정자산 증감		⑦비고
			금액	부가세	금액	부가세	금액	부가세	

※ 간편장부대상자가 위 간편장부의 기재사항을 추가하여 사용하거나 별도의 보조부 또는 복식부기에 의한 장부를 기장하여도 적법함

☑ 일반적인 작성요령

① 일자 : 거래일자 순으로 수입 및 비용을 모두 기재한다.

② 거래내용 : ○○판매, ○○구입 등 거래구분, 대금결제를 기재한다.

* 1일 평균 매출건수가 50건 이상인 경우 1일 동안의 총매출 금액을 합계하여 기재할 수 있다(다만, 세금계산서·현금영수증 등 발행원본 보관).
* 비용 및 매입거래는 거래 건별로 모두 기재한다.

③ 거래처 : 상호·성명 등 거래처 구분이 가능하도록 기재한다.

④ 수입 : 상품·용역의 공급 등 영업수입(매출)·영업외수입을 기재한다.

* 일반과세자는 매출액을 공급가액과 부가가치세 10%를 구분하여 각각 '금액' 및 '부가세' 란에 기재한다.
* 신용카드 및 현금영수증 매출 등 공급가액과 부가가치세가 각각 구분되지 않은 경우에는 매출액을 1.1로 나누어서 그 금액을 '금액'란에 기재하고, 잔액을 '부가세'란에 기재한다.
* 간이과세자는 부가가치세가 포함된 매출액(공급대가)을, 부가가치세 면세사업자는 매출액을 '금액'란에 기재한다.

⑤ 비용(원가관련 매입포함) : 상품 원재료 매입액, 일반관리비 판매비 등 사업관련 비용을 기재한다.

* 세금계산서를 받은 경우에는 세금계산서의 공급가액과 부가가치세를 구분하여 각각 '금액' 및 '부가세'란에 기재한다.
* 계산서·영수증 및 신용카드 매입분은 매입금액을 '금액'란에만 기재한다.

⑥ 고정자산 증감(매매) : 건물·자동차·컴퓨터 등 고정자산의 매입액 및 부대비

용을 기재한다.

* 세금계산서를 받은 경우에는 세금계산서의 공급가액과 부가가치세를 구분하여 각각 '금액' 및 '부가세'란에 기재한다.

* 계산서·영수증 및 신용카드 매입분은 매입금액을 '금액'란에만 기재한다.

* 고정자산을 매각(폐기 등)하는 경우에는 당해 자산을 붉은색으로 기재하거나 금액 앞에 △표시를 한다.

⑦ 비고 : 거래증빙 유형 및 재고액을 기재한다.

* 세금계산서는 '세계'로, 계산서는 '계'로, 신용카드 및 현금영수증은 '카드등'으로, 기타 영수증은 '영'으로 표시할 수 있다.

* 상품·제품·원재료의 재고액이 있는 경우에는 과세기간 개시일 및 종료일의 실지 재고량을 기준으로 평가하여 기재한다.

☑ 기타 작성요령

① 사업소득, 부동산임대소득 등 2개 이상 소득이 있는 경우

* 소득별로 구분하여 기장하여야 한다(간편장부를 각각 작성).

② 2개 이상 사업장이 있는 경우

* 사업장별 거래내용이 구분될 수 있도록 기장하여야 한다. 즉 각 사업장별 간편장부를 작성하여야 한다.

(5) 간편장부를 기장한 경우 종합소득세 신고절차는?

가. 간편장부 기장

매일 매일의 수입과 비용을 간편장부 작성요령에 의해 기록한다.

⬇

나. 총수입금액 및 필요경비명세서 작성(소득세법시행규칙 별지 제82호 서식 부표)

간편장부상의 수입과 비용을 <총수입금액 및 필요경비명세서>의 "장부상 수입금액"과 "필요경비"항목에 기재한다.

⬇

다. 간편장부 소득금액계산서 작성(소득세법시행규칙 별지 제82호 서식)
<총수입금액 및 필요경비명세서>에 의해 계산된 수입금액과 필요경비를 세무 조정하여 당해연도 소득금액을 계산한다.

⬇

라. 종합소득세 신고서 작성(소득세법시행규칙 별지 제40-1호 서식)
<간편장부 소득금액계산서>에 의한 당해연도 소득금액을 종합소득세 신고서 ⑦ 부동산임대소득·사업소득명세서의 해당항목에 기재한다.
종합소득세 신고는 신고서와 "나"의 서식과 "다"의 서식을 제출한다.

※ 간편장부를 기장한 후 종합소득세 신고를 위한 「총수입금액 및 필요경비명세서」 및 「간편장부소득금액계산서」를 작성하는데 어려움이나 의문사항이 있는 경우에는 가까운 세무대리인에게 소정의 수수료를 지급하고 작성을 의뢰할 수 있다.

(6) 간편장부 기장자가 지켜야할 사항은?

① 장부 및 증빙서류는 소득세 확정신고기한이 지난 날부터 5년간 보존하여야 합니다. 다만, 통상의 부과제척기간 만료 전에 발생한 결손금을 그 후에 공제하는 경우 그 결손금이 발생한 과세기간에 대해서는 이월결손금을 공제한 과세기간의 확정신고기한으로부터 1년간 보존하여야 한다(국세기본법 제85조의 3).

② 사업자가 사업과 관련하여 다른 사업자로부터 재화 또는 용역을 공급받고 그 대가를 지출하는 경우 거래 건당 금액(부가가치세 포함) 3만원을 초과하는 경우에는 법정 지출증빙서류를 수취해야 한다(소득세법 제160조의 2).
- 법정 지출증빙서류 : 세금계산서, 계산서, 신용카드매출전표, 현금영수증 등

(7) 간편장부 구입 및 문의사항은 어떻게 하는가?

▶ 관할 세무서에 문의하면 된다.

▶ 세무서 납세자보호담당관실 : 1577-0070 또는 세무서 소득세 담당부서

▶ 국세청고객만족센터에 문의하면 된다. : 1588-0060

▶ 간편장부는 가까운 문방구에서 구입하거나, 국세청 홈페이지(http://www.nts.go.kr/)에 수록된 간편장부를 다운받아 작성하면 된다.

【종합소득세신고시 첨부서류】

<table>
<tr><th colspan="6">간 편 장 부 소 득 금 액 계 산 서(　　귀속)</th></tr>
<tr><td>① 주소지</td><td colspan="2"></td><td>②전화번호</td><td colspan="2"></td></tr>
<tr><td>③ 성　명</td><td></td><td>④ 주민등록번호</td><td colspan="3"></td></tr>
<tr><td rowspan="5">사업장</td><td>⑤ 소　재　지</td><td></td><td></td><td></td><td></td></tr>
<tr><td>⑥ 업　종</td><td></td><td></td><td></td><td></td></tr>
<tr><td>⑦ 주 업 종 코 드</td><td></td><td></td><td></td><td></td></tr>
<tr><td>⑧ 사업자등록번호</td><td></td><td></td><td></td><td></td></tr>
<tr><td>⑨ 소 득 종 류</td><td>(30, 40, 90)</td><td>(30, 40, 90)</td><td>(30, 40, 90)</td><td>(30, 40, 90)</td></tr>
<tr><td rowspan="4">총수입금액</td><td>⑩ 장 부 상 수 입 금 액
(부표 ⑫의 금액)</td><td></td><td></td><td></td><td></td></tr>
<tr><td>⑪ 수입금액에서 제외할 금액</td><td></td><td></td><td></td><td></td></tr>
<tr><td>⑫ 수입금액에 가산할 금액</td><td></td><td></td><td></td><td></td></tr>
<tr><td>⑬ 세 무 조 정 후 수 입 금 액
(⑩－⑪＋⑫)</td><td></td><td></td><td></td><td></td></tr>
<tr><td rowspan="4">필요경비</td><td>⑭ 장 부 상 필 요 경 비
(부표㉜의 금액)</td><td></td><td></td><td></td><td></td></tr>
<tr><td>⑮ 필요경비에서 제외할 금액</td><td></td><td></td><td></td><td></td></tr>
<tr><td>⑯ 필요경비에 가산할 금액</td><td></td><td></td><td></td><td></td></tr>
<tr><td>⑰ 세 무 조 정 후 필 요 경 비
(⑭－⑮＋⑯)</td><td></td><td></td><td></td><td></td></tr>
<tr><td colspan="2">⑱ 차 가 감 소 득 금 액(⑬－⑰)</td><td></td><td></td><td></td><td></td></tr>
<tr><td colspan="2">⑲ 기 부 금 한 도 초 과 액</td><td></td><td></td><td></td><td></td></tr>
<tr><td colspan="2">⑳ 기부금이월액중 필요경비산입액</td><td></td><td></td><td></td><td></td></tr>
<tr><td colspan="2">㉑ 당해연도 소득금액(⑱＋⑲－⑳)</td><td></td><td></td><td></td><td></td></tr>
<tr><td colspan="6">소득세법 제70조제4항제3호 단서 및 동법시행령 제132조의 규정에 의하여 간편장부소득금액　계산서를 제출합니다.

년　월　일
제 출 인　　　(서명 또는 인)
세무대리인　　　(서명 또는 인)
(관리번호　－　　)

세무서장 귀하</td></tr>
<tr><td colspan="6">※구비서류 : 별지 제82호서식 부표 「총수입금액 및 필요경비명세서」 1부</td></tr>
</table>

총수입금액 및 필요경비명세서(귀속)

①주소지					②전화번호		
③성 명			④ 주민등록번호				
사업장			⑤ 소 재 지				
			⑥ 업 종				
			⑦ 주 업 종 코 드				
			⑧ 사 업 자 등 록 번 호				
			⑨ 소 득 종 류	(30, 40, 90)	(30, 40, 90)	(30, 40, 90)	(30, 40, 90)
장부상 수입금액			⑩ 매 출 액				
			⑪ 기 타				
			⑫ 수 입 금 액 합 계 (⑩+⑪)				
필요경비	매출원가		⑬ 기 초 재 고 액				
			⑭ 당 기 상 품 매 입 액 또는 제조비용(㉓)				
			⑮ 기 말 재 고 액				
			⑯ 매출원가(⑬+⑭-⑮)				
	제조비용	재료비	⑰ 기초재고액				
			⑱ 당기매입액				
			⑲ 기말재고액				
			⑳ 당기재료비 (⑰+⑱-⑲)				
			㉑ 노 무 비				
			㉒ 경 비				
			㉓ 당 기 제 조 비 용 (⑳+㉑+㉒)				
	일반관리비등		㉔ 급 료				
			㉕ 제 세 공 과 금				
			㉖ 임 차 료				
			㉗ 지 급 이 자				
			㉘ 접 대 비				
			㉙ 기 부 금				
			㉚ 기 타				
			㉛ 일반관리비등 계 (㉔+㉕+㉖+㉗+㉘+㉙+㉚)				
	㉜ 필요경비 합계(⑯+㉛)						

4 전자신고

(1) 전자신고란?

납세자가 세무서를 직접 방문할 필요 없이 세법에 의한 신고 서류를 자신의 PC에서 작성 한 후 홈택스서비스(www.hometax.go.kr) 시스템에 접속하여 인터넷으로 편리하게 신고하는 제도이다.

(2) 전자신고 이용 절차

단계	절차	내용
1	HTS 이용신청	• 가까운 세무서를 방문하여 민원봉사실에 비치되어 있는 '인터넷 국세서비스 이용신청서'를 작성·제출한다.
2	HTS 홈페이지 로그인	• HTS 가입 후 로그인
3	전자신고 클릭	• 「전자신고 / 종합소득세·부가가치세」 클릭
4	신고서작성 클릭	• 신고서 작성프로그램 자동 설치 • 사업자등록번호 / 주민등록번호 입력 후 [확인] 클릭
	4−1. 신고내용 작성	• 인적사항 확인 후 수입금액내역 등을 순차적으로 입력
	4−2. 신고내용 확인	• 신고서 작성 완료 후 「신고서미리보기」를 클릭하여 신고서 내용 확인
	4−3. 신고서 전송	• [신고서보내기]를 클릭하여 신고서 전송
5	신고현황조회 클릭	• 신고일자·사업자등록번호 등으로 조회가능 • 접수증 아이콘을 클릭하여 내용 조회가능

(3) 전자신고의 특징

① 세무서를 방문하지 않고도 가정이나 직장에서 인터넷으로 편리하게 신고할 수 있으므로 시간과 비용을 절약할 수 있다.[1)]

② 신고내용 중 일부가 누락되었거나 잘못 작성한 상태에서 신고서를 전송한 경우 신고기한 내에는 신고서를 정정하여 다시 전송할 수 있으며 이 경우 최종 신고한 내용이 정상 신고서로 처리된다.

---

1) 신고기간에는 매일 06:00~24:00까지 신고가 가능하며 공휴일에도 신고가 가능하다.

(4) 전자신고시 혜택

① 부가가치세 : 사업자 본인이 직접 전자신고하는 경우 1만원을 납부세액에서 공제 또는 환급한다. 단, 전자신고 세액공제는 확정신고 때만 인정되며, 간이과세자의 경우에는 실제 납부할 세액을 한도로 공제한다.

② 종합소득세 : 납세자가 직접 전자신고하는 경우 2만원을 납부세액에서 공제한다.

(5) 알아두면 유익한 세금달력

월	일	행 사	비 고
1	10 25 31	원천세 신고(반기별 납부)·증권거래세 신고납부 **○○. 2기 부가가치세 확정신고** **○○귀속 부가가치세 면세사업자 사업장현황신고**	전년도 12월분 **전년도 7~12월분** **전년도분**
2	10 28	원천세 신고납부·증권거래세 신고납부 원천징수 영수증(지급조서) 제출기한	당해연도 1월분 전년도 1~12월분
3	10 31	원천세 신고납부·증권거래세 신고납부 12월말 결산법인 법인세 신고 납부	당해연도 2월분 전년도 1~12월분
4	10 25	원천세 신고납부·증권거래세 신고납부 **○○. 1기 부가가치세 예정신고 납부**	당해연도 3월분 **당해연도 1~3월분**
5	10 31	원천세 신고납부·증권거래세 신고납부 **○○귀속 종합소득세 확정신고 납부**	당해연도 4월분 **전년도 귀속**
6	10 30	원천세 신고납부·증권거래세 신고납부 원천세 반기별 납부 신청기한(6.1~6.30)	당해연도 5월분 당해연도 4월분
7	10 25	원천세 신고납부·증권거래세 신고납부 **○○. 1기 부가가치세 확정신고 납부**	당해연도 6월분 **당해연도 1~6월분**
8	10 31	원천세 신고납부·증권거래세 신고납부 12월말 결산법인 법인세 중간예납	당해연도 7월분 당해연도 1~6월분
9	10 30	원천세 신고납부·증권거래세 신고납부 6월말 결산법인 법인세 신고 납부	당해연도 8월분 전년도 7월~당해연도 6월분
10	10 25	원천세 신고납부·증권거래세 신고납부 **○○. 2기 부가가치세 예정신고 납부**	당해연도 9월분 **당해연도 7~9월분**
11	10 30	원천세 신고납부·증권거래세 신고납부 **소득세 중간예납**	당해연도 10월분 **당해연도 1~6월분**
12	10	원천세 신고납부·증권거래세 신고납부	당해연도 11월분

전자세금계산서, 본격 시행

2010년 1월부터 종이세금계산서를 대체할 전자세금계산서가 도입됐다. 특히, 전자세금계산서를 이용할 경우 세액공제와 세금계산서 보관의무 면제 등 다양한 혜택이 주어진다.

2010년부터 세금계산서 발행이나 수취, 관리 업무를 컴퓨터를 통해 간편하게 처리할 수 있게 된다. 국세청이 2010년 1일부터 전자세금계산서 발행시스템인 'e－세로'를 정식 개통했다. 전자세금계산서 제도는 사업자가 컴퓨터를 통해 실시간으로 세금계산서를 작성해 교부하고 그 내역을 국세청에 전송하는 방식이다.

전자세금계산서는 인터넷 홈페이지인 e－세로에 접속해 발행하고 조회할 수 있다. 'e－세로' 외 에도 전자세금계산서 발행시스템을 구축해 임대하는 사업자, ASP나 대법인이 구축한 전사적 자원관리 (ERP)시스템을 통해서도 발행이 가능하다. 또 전화 ARS와 신용카드 결제망을 통해서도 전자세금계산서를 발행할 수 있다.

제도시행 첫 해인 2010년은 법인사업자나 개인사업자 모두 종이세금계산서와 전자세금계산서를 선택적으로 이용할 수 있다. 하지만 법인사업자는 2011년부터, 개인사업자는 2012년부터 전자세금계산서를 의무적으로 사용해야한다.

또, 전자세금계산서를 이용하면 다양한 혜택을 받을 수 있다.
전자세금계산서를 발행하게 되면, 연간 100만원의 한도로 발행 건당 100원의 세액공제를 받을 수 있으며, 종이세금계산서는 5년간 보관의무가 있었지만 전자세금계산서를 이용하게 되면 보관의무가 면제된다. 아울러 부가가치세 신고 시 전자세금계산서 분은 총액 형식으로 기재하게 돼, 부가가치세 신고가 한결 간편해 지는 이점도 있다.

[출처] 국세청 블로그(http://blog.naver.com/ntscafe), 2009.

CHAPTER 15

창업지원 제도 및 기관

Chapter 15 창업지원 제도 및 기관

1 소상공인 창업지원제도

중소기업청의 소상공인들에 대한 소자본 창업활성화 지원제도를 구체적으로 살펴보면 다음과 같다.

(1) 창업활성화 지원

① 창업교육 실시

정부의 지원하에 업종별, 대상별로 전문화된 창업교육 프로그램을 마련하여 창업강좌를 개설하고 있다. 즉, 직장인 주말 창업스쿨개회 및 퇴직인력, 여성인력, 연구원 등을 위한 창업교육과정을 확대하고 있다. 그리고 대학생들의 소자본 창업을 지원하기 위하여 대상 SOHO 창업스쿨을 개최하여 마케팅 전략, 사업계획서 작성요령, 창업절차 등을 강의 및 실습하고 있다.

② 여성전문 창업교실 개설

능력있는 여성의 창업을 촉진하기 위하여 여성전문 창업교실을 운영하고 있다. 강좌 내용은 창업절차, 입지선정, 점포임대, 마케팅, 인테리어 등이며, 대상 업종은 소자본의 도·소매업, 음식점, 개인서비스업, 학원 등이다. 또한 여성창업강좌 이수자에 대하여는 전국 소상공인지원센터와 연계하여 상담, 컨설팅, 창업자금 등을 추천해 주고 있다.

(2) 자금 지원

① 각종 정책자금 지원서 소기업 우대

경영안정자금지원 대상에 제조업 이외에 소기업 관련 업종인 서비스업 등을 포함시켰으며, 지방중소기업육성자금 및 구조개선자금 대출 심사시 소기업에 대하여 가점을 부가하고 있다.

② 중소기업은행의 소기업 자금지원

중소기업은행에서는 성장 유망한 소기업 지원을 위하여 Discount Bank를 설치 운영하고 있다. 대출한도는 3억원 이내이며 부분보증운용제로 실시하고 있는데 보증비율은 신용보증기금 85%, 기업은행 15% 이다.

③ 중소기업공재사업기금 지원

연간 매출액 4억원 이하의 소규모 사업자에 대하여는 대출심사시 가점을 부여하고 자금지원 규모 중 85%를 소기업에 지원하고 있다.

④ 신용보증기금 및 기술 신용보증기금의 소기업 보증지원 강화

기술신용보증기금이나 신용보증기금에서는 소기업에 대한 보증지원 실적을 별도로 관리하고 있으며, 5천만원 이하의 소액보증시 보증심사 우대를 하고 있다.

(3) 경영개선 지원

① 공공기관의 중소기업제품 우선구매 지원

공공기관의 중소기업제품 소액구매시 소기업제품을 우선적으로 구매하는 방안을 마련하고 있다. 즉, 공공기관이 3천만원 이하 물품을 수의계약 구매시 소기업제품을 우선적으로 구매하도록 규정하고 있다.

② 소기업의 수출지원 강화

중소수출업체의 무역금융 요건을 완화하기 위하여 포괄금융 이용대상을 수출실적 2천만불 미만으로 상향 조정하였다. 그리고 지역별 지방중소기업청에 설치된 수출지원센터를 통하여 소기업의 수출지원을 하고 있다.

③ 소기업의 인력난 완화 지원

산업기능요원 인력 배정시 소기업을 우선 지원하고 있다. 즉, 종업원 10인 미만 벤처기업과 우수 소기업에 대하여 우선 배정을 하고 있다. 그리고 3D 업종 소

기업에 대하여 외국인 산업기술연수생을 우선 배정하고 취업알선을 위한 채용박람회 개최시 소기업 참가를 확대하고 있다.

④ 소기업에 대한 경영능력 향상 지원

중소기업진흥공단에서는 소기업에 대하여 경영전문가 파견 지도사업을 추진하고 있으며, 소기업 임직원의 경영혁신 연수시 연수비용을 20% 감면해 주고 있다.

(4) 기술 지원

① 소기업에 대한 기술지원 강화

기술개발 역량이 부족한 소규모 기업에 대한 기술혁신개발사업을 확대 실시하고, 산·학·연 공동기술개발사업에 소기업 참여기회를 넓히고 있다. 그리고 현장 기술력 제고를 위하여 지역별 기술혁신을 실시하고 있다.

② 특허권 보유 소기업 지원

소기업의 특허출원시 특허출원료, 심사청구료 및 최초 3년분의 등록료에 대하여 30% 감면을 시행하고 있다. 그리고 우수 발명품의 해외 특허출원비용에 대하여 보조하고 있으며, 아울러 우수 발명시작품에 대하여 제작비 80%를 지원하고 있다.

(5) 소상공인지원센터에 의한 지원제도

소상공인이란 상시 근로자 수가 5인 미만(제조업, 건설업, 광업, 운수업의 경우 10인 미만)인 기업으로 소상공업을 영위하고 있거나 창업하고자 하는 자를 말하는데 소상공인지원센터에서는 서비스업, 도소매업, 소규모 제조업을 경영하는 자영업자와 창업희망자를 대상으로 창업과 경영에 필요한 전문가 상담, 경영 기술 정보 등을 무료로 지원하여 소상공인의 창업을 촉진하고 성장을 지원하고 있다. 소상공인지원센터에서는 소상공인의 창업 및 경영지원을 위하여 다음과 같은 제도를 시행하고 있다.

① 창업지원

소상공인 창업자의 창업을 지원하기 위하여 창업아이템, 입지, 자금, 인력, 기술, 판로, 세무, 인·허가 등의 각종 정보제공 및 자문을 해주고 있다.

② 자금추전

소상공업을 창업하고자 하는 자(창업 후 6개월이 경과 하지 않은 자 포함), 소상공업을 영위하는 사업자로서 경영개선을 하고자 하는 경우에 소요자금의 50% 범위 내 5천만원 한도까지 자금추천을 해 주고 있다.

대출기간은 거치기간 1년 이내 포함 5년 이내로 상환방식은 1년 거치 후 4년간 대출금액의 70%는 3개월(또는 1개월)마다 균등 분할상환하고 30%는 상환기간 만료 시에 일시 상환하는 방식이다.

지원대상으로는 제조업, 건설업, 운송업, 광업중 상시 종업원 10인 미만 업체 도·소매업 등 각종 서비스업중 상시 종업원 5인 미만 업체로 지정되어 있으나 중소기업청장이 정한 교육 및 컨설팅과정 이수자 등 경쟁력 제고 사업에 참여한 소상공인은 자금 소진시에도 예산 범위 내에서 우선지원대상자로 계속 지원을 받을 수 있다.

소상공인지원센터에서는 상담을 거쳐 자금지원이 필요하다고 인정되는 소상공인의 경우 취급금융기관 및 신용보증기관에 자금추천서를 발부하게 된다. 이때 최종적인 대출여부의 결정은 취급금융기관에서 검토하여 결정한다.

③ 경영지도

소상공인의 경영개선과 효율성 제고를 위하여 상권분석, 인력, 재무, 수출입, 판촉 등의 경영지도를 무료로 실시하고 있다. 이때 지도 관련 전문가들은 중소 기업청 경영기술지원단이나 소상공인지원센터 상담사, 소상공인 자원종사자, 기타 외부 전문가들로 구성된다.

2 창업지원기관

(1) 소상공인지원센터

소상공인지원센터의 소상공인지원자금은 소상공인을 대상으로 5000만원까지 연 5.40%의 금리로 협약은행을 통해 지원하고 있으며 상환기간은 5년이며 상환 방법은 1년 거치 4년 분할상환 조건으로써 대출금액의 70%를 3개월마다 균등 분할상환하고 나머지 30%는 상환기간 만료 시 일시 상환해야 한다. 또한 소상공인지원센터는 창업자에게 자금지원과 더불어 각종 창업정보, 입지분석, 사업전략 등에 대한 종합적인 상담과 창업교육을 무료로 지원 하고 있다.

(2) 한국장애인고용촉진공단

한국장애인고용촉진공단의 장애인창업자금은 지원한도가 장애인 1인당 5000만원까지 년 3%의 대출금리로 장애인고용촉진공단을 통해 지원되고 있으며 상환기간은 7년이며 2년 거치 5년 분할상환 조건으로써 매년 2회(4·8월)만 접수한다.

대출금은 은행을 통해 나가기 때문에 은행의 여신규정에 따라 채권보전조치(담보제공 등)를 하므로 사전에 충분히 지원조건을 알아두는 것이 좋다. 대출지원방식은 점포전세보증금과 대출방식 2가지 형태로 운영되고 있으며 관련업종의 자격증소지자에게는 융자우대 혜택을 주고 있다.

(3) 근로복지공단

근로복지공단은 6개월 이상 장기간 취업에 실패하고, 담보능력이 취약한 실업자와 가족을 부양해야 하는 실직 여성가장의 생계형 창업을 지원하기 위해 연 5.5%의 대출금리로 1억원 이내의 전세 점포를 임차해서 이를 대여해 주고 있다.

상환방법은 점포임차 만기가 1년인 관계로 계약 해지와 동시에 원금상환을 해야 할 의무가 있으나 대출금 이자에 대한 연체가 없으면 5회연장이 가능하게 되어 있다.

(4) 한국여성경제인협회

한국여성경제인협회는 저소득 여성가장의 가계안정과 자활의지를 고취시키고 여성창업을 촉진하여 경제활동 참가율을 극대화시키기 위해서 생계형 창업에 필요한 점포 임차금을 2년 만기(1년연장 가능)에 연 4%의 대출금리로 5천만원까지 융자해 주고 있다.

(5) 중소기업진흥공단

중소기업진흥공단은 기술력과 사업성을 있으나 자금력이 부족한 중소·벤처 기업에 연간 10억원 한도 내에서 창업자금을 지원해주고 있다.

또한 소프트웨어 개발·입시학원을 제외한 학원업 등에 대해 지식기반서비스업육성자금을 최고 10억원 한도 내에서 지원하며, 각 시·군·구에서는 생업자금을 담보대출 할 시 최고 2,500만원까지 연 3%대출 금리에 5년 거치 5년 분할상환 조건으로 지원하고 있다.

이 밖에도 자영업자에 대한 다양한 정부 지원 제도에 대한 종합적 안내를 받기 위해서는 먼저 시단위 지역별 거주지에 소재하고 있는 소상공인지원센터를 방문하여 상담해 보는 것이 유익한 방법이 될 수 있다.

(6) 창업넷

창업넷은 중소기업청 산하 창업벤처국 창업제도과에서 구축 운영하고 있으며, 창업가이드, 창업동아리, 관련 주세 및 자금 지원 안내, 창업강좌, 창업보육센터의 소개 등 정보를 제공하고 있다.

(7) 이노넷

이노넷은 산업자원부가 주관하고 한국과학기술정보연구원(kisti)이 구축 운영하고 있으며, 기업경영활동 전반에 필요한 정보를 수집 · 가공 · 유통(e－marketplace)하고 기업의 애로를 해결하는 종합적인 기업서비스정보망이다.

(8) 중소기업청 창업보육센터

예비창업자 및 창업자에게 각 보육센터의 일반현황, 보육능력(운영인력, 보육공간, 장비, 컨설팅 및 교육, 사무행정서비스), 입주보육비, 보육센터위치 등 각 보육센터의 자세한 현황에 대한 정보를 제공함으로서, 예비 창업자 및 창업자가 자신에게 맞는 보육센터를 선택하는데 도움을 주고 있다.

(9) 기타

한국소프트웨어진흥원, 게임산업진흥개발원, 서울산업진흥재단, 각대학교에서도 창업보육센터를 운영하고 있다.

참고문헌

- 김이태, 송우용, 최승일, 「창업과 경영」, 현우사, 2009.
- 김종철, 권희철, "11번가에서 돈버는 창업 무작정 따라하기", 길벗, 2010.
- 김학훈, 최정락, "오픈 마켓의 현황 및 개선방안에 대한 연구", 한국전자거래진흥원, 2008, pp.1-9.
- 미래와경영연구소, 「창업세금 지식쌓기」, 미래와경영, 2007.
- 모영일, 네모 도리, 「(돈버는 재미가 가득한) 7대 오픈 마켓 인터넷 창업」, 정보문화사, 2007.
- 박건실, 「사례와 실무 중심의 경영의 이해와 창업」, 한올출판사, 2007.
- 손원준, 「CEO와 경리가 꼭 알아야 할 세무회계」, K.G.B 지식만들기, 2009.
- 안계환, 「성공하는 1人 창조 기업 : 창업의 생존을 위한 92가지 매뉴얼」, 교학사, 2012
- Ebay Korea, "Ebay 이미지 호스팅 매뉴얼", 2013.
- Ebay Sales Manager Plus, "ESM PLUS Manual", 2013.
- 오은해, 「부가가치세의 이해」, 대구한의대학교출판부, 2013. 02.
- 오은해, 「1인 창조기업」, 피앤씨미디어, 2013. 03.
- 오은해, 「on-line market place 소호(SOHO) 창업」, 도서출판 대명, 2012. 02.
- 오종근, 김동균, 김세중, 「소자본 창업가이드」, 대경, 2007.
- 옥션, "옥션 SELL PLUS 길라잡이", 2013.
- 은종성, 「마케팅이 살아있는 쇼핑몰 사업계획서 만들기」, e비즈니스, 2010
- 차부근, 김철호, 「창업의 이해」, 삼영사, 2012
- 국세청, http://www.nts.go.kr
- 국세청 블로그, http://blog.naver.com/ntscafe
- 대한민국전자정부, http://www.korea.go.kr
- 소상공인진흥원, http://www.seda.or.kr
- 창업지원센터, http://www.rg4u.co.kr
- 통계청, http://www.nso.go.kr

찾아보기

[저자 약력]

오 은 해

영남대학교 경영학 박사
현 대구한의대학교 통상경제학부 교수

저 서

회계정보시스템 KcLep, 한올출판사, 2013. 08.
1인 창조기업, 피앤씨미디어, 2013. 03.
부가가치세의 이해, 대구한의대학교출판부, 2013. 02.
on-line market place 소호(SOHO) 창업, 도서출판 대명, 2012. 02.
전산과 세무, 한올출판사, 2011. 08.
전산회계학, 한올출판사, 2011. 08.
제2판 세무상식과 절세, 도서출판 대명, 2011. 03.
개정판 창업 실무 전략 -오픈 마켓을 중심으로-, 도서출판 대명, 2010. 02.
컴퓨터 활용 -엑셀과 파워포인트-, 경영과미래, 2010. 02.

Ebay Sales Manager

초판인쇄 2014년 1월 20일
초판발행 2014년 1월 30일

지은이 오은해
펴낸이 박노일

총괄기획 김중용
편 집 심성보 · 김인숙

펴낸곳 pnc publishing and culture 피앤씨미디어

경기도 고양시 일산동구 강송로 153 310-1501
등록 제396-2012-000203호

전 화 070)7550-3758 팩 스 02)718-8554
홈페이지 www.pncmedia.co.kr 이메일 pnc@pncmedia.co.kr
ISBN 978-89-98786-65-6 93320

정 가 16,000원